山梨県の教員採用試験過去問シリーズ❹

2025年度版

山梨県の
社会科

過去問

協同教育研究会 編

協同出版

本書には，山梨県の教員採用試験の過去問題を収録しています。各問題ごとに，以下のように5段階表記で，難易度，頻出度を示しています。

難易度

非常に難しい ☆☆☆☆☆
やや難しい ☆☆☆☆
普通の難易度 ☆☆☆
やや易しい ☆☆
非常に易しい ☆

頻出度

◎ ほとんど出題されない
◎◎ あまり出題されない
◎◎◎ 普通の頻出度
◎◎◎◎ よく出題される
◎◎◎◎◎ 非常によく出題される

※本書の過去問題における資料，法令文等の取り扱いについて

本書の過去問題で使用されている資料や法令文の表記や基準は，出題された当時の内容に準拠しているため，解答・解説も当時のものを使用しています。ご了承ください。

はじめに～「過去問」シリーズ利用に際して～

教育を取り巻く環境は変化しつつあり，日本の公教育そのものも，教員免許更新制の廃止やGIGAスクール構想の実現などの改革が進められています。また，現行の学習指導要領では「主体的・対話的で深い学び」を実現するため，指導方法や指導体制の工夫改善により，「個に応じた指導」の充実を図るとともに，コンピュータや情報通信ネットワーク等の情報手段を活用するために必要な環境を整えることが示されています。

一方で，いじめや体罰，不登校，暴力行為など，教育現場の問題もあいかわらず取り沙汰されており，教員に求められるスキルは，今後さらに高いものになっていくことが予想されます。

本書の基本構成としては，出題傾向と対策，過去5年間の出題傾向分析表，過去問題，解答および解説を掲載しています。各自治体や教科によって掲載年数をはじめ，「チェックテスト」や「問題演習」を掲載するなど，内容が異なります。

また原則的には一般受験を対象としております。特別選考等については対応していない場合があります。なお，実際に配布された問題の順番や構成を，編集の都合上，変更している場合があります。あらかじめご了承ください。

最後に，この「過去問」シリーズは，「参考書」シリーズとの併用を前提に編集されております。参考書で要点整理を行い，過去問で実力試しを行う，セットでの活用をおすすめいたします。

みなさまが，この書籍を徹底的に活用し，教員採用試験の合格を勝ち取って，教壇に立っていただければ，それはわたくしたちにとって最上の喜びです。

協同教育研究会

CONTENTS

第1部

山梨県の
社会科
出題傾向分析

山梨県の社会科　傾向と対策

中学社会については，地歴公民すべての分野から出題されている。地理的分野では，地図や表を用いた問題が頻出であるため，教科書だけでなく資料集などで統計も確認しておく必要がある。2024年度は，出題が見られなかったが，例年，地形や日本の地誌に関する分野も頻出である。特に日本については，地域を限定せず幅広く学習しておくこと。歴史的分野では，古代から現代に至るまでまんべんなく出題されていた。そのため，教科書レベルの知識は確実に理解しておくことが望ましい。日本史では，文化史よりも政治史に比重が置かれている。しかし，前述の通り出題範囲は広いので幅広い学習が必要である。過去には，山梨県に関する歴史的事項の問題が含まれていたため，山梨県に関する歴史も押さえておくとよいだろう。世界史では，2023年度に続き，ヨーロッパの政治史・文化史に関する基本的な事項は押さえておくこと。公民的分野では，政治や経済については，教科書レベルの基本的な事項をしっかり理解しておく必要がある。また，時事問題からの出題もあり，2024年度はこども家庭庁や規制緩和について民泊の営業と関連付けた問題が出題された。配点は高くないものの，時事的な問題にも対応できるよう，日頃から社会の出来事に関心をもっておくとよい。全体的に基本的な知識を問うものが多いが，記述式の解答であり，短い論述問題も多い。単純に知識を暗記するのではなく用語について説明する練習などを行い，応用問題への対策も進めておこう。2019年度以降中学社会では出題されていなかった学習指導要領の問題は，2023年度は出題されたものの，2024年度は出題されなかった。

高校地理歴史について，2024年度は日本史のみの募集であったが，共通問題として一問一答形式で基本的な知識を問う問題が地理・日本史・世界史から出題されている。そして次に，文章を読ませて答えさせる問題の出題となっている。空欄補充，正誤判断，語句・理由を説明させる問題まであるので，教科書の知識を文脈に即して理解していく必要がある。世界史の出題傾向としては，やはり中世から現代までのヨーロッパ史が頻出である。2024年度は募集がなかったが，2022年度は2021年度と同様に，古代から中世，中世以降の歴史というように，出題範囲が幅広くなっており，中国史，東アジア史，ヨーロッパ史，北アフリカ史と，扱う地域史も広い。幅広く地域史という形で学習を進めてほしい。地理の出題傾向としては，特定の地域ではなく，地理分野に関して，地形や気候，人口から産業，環境問題まで幅広く出題されている。地誌よりは，各分類の事項について，苦手な分野を作らないようにまんべんなく学習しておくことが必要である。

高校公民は，公民(政経)のみの募集であった。地理歴史と同様，一問一答形式で政治・経済，倫理の基本的な知識を問う問題が出題されている。その後に各科目とも，文章を読ませて答えさせる問題となっている。空欄補充，正誤判断，語句説明があるため，教科書の知識を文脈に即して理解していく必要がある。また，国内だけにとどまらず，国際政治・経済について幅広く出題されているため，まんべんなく対策することが望ましい。特に，日本国憲法は頻出で，2024年度も複数の大問で出題されている。経済分野の基本的な理論の説明もできるようにしておこう。地理歴史・公民ともに用語説明の記述問題があるので，用語集などを活用して対策を進めてほしい。

なお，例年，高校地理歴史，高校公民では学習指導要領について，地理，世界史，政経の各科目から出題されている。高校を志望する場合，受験する科目の学習指導要領を読み込んで対応できるようにしておこう。出題は空欄補充のため，学習指導要領を確認しておけば対応できるはずだが，解答形式は記述式のため，漢字の書き間違え等には注意したい。また2024年度も2023年度と同様に，高校地理歴史において，「探究」する活動の学習計画を記述させる問いが出題されている。テーマは指定されているので，過去問を解いて授業づくりのパターンを身に付けよう。

過去5年間の出題傾向分析

大分類	中分類（小分類）	主な出題事項	2020年度	2021年度	2022年度	2023年度	2024年度
中学地理	地図	縮尺，図法，地図の種類・利用，地域調査		●			●
	地形	山地，平野，海岸，特殊な地形，海水・陸水			●		●
	気候	気候区分，植生，土壌，日本の気候		●	●	●	
	人口	人口分布，人口構成，人口問題，過疎・過密			●		
	産業・資源(農牧業)	農牧業の発達・条件，生産，世界の農牧業地域		●	●	●	
	産業・資源(林業・水産業)	林産資源の分布，水産業の発達・形態，世界の主要漁場					
	産業・資源(鉱工業)	資源の種類・開発，エネルギーの種類・利用，輸出入	●	●			
	産業・資源(第3次産業)	商業，サービス業など					
	貿易	貿易の動向，貿易地域，世界・日本の貿易		●		●	●
	交通・通信	各交通の発達・状況，情報・通信の発達					
	国家・民族	国家の領域，国境問題，人種，民族，宗教				●	●
	村落・都市	村落・都市の立地・形態，都市計画，都市問題				●	
	世界の地誌(アジア)	自然・産業・資源などの地域的特徴			●		●
	世界の地誌(アフリカ)	自然・産業・資源などの地域的特徴					
	世界の地誌(ヨーロッパ)	自然・産業・資源などの地域的特徴					
	世界の地誌(南北アメリカ)	自然・産業・資源などの地域的特徴					
	世界の地誌(オセアニア・南極)	自然・産業・資源などの地域的特徴					
	世界の地誌(その他)	自然・産業・資源などの地域的特徴					●
	日本の地誌	地形，気候，人口，産業，資源，地域開発	●		●	●	●
	環境問題	自然環境，社会環境，災害，環境保護		●			
	その他	地域的経済統合，世界のボーダレス化，国際紛争	●	●			●
中学歴史	原始	縄文時代，弥生時代，奴国，邪馬台国			●	●	
	古代	大和時代，飛鳥時代，奈良時代，平安時代	●	●	●	●	
	古代の文化	古墳文化，飛鳥文化，天平文化，国風文化			●		
	中世	鎌倉時代，室町時代，戦国時代	●	●	●	●	
	中世の文化	鎌倉文化，鎌倉新仏教，室町文化				●	
	近世	安土桃山時代，江戸時代	●	●	●	●	●
	近世の文化	桃山文化，元禄文化，化政文化					
	近代	明治時代，大正時代，昭和戦前期(～太平洋戦争)	●	●	●	●	●
	近代の文化	明治文化，大正文化	●				

大分類	中分類（小分類）	主な出題事項	2020年度	2021年度	2022年度	2023年度	2024年度
中学歴史	現代	昭和戦後期，平成時代，昭和・平成の経済・文化				●	●
	その他の日本の歴史	日本仏教史，日本外交史，日本の世界遺産				●	●
	先史・四大文明	オリエント，インダス文明，黄河文明					
	古代地中海世界	古代ギリシア，古代ローマ，ヘレニズム世界			●	●	
	中国史	春秋戦国，秦，漢，六朝，隋，唐，宋，元，明，清			●		
	中国以外のアジアの歴史	東南アジア，南アジア，西アジア，中央アジア					
	ヨーロッパ史	古代・中世ヨーロッパ，絶対主義，市民革命	●	●	●	●	
	南北アメリカ史	アメリカ古文明，アメリカ独立革命，ラテンアメリカ諸国				●	
	二度の大戦	第一次世界大戦，第二次世界大戦		●			
	現代史	冷戦，中東問題，アジア・アフリカの独立，軍縮問題		●	●		
	その他の世界の歴史	歴史上の人物，民族史，東西交渉史，国際政治史					
	指導法	指導計画，学習指導，教科教育					
	学習指導要領	内容理解，空欄補充，正誤選択				●	
中学公民	政治の基本原理	民主政治の発達，法の支配，人権思想，三権分立	●		●		●
	日本国憲法	成立，基本原理，基本的人権，平和主義，新しい人権			●	●	●
	日本の政治機構	立法，行政，司法，地方自治		●	●	●	
	日本の政治制度	選挙制度の仕組み・課題，政党政治，世論，圧力団体					●
	国際政治	国際法，国際平和機構，国際紛争，戦後の国際政治		●		●	
	経済理論	経済学の学派・学説，経済史，資本主義経済					
	貨幣・金融	通貨制度，中央銀行（日本銀行），金融政策		●	●		
	財政・租税	財政の仕組み，租税の役割，財政政策			●		●
	労働	労働法，労働運動，労働者の権利，雇用問題	●			●	
	戦後の日本経済	高度経済成長，石油危機，バブル景気，産業構造の変化	●				
	国際経済	為替相場，貿易，国際収支，グローバル化，日本の役割			●		
	現代社会の特質と課題	高度情報化社会，少子高齢化，社会保障，食料問題	●		●	●	●
	地球環境	温暖化問題，エネルギー・資源問題，国際的な取り組み					
	哲学と宗教	ギリシア・西洋・中国・日本の諸思想，三大宗教と民族宗教					
	その他	最近の出来事，消費者問題，地域的経済統合，生命倫理		●	●		●
	指導法	指導計画，学習指導，教科教育			●		
	学習指導要領	内容理解，空欄補充，正誤選択		●		●	
高校地理	地図	縮尺，図法，地図の種類・利用，地域調査	●	●	●	●	
	地形	山地，平野，海岸，特殊な地形，海水・陸水	●	●	●	●	
	気候	気候区分，植生，土壌，日本の気候	●	●	●	●	
	人口	人口分布，人口構成，人口問題，過疎・過密	●	●		●	
	産業・資源（農牧業）	農牧業の発達・条件，生産，世界の農牧業地域	●	●		●	

大分類	中分類（小分類）	主な出題事項	2020年度	2021年度	2022年度	2023年度	2024年度
高校地理	産業・資源（林業・水産業）	林産資源の分布，水産業の発達・形態，世界の主要漁場			●		●
	産業・資源（鉱工業）	資源の種類・開発，エネルギーの種類・利用，輸出入	●	●	●		
	産業・資源(第3次産業)	商業，サービス業など					
	貿易	貿易の動向，貿易地域，世界・日本の貿易				●	
	交通・通信	各交通の発達・状況，情報・通信の発達					
	国家・民族	国家の領域，国境問題，人種，民族，宗教	●		●		
	村落・都市	村落・都市の立地・形態，都市計画，都市問題	●		●	●	
	世界の地誌(アジア)	自然・産業・資源などの地域的特徴			●	●	
	世界の地誌(アフリカ)	自然・産業・資源などの地域的特徴			●		
	世界の地誌(ヨーロッパ)	自然・産業・資源などの地域的特徴					
	世界の地誌(南北アメリカ)	自然・産業・資源などの地域的特徴			●	●	
	世界の地誌(オセアニア・南極)	自然・産業・資源などの地域的特徴				●	
	世界の地誌(その他)	自然・産業・資源などの地域的特徴					
	日本の地誌	地形，気候，人口，産業，資源，地域開発		●			
	環境問題	自然環境，社会環境，災害，環境保護	●	●			
	その他	地域的経済統合，世界のボーダレス化，国際紛争		●		●	
	指導法	指導計画，学習指導，教科教育		●	●	●	
	学習指導要領	内容理解，空欄補充，正誤選択	●	●			
高校日本史	原始	縄文時代，弥生時代，奴国，邪馬台国	●	●			
	古代(大和時代)	大和政権，倭の五王，『宋書』倭国伝，氏姓制度					
	古代(飛鳥時代)	推古朝と聖徳太子，遣隋使，大化改新，皇親政治			●		●
	古代(奈良時代)	平城京，聖武天皇，律令制度，土地制度					●
	古代(平安時代)	平安京，摂関政治，国風文化，院政，武士台頭	●	●	●		
	古代の文化	古墳文化，飛鳥文化，白鳳文化，天平文化，国風文化				●	●
	中世(鎌倉時代)	鎌倉幕府，御成敗式目，元寇，守護・地頭			●		●
	中世(室町時代)	南北朝，室町幕府，勘合貿易，惣村，一揆		●			●
	中世(戦国時代)	戦国大名，分国法，貫高制，指出検地，町の自治			●	●	
	中世の文化	鎌倉文化，鎌倉新仏教，室町文化，能					
	近世(安土桃山時代)	鉄砲伝来，織豊政権，楽市楽座，太閤検地，刀狩			●		
	近世(江戸時代)	江戸幕府，幕藩体制，鎖国，三大改革，尊王攘夷	●	●	●	●	●
	近世の文化	桃山文化，元禄文化，化政文化		●	●		●
	近代(明治時代)	明治維新，大日本帝国憲法，日清・日露戦争，条約改正	●	●	●		●
	近代(大正時代)	大正デモクラシー，第一次世界大戦，米騒動，協調外交		●			
	近代(昭和戦前期)	恐慌，軍部台頭，満州事変，日中戦争，太平洋戦争		●			
	近代の経済	地租改正，殖産興業，産業革命，貿易，金本位制					

大分類	中分類（小分類）	主な出題事項	2020年度	2021年度	2022年度	2023年度	2024年度
高校日本史	近代の文化	明治文化，大正文化					
	現代	昭和戦後期，平成時代		●	●		●
	現代の経済	高度経済成長，為替相場，石油危機，バブル景気			●		
	その他	地域史，制度史，仏教史，外交史，経済史					
	指導法	指導計画，学習指導，教科教育		●	●		
	学習指導要領	内容理解，空欄補充，正誤選択		●			●
高校世界史	先史・四大文明	オリエント，インダス文明，黄河文明					
	古代地中海世界	古代ギリシア，古代ローマ，ヘレニズム世界	●	●			●
	中国史(周～唐)	周，春秋戦国，諸子百家，漢，三国，晋，南北朝，隋，唐	●	●		●	
	中国史（五代～元）	五代，宋，北方諸民族，モンゴル帝国，元	●				
	中国史（明・清・中華民国）	明，清，列強の進出，辛亥革命，中華民国					
	東南アジア史	ヴェトナム，インドネシア，カンボジア，タイ，ミャンマー					
	南アジア史	インド諸王朝，ムガル帝国，インド帝国，独立運動	●				
	西アジア史	イスラム諸王朝，オスマン=トルコ，列強の進出				●	●
	東西交渉史	シルクロード，モンゴル帝国，大航海時代		●			
	ヨーロッパ史（中世・近世）	封建制度，十字軍，海外進出，宗教改革，絶対主義	●	●	●		
	ヨーロッパ史（近代）	市民革命，産業革命，帝国主義，ロシア革命	●	●			
	南北アメリカ史	アメリカ古文明，アメリカ独立革命，ラテンアメリカ諸国	●	●			
	二度の大戦	第一次世界大戦，第二次世界大戦		●			
	その他の地域の歴史	内陸アジア，朝鮮，オセアニア，両極	●				●
	現代史	冷戦，中東問題，アジア・アフリカの独立，軍縮問題					●
	宗教史	インドの諸宗教，キリスト教，イスラム教	●				
	文化史	古代ギリシア・ローマ文化，ルネサンス，近代ヨーロッパ文化			●	●	
	その他	時代または地域を横断的に扱う問題，交易の歴史，経済史					
	指導法	指導計画，学習指導，教科教育		●			
	学習指導要領	内容理解，空欄補充，正誤選択	●	●			

大分類	中分類（小分類）	主な出題事項	2020年度	2021年度	2022年度	2023年度	2024年度
高校政経	政治の基本原理	民主政治の発達，法の支配，人権思想，三権分立	●		●		●
	日本国憲法	成立，基本原理，基本的人権，平和主義，新しい人権	●	●	●		●
	立法	国会の仕組み・役割，議会政治，関係条文		●	●		
	行政	内閣の仕組み・役割，議院内閣制，関係条文	●				
	司法	裁判所の仕組み・役割，国民審査，裁判員制度，関係条文	●	●	●		
	地方自治	地方自治の意義，直接請求権，組織と権限，地方分権	●		●		
	日本の政治制度	選挙制度の仕組み・課題，政党政治，世論，圧力団体		●			
	国際政治	国際法，国際連盟と国際連合，核・軍縮問題，国際紛争	●	●	●		●
	戦後政治史	戦後日本の政治・外交の動き			●		●
	経済理論	経済学説，経済史，社会主義経済の特徴		●			●
	資本主義経済	資本主義の仕組み，市場機構，企業活動	●		●		●
	貨幣・金融	貨幣の役割，金融と資金循環の仕組み，金融政策	●	●			
	財政・租税	財政の仕組み，租税の役割，財政政策	●	●	●		
	労働	労働法，労働運動，労働者の権利，雇用問題	●		●		●
	国民経済	国民所得の諸概念，経済成長，景気の循環		●			●
	戦後の日本経済	高度経済成長，石油危機，バブル景気，産業構造の変化	●	●			●
	国際経済	為替相場，貿易，国際収支，グローバル化，日本の役割	●	●	●		●
	地域的経済統合	各地域での経済統合の動向とその特徴	●	●	●		
	その他	消費者問題，公害問題，環境問題	●	●	●		●
	指導法	指導計画，学習指導，教科教育		●	●		
	学習指導要領	内容理解，空欄補充，正誤選択	●	●	●		●
高校現社	青年期の意義と課題	青年期の特質，精神分析，自己実現					
	現代社会の特質	高度情報化社会，消費者問題					
	人口問題	人口構造の変化，少子高齢化とその対策					
	労働問題	労働運動，労使関係，労働問題の現状			●		●
	福祉問題	社会保障の仕組みと課題，年金制度			●		
	食糧問題	農業の課題，食糧自給，食品汚染					
	環境問題	公害，地球環境，地球温暖化，日本の取り組み					
	その他	行政の民主化・効率化，男女共同参画社会，日本的経営					
	指導法	指導計画，学習指導，教科教育					
	学習指導要領	内容理解，空欄補充，正誤選択					

大分類	中分類（小分類）	主な出題事項	2020年度	2021年度	2022年度	2023年度	2024年度
高校倫理	哲学と宗教	三大宗教，ユダヤ教，宗教改革	●	●			
	古代ギリシアの思想	古代ギリシアの諸思想，ヘレニズム哲学	●	●	●		
	中国の思想	諸子百家，儒教，朱子学，陽明学	●	●	●		●
	ヨーロッパの思想(～近代)	ルネサンス，合理的精神，啓蒙思想，観念論		●	●		
	日本人の思考様式	日本の風土と文化，日本人の倫理観，神道					
	日本の仏教思想	奈良仏教，密教，末法思想，浄土信仰，鎌倉仏教	●				
	日本の思想（近世）	日本の儒学，国学，心学，民衆の思想，洋学	●	●			
	日本の思想（近代）	福沢諭吉，中江兆民，夏目漱石，内村鑑三，西田幾多郎			●		
	現代の思想	実存主義，プラグマティズム，構造主義，ロールズ			●		●
	その他	青年期の特質と課題，現代社会における倫理					●
	指導法	指導計画，学習指導，教科教育					
	学習指導要領	内容理解，空欄補充，正誤選択					
高校公共	青年期の意義と課題	青年期の特質，精神分析，自己実現					
	現代社会の特質	高度情報化社会，消費者問題					
	人口問題	人口構造の変化，少子高齢化とその対策					
	労働問題	労働運動，労使関係，労働問題の現状			●		●
	福祉問題	社会保障の仕組みと課題，年金制度			●		
	食糧問題	農業の課題，食糧自給，食品汚染					
	環境問題	公害，地球環境，地球温暖化，日本の取り組み					
	その他	行政の民主化・効率化，男女共同参画社会，日本的経営					
	指導法	指導計画，学習指導，教科教育					
	学習指導要領	内容理解，空欄補充，正誤選択					

第2部

山梨県の
教員採用試験
実施問題

2024年度　実施問題

中　学　社　会

【1】次の表は，2002年以降のFIFAワールドカップの開催国(開催予定国)をまとめたものである。以下の(1)～(7)に答えよ。

表

開催年	開催国（開催予定国）	開催時期（予定）
2002	日本／韓国	5月下旬～6月下旬
2006	ドイツ	6月上旬～7月上旬
2010	南アフリカ	6月中旬～7月中旬
2014	ブラジル	6月中旬～7月中旬
2018	ロシア	6月中旬～7月中旬
2022	カタール	11月中旬～12月中旬
2026（予定）	（アメリカ／カナダ／メキシコ）	（6月中旬～7月中旬）

（「日本サッカー協会ホームページ」等より作成）

(1)　表中の開催国(開催予定国)を見ると，世界の6州のうち，2002年以降にFIFAワールドカップが開催されていない(開催予定になっていない)州がある。その州の名称を記せ。

(2)　表中のカタールについて，開催時期が他と異なっている最も適当な理由を，簡潔に記せ。

(3)　表中の日本と韓国は，次の地図中のA～Eのどの緯線の間に位置しているか，最も適当なものを以下のア～エから一つ選び，記号で記せ。なお，A～Eの緯線は15度間隔で引かれているものとする。

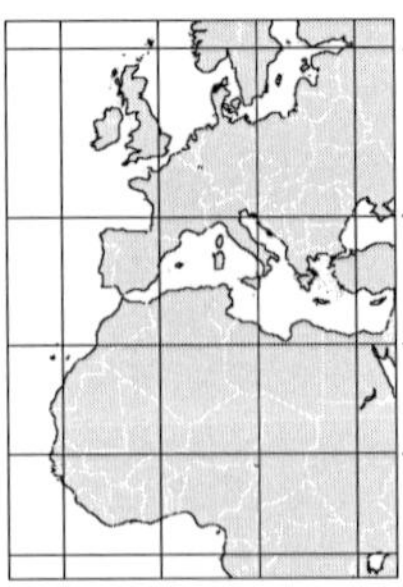

ア　AとBの間　　イ　BとCの間　　ウ　CとDの間
エ　DとEの間

(4)　次のグラフは，アメリカ，ドイツ，ブラジル，フランスの発電エネルギー源別割合(2019年)を示したものである。ブラジルを示しているものを，次のア～エから一つ選び，記号で記せ。

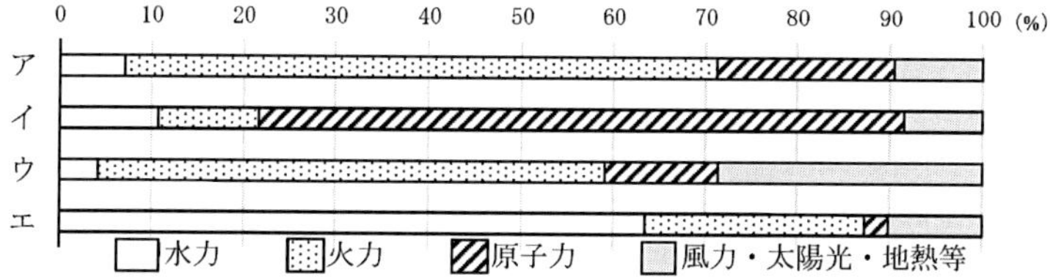

（「世界国勢図会 2022/23」より作成）

(5)　表中の南アフリカで大量に産出される，クロムやマンガンなどの希少金属の名称をカタカナで記せ。

(6)　次の文は，表中のロシアのシベリア地域などで多く見られる高床式の建物について述べたものである。文中の[　　]にあてはまる最も適当な内容を，簡潔に記せ。

> 高床式の建物はロシアのシベリア地域だけでなく，気候の異なる地域でも見られる。熱帯のインドネシアでは，夏季の河川の増水に備え，家屋内への浸水を防ぐために高床式にしている。一方，ロシアでは，[　　]ために高床式にしている。

(7)　表中のアメリカ，カナダ，メキシコの間で，2020年7月1日にアメリカ・メキシコ・カナダ協定(USMCA)が発効し，それにともない終了することになった貿易協定の名称を記せ。

(☆☆☆◎◎)

【2】次の表Ⅰは，国際連合食糧農業機関(FAO)により世界農業遺産に認定された，日本の各地域をまとめたものである(一部地域は省略)。以下の(1)～(7)に答えよ。

表Ⅰ

認定年	都道府県名と認定地域	農林水産業システムの名称
2013	静岡県掛川周辺地域	「静岡の①茶草場農法」
2013	大分県国東半島宇佐地域	「クヌギ林と②ため池がつなぐ国東半島・宇佐の農林水産循環」
2015	岐阜県長良川上中流域	「③清流長良川の鮎－里川における人と鮎のつながり－」
2015	和歌山県みなべ・田辺地域	「みなべ・田辺の④梅システム」
2017	宮城県大崎地域	「持続可能な水田農業を支える「大崎耕土」の⑤伝統的水管理システム」
2022	山梨県峡東地域	「峡東地域の（　a　）に適応した果樹農業システム」

（「農林水産省ホームページ」より作成）

(1)　表Ⅰの下線部①に関連して，次の表Ⅱは，茶の生産が盛んである静岡県，三重県，宮崎県，鹿児島県における，農業産出額，海面漁業漁獲量，製造品出荷額等を示したものである。静岡県を示しているものを，次のア～エから一つ選び，記号で記せ。

表Ⅱ

	農業産出額（億円）2020年	海面漁業漁獲量（千ｔ）2020年	製造品出荷額等（億円）2019年
ア	1 887	184	172 749
イ	1 043	125	107 685
ウ	3 348	119	16 523
エ	4 772	54	20 247

（「日本国勢図会 2022/23」より作成）

(2)　表Ⅰの下線部②に関連して，ため池は国東半島だけでなく，瀬戸内地域や奈良盆地等でも見られる。これらの地域にため池が造成される最も適当な理由を，簡潔に記せ。

(3)　次の文は，表Ⅰの下線部③について述べたものである。文中の(　　)にあてはまる語句を，漢字6字で記せ。

> 長良川の清流が保たれることにより，水と密接なつながりのある美濃和紙は(　　)として，現代に引き継がれている。

(4)　表Ⅰの下線部④に関連して，この地域では，高品質な梅を持続的に生産する梅システムを推進するために6次産業化に取り組んでいる。6次産業化とは何か，簡潔に記せ。

(5)　表Ⅰの下線部⑤に関連して，この地域で，深水管理(田に深く水を入れる)や，ぬるめ水路(いったん温めた水を引水する)等の農業技術が見られる理由を，東北地方の太平洋側に影響を与える風の名前に触れて，簡潔に記せ。

(6)　表Ⅰ中の(　a　)にあてはまる地形の名称を記せ。

(7)　身近な地域で聞き取り調査を行う際の手法として，適当でないものを，次のア～エから一つ選び，記号で記せ。

ア　相手の方が答えやすいようにするため，質問事項は短く，具体的にまとめておく。

イ　自分たちの仮説が正しかったかどうかを判断するため，事前に想定される答えを考えておく。

ウ　相手の方が自由に話せるようにするため，質問の内容や優先順位を決めずに聞き取りを行う。

エ　急に訪ねると失礼になるため，事前に相手の方に連絡を取り，許可をもらう。

(☆☆☆☆◎◎◎)

【3】次の略年表を見て，以下の(1)～(7)に答えよ。

略年表

時代	できごと
古代	・聖武天皇と光明皇后は，都にa 東大寺を，地方に国分寺や国分尼寺を建てる
	・清少納言によってb 枕草子が書かれる
中世	・c 運慶，快慶らにより金剛力士像が造られる
	・イタリアの都市でd ルネサンスが始まり，ヨーロッパ各地へ広まる
近世	・畳を敷いて床の間を設けたe 書院造が生まれる
	・f 三味線に合わせて語られる浄瑠璃が流行する

(1)　略年表中の下線部aに関連して，東大寺の倉庫である正倉院には，現在の中国やインド，西アジアの品など数多くの宝物がおさめられている。正倉院が建てられたころの中国の王朝を，次のア～エから一つ選び，記号で記せ。

ア　漢　　イ　隋　　ウ　秦　　エ　唐

(2)　略年表中の下線部bに関連して，ある生徒は資料A，資料Bを見たところ，すぐに資料Aが下線部bと同時期に書かれた作品であると分かった。ある生徒がこのように判断したと考えられる最も適当な理由を，簡潔に記せ。

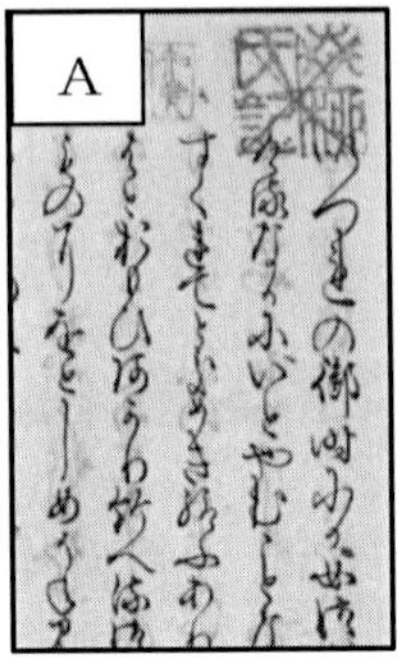

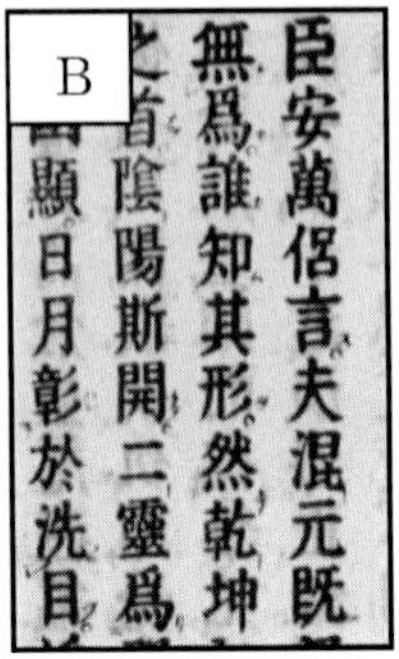

臣安萬侶言夫混元既
無爲誰知其形然乾坤
之首陰陽斯開二靈爲
顯日月彰於洗目

(3)　次の文は，略年表中の下線部cに関連して，この時代の文化について述べたものである。文中の(　　)にあてはまる語句を記せ。

> この時代には，貴族を中心とする伝統文化に加え，力を伸ばした(　　)や民衆の力強さが表れた新しい文化が生まれた。

(4)　略年表中の下線部dよりも前に起きたできごとを，次のア～エから一つ選び，記号で記せ。

ア　イギリスのエリザベス1世は，インドを拠点とした貿易会社を設立し，海外へ進出した。

イ　神聖ローマ帝国の皇帝ハインリヒ4世は，イタリアのカノッサでローマ教皇に謝罪した。

ウ　イグナティウス=ロヨラらにより組織されたイエズス会は，海外で布教活動を行った。

エ　マゼランの率いるスペインの船隊は，世界一周を達成し，地球が丸いことを証明した。

(5)　略年表中の下線部eに関連して，この時代から盛んになり，華やかな姿をした人々が踊る風流と念仏踊りが結びついて，現代にも引き継がれている民衆芸能の名称を記せ。

(6)　略年表中の下線部fに関連して，次の図は，三味線のルーツをまとめたものである。図中の［　P　］にあてはまる国名を記せ。

図

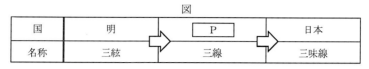

国	明	P	日本
名称	三絃	三線	三味線

(7) 次の文は，近世の各時期で見られた文化の特徴を述べたものである。次のア～ウを，年代の古い順に並び替え，記号で記せ。

ア 上方とよばれる大阪や京都を中心に，町人たちを担い手とする文化

イ 権力や富を誇った大名や豪商たちによってつくられた豪華で力強い文化

ウ 経済や文化の中心だった江戸の町人の好みを反映して生まれた文化

(☆☆☆◎◎◎)

【4】次の[A]～[E]のカードは，西暦で表した際に，末尾が3の年に日本と世界で起きた近現代のできごとや日記を示したものである。以下の(1)～(7)に答えよ。なお，カードは[A]から年代の古い順に並んでいるものとする。

> [A] 富国強兵の政策を進めるために必要となる財源を安定させる改革が行われた。

> [B] 地震で屋根瓦のずり落ちたのを見たとき，飛び火でだんだんと燃え広がっていくのを目撃したとき，実は初めて危険を感じた。…(以下略)…
>
> (「日記に読む近代日本」より要約・抜粋)

> [C] 松岡洋右ら日本全権団は，国際連盟の臨時総会で可決された勧告案に反対し，総会の場から退場した。

[D]　石油危機の影響で物価が急上昇し，生活必需品の不足への不安から，消費者が売り場に殺到し，混乱を引き起こした。

[E]　G7広島サミットが開催され，「核軍縮に関するG7首脳広島ビジョン」等の声明が発表された。

(1)　中国から日本に伝えられた年代の表し方で，令和や平成，明治などを総称して何というか，名称を記せ。

(2)　カード[A]に関連した次の資料の(　　)にあてはまる語句を記せ。

今般(　　)ニ付，旧来田畑貢納ノ法ハ悉皆相廃シ，更ニ地券調査相済次第，土地ノ代価ニ随ヒ百分ノ三ヲ以テ地租ト相定ムヘキ旨仰セ出サレ候条，改正ノ旨趣別紙条例ノ通相心得ベシ。 (「法令全書」より抜粋)

(3)　カード[B]について，この日記に書かれているできごとは何か，名称を記せ。

(4)　カード[C]に関連して，その後，日本は国際連盟を脱退したが，国際連盟脱退の要因となった勧告案の内容を，簡潔に記せ。

(5)　カード[D]に関連して，日本の石油危機の原因となったイスラエルとほかのアラブ諸国との戦争を何というか，正式名称で記せ。

(6)　カード[E]について，G7のメンバーを，次のア～エから一つ選び，記号で記せ。

ア　オーストラリア　　イ　中国　　ウ　韓国　　エ　イタリア

(7)　次の文は，カード[A]～[E]のどの間のできごとか，次のア～エから一つ選び，記号で記せ。

ソ連の指導者スターリンが死去すると，朝鮮戦争をめぐる休戦交渉は急速に進展し，7月に板門店で休戦協定が締結された。

ア　カード[A]とカード[B]の間　　イ　カード[B]とカード[C]の間

ウ　カード[C]とカード[D]の間　　エ　カード[D]とカード[E]の間

(☆☆☆◎◎◎)

【5】次の(1)～(7)に答えよ。

(1) 次の文は，身近な場面で見られる効率と公正について述べたものである。文中の［ X ］にあてはまる最も適当な内容を，簡潔に記せ。

> 多くのコンビニエンスストアのレジでは，順番を待つ人はレジごとではなく一列に並び，空いたレジを順次利用するという方法が採られている。この方法が採られた最も適当な理由を効率，公正の視点で見ると，次のように表すことができる。
>
> 効率：レジで連続して会計ができるため，無駄がなく効率がよい。
>
> 公正：［ X ］

(2) 次の表は話し合いにおける採決の仕方の長所，短所をまとめたものである。表中の［ Y ］にあてはまる最も適当な内容を，簡潔に記せ。

表

採決の仕方	長所	短所
全会一致	みんなが納得する。	決定に時間がかかることがある。
多数決	一定の時間内で決定できる。	［ Y ］

(3) 次の文は，立憲主義について述べたものである。文中の(①)，(②)にあてはまる語句を，それぞれ記せ。

> 憲法によって国家権力を制限し，国民の人権を保障しようとすることを立憲主義という。立憲主義を実現するために，憲法は国の(①)として位置づけられている。法律をつくる国会では，憲法に反する法律をつくることはできない。もし，

国会が憲法に反する法律をつくったときは，裁判所がこの法律を無効にすることができる。このように国民の権利が守られるしくみを，(　②　)という。

(4)　日本の選挙の主な課題の一つに一票の格差がある。一票の格差が大きくなると最高裁判所が，日本国憲法に規定されている「ある権利」に反するという判決を出すことがある。「ある権利」とは何か，次のア～エから一つ選び，記号で記せ。

ア　法の下の平等　　　　イ　プライバシーの権利

ウ　経済活動の自由　　　エ　生存権

(5)　2023年4月1日に発足した，こども家庭庁を外局にもつ国の行政機関の名称を記せ。

(6)　次の資料は，民泊に関するリーフレットである。日本では，旅館業法の許可を得る等しなければ民泊の営業は行えなかったが，2017年の住宅宿泊事業法成立により，都道府県知事等に届け出を行うことでも，年間180日を上限に民泊の営業が可能となった。このような，許認可権を見直す行政改革を何というか，名称を記せ。

(「民泊を始めるにあたって」
総務省消防庁・住宅宿泊協会)

(7)　日本の政治は，三権分立の仕組みを採っている。この仕組みは，国民にどのようなことをもたらしているか，「集中」，「国民」という語句を使って簡潔に記せ。

(☆☆☆◎◎◎)

【6】次の(1)～(3)に答えよ。

(1)　次の文は，経済に関する基本的な概念の一部について述べたものである。文中の(A), (B)にあてはまる語句を，それぞれ記せ。なお，文中の(A), (B)にはそれぞれ同じ語句が入るものとする。

経済は(A)と(B)によって成り立っている。私たちは，ある職業を選択することで(A)に加わり，自分が生産した財やサービスを，他の人が生産した財やサービスと(B)することで，さまざまな必要を満たしている。

(2) 次の文は，企業の社会的責任(CSR)について述べたものである。文中の(Q)にあてはまる語句を記せ。なお，(Q)には同じ語句が入るものとする。

企業は消費者が安心して商品を購入できるように，その品質に責任をもつだけでなく，みずからの活動が社会に及ぼす影響についても配慮する必要がある。このため，企業は(Q)を徹底させ，利害関係者に対して，企業の社会的責任(CSR)を果たしていくことが求められている。(Q)を徹底することは，社会から信用を獲得し，企業価値を維持することにつながる。

(3) 次の文は，中学校学習指導要領解説「社会編」の一部である。以下の①～④に答えよ。

(2) 国民の生活と政府の役割

…(中略)…課題を追究したり解決したりする活動を通して，次の事項を身に付けることができるよう指導する。

ア 次のような知識を身に付けること。

(ア) 社会資本の整備，公害の防止など環境の保全，a<u>少子高齢社会</u>におけるb<u>社会保障</u>の充実・安定化，消費者の保護について，それらの意義を理解すること。

(イ) c<u>財政</u>及びd<u>租税の意義，国民の納税の義務</u>について理解すること。
…(以下略)…

① 文中の下線部aに関連して，「令和2年国勢調査　人口等基本集計結果(山梨県の概要)」によると，平成27年調査より，山梨県の人口は24,956人減少している一方で，世帯数は7,877世帯増加している。人口が減少しているにも関わらず，世帯数が増加している最も適当な理由を，簡潔に記せ。

② 文中の下線部bに関連して，所得を正確に把握して給付と負担の公平を図ることや，行政手続きを簡素化して人々の利便性を高めることなどを目的に，2016年より導入された制度の名称を記せ。

③ 文中の下線部cに関連して，国債費を除いた支出を，公債発行に頼らずに税収でまかなえているかを示す数値の名称をカタカナで記せ。

④ 文中の下線部dに関連して，租税の基本原則の一つである公平に注目すると，公平には垂直的公平と水平的公平の二つの側面がある。垂直的公平の考え方により徴収している国税を，次のア～エから一つ選び，記号で記せ。

ア　消費税　　イ　自動車税　　ウ　所得税　　エ　酒税

(☆☆☆◎◎◎)

地　理・歴　史

【日本史】

【1】次の(1)～(10)の問いに答えよ。

(1) 北米自由貿易協定(NAFTA)に代わり，2020年に発効したアメリカ合衆国，メキシコ，カナダ間で結ばれた自由貿易協定を何というか，協定の略称をアルファベットで記せ。

(2) 2020年以降，世界の平均気温上昇を産業革命前と比較して1.5℃に抑える努力を追求するとしている，2015年に採択された国際的な枠組みを何というか，記せ。

(3) 日本の支援などによってサケ・マス類の養殖が始まり，2018年にサケ・マス類の生産量が世界2位となっている南半球の国はどこか，記せ。

(4) 前264年から前146年に行われた，ローマがカルタゴに挑んだ3回にわたる戦争を何というか，記せ。

(5) ダマスクスを首都とし，661年から750年まで続いた史上初のムスリム世襲王朝を何というか，記せ。

(6) 代表的なハワイ民謡「アロハオエ」の作詞者でもあるハワイ王国最後の女王は誰か，記せ。

(7) 1247年，北条時頼と，その外祖父安達景盛が有力御家人三浦泰村を破った戦いを何というか，記せ。

(8) 日蓮宗(法華宗)の総本山で，日蓮が甲斐国身延山に建てた寺院を何というか，記せ。

(9) 1891年，訪日中のロシア皇太子ニコライが，滋賀県で巡査に切りつけられた事件を何というか，記せ。

(10) 中華人民共和国の習近平国家主席が2013年に提唱した，中華人民共和国とヨーロッパをつなぐ広域経済圏構想を何というか，漢字で記せ。

(☆☆☆☆◎◎◎)

【2】次の(1)，(2)の問いに答えよ。ただし，それぞれ指定した字数で記せ。

(1) 墾田永年私財法(743年)について，この内容と目的，影響を100字以内で説明せよ。

(2) 寛政異学の禁について，この内容と政策が出された目的を120字以内で説明せよ。

(☆☆☆☆◎◎◎)

【3】A～Cに関して，(1)～(10)の問いに答えよ。

A　大臣の蘇我馬子が587年に大連の[　a　]を滅ぼし，592年には[　b　]天皇を暗殺して政治権力を握った。そして，推古天皇が新たに即位し，国際的緊張のもとで蘇我馬子や推古天皇の甥の厩戸王(聖徳太子)らが協力して国家組織の形成を進めた。603年には①冠位十二階，翌604年には憲法十七条が定められた。

6世紀末から，奈良盆地南部の飛鳥の地に大王の王宮(大王宮)が次々に営まれた。7世紀前半に，蘇我氏や王族により広められた仏教文化を，②飛鳥文化という。

(1)　文中の[　a　]，[　b　]に当てはまる人物を，それぞれ記せ。

(2)　文中の下線部①について，その目的を説明せよ。

(3)　文中の下線部②について，次の写真が示す像の名称を何というか，空欄[　ア　]，[　イ　]に当てはまる語句を，それぞれ漢字で記せ。

法隆寺金堂[　ア　]

中宮寺[　イ　]

B　次の年表は，14世紀と15世紀の主な出来事をまとめたものである。

年	出来事
1334	③後醍醐天皇は，年号を建武に改めた。
	↕ W
1350	観応の擾乱が始まった。
	↕ X
1392	④南北朝の合体。
	↕ Y
1428	⑤正長の徳政一揆が起こった。
	↕ Z
1467	応仁の乱が始まった。

(4) 年表中の下線部③について，この人物が行った建武の新政における主要政務機関で，鎌倉幕府の引付を受け継ぎ，主に所領問題などの訴訟の裁決を行った機関を何というか，記せ。

(5) 年表中の下線部④について，次の文章は，南北朝の動乱が長引いた背景を説明したものである。(　ア　)～(　エ　)に適する語句を，それぞれ記せ。

> 動乱が長引いた背景には，鎌倉時代後期頃から始まっていた(　ア　)の解体があった。遠方に住む一族との(　イ　)的結合よりも，近隣に住む武士どうしの(　ウ　)的結合が重視されるようになった。また，嫡子がすべての所領を相続して，庶子は嫡子に従属する(　エ　)相続が一般的になった。こうした変化は各地の武士団の内部に分裂と対立を引き起こし，一方が北朝につけば反対派は南朝につくというかたちで，動乱を拡大させることになった。

(6) 年表中の下線部⑤について，このことを説明した文として正しいものを，次のア～エから一つ選び，記号で記せ。

ア　近江坂本の馬借が徳政を要求したことを契機に，農民勢力が一部の都市民や困窮した武士とともに京都の土倉・酒屋などを襲い，質物や売買・貸借証文を奪った。

イ　南山城の国人らが，両派に分かれて争っていた畠山氏の軍を国外に退去させ，8年にわたり一揆が自治的支配を実現した。

ウ　加賀の浄土真宗本願寺派の門徒が国人と手を結び，守護富樫政親を倒して，約100年にわたり国を支配した。

エ　将軍義勝の代始めに，数万人の土一揆が京都を占拠した。幕府は土一揆の要求を入れて徳政令を発布した。

(7)　年表中のW～Zの期間に，次のア～ウの出来事を加える場合，いずれの期間に加えるべきか，表中のW～Zからそれぞれ一つずつ選び，記号で記せ。

ア　近江・美濃・尾張の3か国に，半済令がはじめて発布された。

イ　将軍足利義教が殺害される。

ウ　明との間に勘合貿易が始まる。

C　11代将軍徳川家斉による半世紀におよぶ長い治世のもと，文化・文政期を中心に，⑥天保の改革の頃までの時期に栄えた文化を⑦化政文化と呼ぶ。この文化は，都市の繁栄，商人・文人の全国的な交流，出版・⑧教育の普及，交通網の発達などによって，さまざまな情報とともに全国各地に伝えられた。

(8)　次の川柳は，文中の下線部⑥のある法令に対して詠まれたものである。何の法令について詠まれたものか，以下のア～エから一つ選び，記号で記せ。

水引いて十里四方はもとの土

ア　人返しの法　　イ　倹約令　　ウ　上知令　　エ　棄捐令

(9)　文中の下線部⑦に関して，この時期に活躍した代表的な人物をア～エから，この時期の代表的な作品をA～Dから，それぞれ一つずつ選び，記号で答えよ。

ア　円山応挙　　イ　松尾芭蕉　　ウ　小林一茶

エ　本阿弥光悦

A　南総里見八犬伝　　B　十便十宜図　　C　金々先生栄花夢

D　冥途の飛脚

(10) 文中の下線部⑧に関して，学者たちにより新たな私塾が各地に開かれた。次のア～ウは，それらの私塾について述べたものである。ア～ウの私塾が開かれた場所として最も適切なものを，地図中のa～eからそれぞれ選び，記号で答えよ。

ア 蘭学者の緒方洪庵が開いた適々斎塾(適塾)

イ ドイツ人のシーボルトが開いた鳴滝塾

ウ 儒学者広瀬淡窓が開いた咸宜園

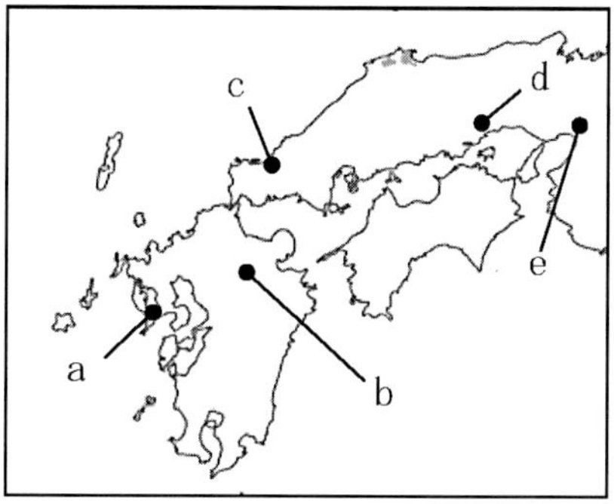

(☆☆☆☆◎◎◎)

【4】次の近代・現代に関するA～Cの文章を読み，(1)～(6)の問いに答えよ。

A 明治初期，日本が近隣諸国との外交関係を樹立するに際して，1871年に清国との間にほぼ対等な日清修好条規が結ばれた。1880年代には朝鮮半島への影響力の拡張を巡って日本と清国との間には対立が生じ，日清戦争へとつながった。その後，清国をめぐり東アジアにおいて列強主要国の対立・緊張が増大した。20世紀初頭には，ヨーロッパにおいても列強主要国の対立が顕在化していった。

(1) Aの文章に関して，次のア～ウはこの時期に描かれた風刺画である。風刺画が描かれた時期を，古いものから年代順に並びかえ，記号で記せ。

ア

イ

The Boiling Point

ウ

B　明治期の産業は，1880年代前半にいわゆる①松方財政が展開され，一時は不況が深刻になった。しかし，貿易が輸出超過に転じ，銀本位制も確立すると物価が安定し，金利が低下して株式取引も活発になり，産業界は活気づいた。②1880年代後半には鉄道などを中心に会社設立ブームがおこり産業革命が始まった。また，1890年代になると繊維産業を中心として，資本主義が本格的に成立した。

(2)　文中の下線部①に関して，70字以内で内容とその結果を説明せよ。

(3)　文中の下線部②に関して，次の表は，1885年と1899年の日本における貿易の様子を示している。X～Zは，綿糸，綿花，生糸のいずれかである。X～Zに当てはまる品目を，それぞれ記せ。

表　日本の輸出と輸入の上位５品目の内訳（%）

	1885年		1899年	
	輸出品	輸入品	輸出品	輸入品
1位	X　(35.1)	Y　(17.7)	X　(29.1)	Z　(28.2)
2位	緑茶　(18.0)	砂糖　(15.9)	Y　(13.3)	砂糖　(8.0)
3位	水産物　(6.9)	綿織物　(9.8)	絹織物　(8.1)	機械類　(6.2)
4位	石炭　(5.3)	毛織物　(9.1)	石炭　(7.1)	鉄類　(5.4)
5位	銅　(5.0)	機械類　(6.6)	銅　(5.4)	綿織物　(4.2)

(「日本貿易精覧」より作成)

C　1945年10月，[　a　]内閣はGHQに憲法改正を指示され，憲法問題調査委員会を政府内に設置した。新憲法制定は手続き上，大日本帝国憲法を改正する形式をとり，改正案は衆議院と貴族院で修正可決されたのち，日本国憲法として1946年11月3日に公布され，1947年5月3日から施行された。この時期，多くの法律の制定あるいは大幅な改正が行われた。経済分野においては，民主化を進めるため，1947年に持株会社やカルテル・トラストなどを禁止するいわゆる[　b　]や，巨大独占企業の分割を目的とする[　c　]が成立した。また同年，新憲法の精神にもとづいて，③民法や刑法が改正された。

(4)　文中の[　a　]に当てはまる人物は誰か，次のア～エから一つ選び，記号で記せ。

ア　鈴木貫太郎　　イ　吉田茂　　ウ　片山哲
エ　幣原喜重郎

(5)　文中の[　b　]，[　c　]に当てはまる法律名は何か，記せ。

(6)　文中の下線部③について，改正された民法では新しい家族制度を定めた。どのような内容を定めたか，廃止された内容も含めて説明せよ。

(☆☆☆☆◎◎◎)

【5】次の高等学校学習指導要領に関する問い(1)，(2)に答えよ。

(1)　高等学校学習指導要領(平成30年告示)解説　地理歴史編の「日本史探究」では，社会的事象の歴史的な見方・考え方について，次のように説明している。文中の(　A　)～(　D　)に適する語句を，以下のア～カから選び，それぞれ記号で記せ。なお，A，C，Dには同じ記号が入るものとする。

「社会的事象を，時期，(　A　)などに着目して捉え，類似や差異などを明確にし，事象同士を因果関係などで関連付け」て働かせる際の「視点や方法(考え方)」であると整理した。すなわち，時期，年代，時代など(　B　)に関わる視点，展開，変化，継続など諸事象の(　A　)に関わる視点，類似，差異，多様性，地域性など諸事象の(　C　)に関わる視点，背景，原因，結果，影響，関係性，相互依存性など事象相互の(　D　)に関わる視点，現在との(　D　)などに着目して(　C　)したり，関連させたりして社会的事象を捉えることとして整理したものである。

ア　つながり　　イ　時間　　ウ　依存関係　　エ　時系列

オ　推移　　　　カ　比較

(2)　高等学校学習指導要領(平成30年告示)地理歴史科の「日本史探究」の「C　近世の日本と世界」において，「(1)近世への転換と歴史的環境」を扱うとした場合，あなたならどのような学習指導を展開するか，社会的事象の歴史的な見方・考え方を働かせるための工夫を取り入れた学習指導の展開例を記せ。その際，次の語句を必ず一度は使い，最初に使用した箇所には下線を付せ。

刀狩り　貿易　転換　戦乱

(☆☆☆◎◎◎)

公　民　科

【1】次の(1)～(10)の問いに答えよ。

(1)　青年期に，人は他人とは異なる自分に気づき，自分はどんな人なのか，どんな人でありたいか，と自分自身に問いかける経験をする。このような青年期の特徴をルソーは何と表現したか，答えよ。

(2)　個人の行動の自由を制約する唯一の根拠は「他者への危害を防ぐため」である，という功利主義にもとづく原理を何というか，答えよ。

(3)　社会契約説の発想にもとづきながら，『正義論』を著したアメリカの政治哲学者は誰か，名前を答えよ。

(4)　『論語』や『孟子』で説かれている聖人の道を六経のことばに即して学ぶ必要を説いた，江戸に生まれ柳沢吉保につかえた儒学者は誰か，名前を答えよ。

(5)　主観と客観を区別する西洋近代哲学に対して，純粋経験による主客の統一を説き，独自の哲学体系を生みだした哲学者は誰か，名前を答えよ。

(6)　1994年にエジプトで開催された国際人口開発会議で初めて提唱され，個人やカップルが，出産する人数や時期を自由に責任をもって決める権利を何というか，カタカナで答えよ。

(7)　刑事司法の原則の一つで，裁判が確定したあとに，同一事件で再び裁判にかけられることはないとする原則を何というか，答えよ。

(8)　2010年末以降，軍事独裁が続いた多くのアラブ諸国において，民主化を求める市民による大規模な抗議やデモ活動があいつぎ，チュニジアやエジプトなどで独裁政権が倒れた。これらのことを一般的に何というか，答えよ。

(9)　同一労働に対する時間あたり賃金を原則的に同一にするという原則を何というか，答えよ。

(10)　GNIにかわる指標として人間開発指数を導入し，人々の福祉の統計整備と福祉の向上に努めている，国際連合の総会によって設立された機関を何というか，答えよ。

(☆☆☆◎◎◎)

【2】次の(1)，(2)の問いに答えよ。

(1)　国際司法裁判所(ICJ)と国際刑事裁判所(ICC)の活動内容について，裁判の対象になるものや裁判の開始の違いに触れて，それぞれ説明せよ。

(2)　6次産業化について，説明せよ。

(☆☆☆☆◎◎◎)

【3】次の文章を読んで，以下の(1)～(8)の問いに答えよ。

戦後の日本①政治は，連合国による占領と②民主改革のもとではじまった。初期の③政党政治は流動的だったが，やがて吉田茂を党首とする(　a　)党の優位が確立した。

占領終了後，保守政党のなかでは④憲法改正を求める声が高まった。改憲案には，⑤憲法第9条の改正による再軍備が含まれていたため，日本社会党，日本共産党などは憲法擁護の運動を強め，革新勢力を形作った。こうして⑥保守と革新の対立が，戦後日本の政治における対立軸となった。

その後，分裂していた社会党が再統一し，保守政党も(　a　)党と(　b　)党が合同し，自由民主党が誕生した。これによって保守政党と革新政党が保守優位のもとで対抗しあう「(　c　)年体制」が定着した。自民党は憲法改正を党の方針としたが，国民には護憲論が強まり，改憲は実現しなかった。1960年，(　d　)内閣は日米安全保障条約の改定を強行したが，大きな反対運動である「(　e　)」がおこり，(　d　)内閣は退陣し⑦池田内閣が生まれた。

(1)　文中の(　a　)～(　e　)に当てはまる語句を，それぞれ答えよ。なお，同じ記号には同じ語句が入るものとする。

(2)　下線部①に関連して，マックス・ウェーバーは支配の正統性を三つに分類した。その中の一つである，正当な手続きで制定された法によってなされる支配を何と呼ぶか，答えよ。

(3)　下線部②に関連して，持株会社を解散させた理由を説明せよ。

(4)　下線部③に関連して，一般的に取り上げられる二大政党制の特徴を，二つ答えよ。

(5)　下線部④に関連して，日本国憲法第96条に定められている国民投票の意義を，二つ答えよ。

(6)　下線部⑤に関連して，憲法第9条をめぐる司法判断について述べたものとして誤っているものを，次のア～エから一つ選び，記号で答えよ。

ア　砂川事件の跳躍上告審では，米軍駐留は，一見極めて明白に違憲とは認められず，司法審査権の範囲外のものであるとした。

イ　恵庭事件の第一審では，公判の多くが自衛隊の違憲審査にあてられたが，憲法問題を判断する必要はなく，判断すべきでないとしたため「肩すかし判決」といわれた。

ウ　長沼ナイキ訴訟の第一審では，自衛隊は合憲としたが，上告審では自衛隊の合違憲や第9条解釈には一切触れなかった。

エ　百里基地訴訟の上告審では，自衛隊は，自衛のための措置や実力組織の保持は禁止されないとの憲法解釈のもとで設置された組織であるとして，第9条には触れなかった。

(7)　下線部⑥に関連して，次の政治の座標軸中の［Ⅰ］と［Ⅱ］に当てはまる政治的立場を，以下のア～エから一つずつ選び，記号で答えよ。

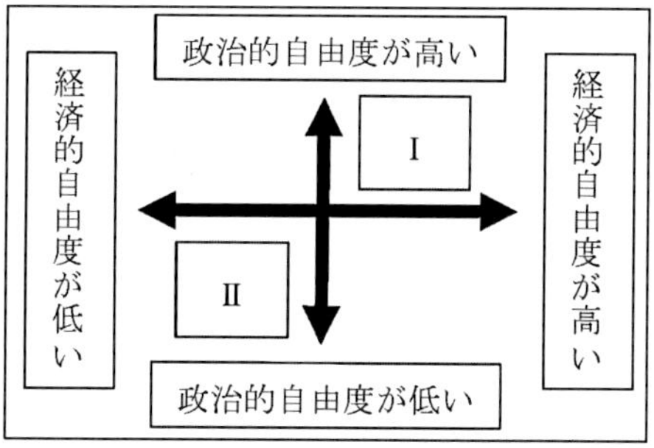

ア　リベラリズム(自由主義)

イ　リバタリアニズム(自由至上主義)

ウ　コンサバティズム(保守主義)

エ　コミュニタリアニズム(共同体主義)

(8)　下線部⑦に関連して，池田内閣の時に起きた日本と世界の出来事として，正しいものをア～オからすべて選び，記号で答えよ。

ア　キューバ危機が発生　　　イ　ベトナム戦争が終結
ウ　国民所得倍増計画を発表　　エ　第4次中東戦争が勃発
オ　日本がGATT11条国へ移行

(☆☆☆◎◎◎)

【4】次の文章を読んで，以下の(1)～(8)の問いに答えよ。

経済活動は，ある程度規則的な拡張と収縮を繰り返している。そのような①経済の動きを景気変動とよぶ。景気変動の幅が大きくなると，不況期には大量の失業や設備の過剰が生じ，好況期には②インフレーションなどの問題が生じる。景気変動の幅をできるだけ小さくして景気の安定をはかろうと，政府や中央銀行は，③財政政策や金融政策などによって，社会全体の総需要を管理しようとする。例えば，不況の際には，④ケインズの有効需要の原理を根拠に，公共投資の拡大などの積極的な財政政策が実施される。金融面でも金融緩和政策が行われる。ただし，財政政策は，⑤議会などの承認が必要なため実施までに時間がかかるという問題がある。金融政策は，中央銀行が独自で行うため実施までにかかる時間は少ないが，⑥金利や⑦通貨量の変化が投資意欲に与える効果は不透明であり，⑧日本のバブル経済期のように地価や株価などの資産価格の変動に大きな影響を与えることもある。

(1)　下線部①に関連して，経済学ではある選択に対してさまざまな費用がかかると考えられている。例えば，ある休日の使い方として，映画を鑑賞することで1,500円の料金を支払うこと，アルバイトで1,800円の給与を得ること，家事を手伝うことで1,000円の小遣いを得ること，これらの中から映画を鑑賞することを選択した場合の機会費用はいくらになるか，答えよ。

(2)　下線部②に関連して，第一次世界大戦後のドイツや2000年代のジンバブエでみられた，短期間に物価が急激に高騰したインフレーションに共通する要因は何か，答えよ。

(3)　下線部③に関連して，次の表は日本の所得税率を示したものである。課税所得額が650万円の場合，所得税額はいくらになるか，答えよ。

適用課税所得	税率
～195 万円以下	5％
195 万円超～330 万円以下	10％
330 万円超～695 万円以下	20％
695 万円超～900 万円以下	23％
900 万円超～1800 万円以下	33％
1800 万円超～4000 万円以下	40％
4000 万円超	45％

(4) 下線部④に関連して，ケインズ理論を批判したフリードマンが主張したマネタリズムの内容について，説明せよ。

(5) 下線部⑤に関連して，次の財政法第5条に示されている原則とは何か，答えよ。

> 第5条　すべて，公債の発行については，日本銀行にこれを引き受けさせ，又，借入金の借入については，日本銀行からこれを借り入れてはならない。但し，特別の事由がある場合において，国会の議決を経た金額の範囲内では，この限りでない。

(6) 下線部⑥に関連して，金融政策におけるゼロ金利政策とマイナス金利政策との違いは何か，簡潔に説明せよ。

(7) 下線部⑦に関連して，通貨の4つの機能は何か，すべて答えよ。

(8) 下線部⑧に関連して，1980年代後半に発生した日本でのバブル経済の要因を，「プラザ合意」，「円高不況対策」という語句を用いて，説明せよ。

(☆☆☆☆◎◎◎)

【5】次の文章を読んで，以下の(1)～(6)の問いに答えよ。

近年の①内戦や地域紛争の多くも，人種や民族，宗教などを軸に争われているように見えるが，多くの紛争の背景には，政治権力の独占や②経済的利益の配分の問題が存在している。公正な社会を実現し，

③異なる文化的・民族的背景をもつ人々に対する寛容と包摂を実現することこそ，人種・民族問題解決への道だといえる。

こんにちの④国際社会では，南アフリカ共和国における(　a　)(人種隔離政策)の撤廃(1994年)が示すように，世界人権宣言や⑤国際人権規約などの普及により，民族主義的または人種主義的な抑圧は，もはや許されない。近年では，グローバル化の展開もあり，さまざまなエスニック集団(民族)との共存は，日本を含む先進各国でもすでに社会的現実になっている。(　b　)(民族的・文化的少数者)の抑圧にもつながる偏狭な(　c　)(自民族中心主義)を乗りこえ，さまざまな文化や生活様式をもつ人々との共生をめざす(　d　)(多文化主義)の立場からの社会づくりは，紛争に苦しむ国だけの問題ではなく，われわれ自身の問題でもある。

(1)　文中の(　a　)～(　d　)に当てはまる語句を，カタカナでそれぞれ答えよ。

(2)　下線部①に関連して，次の文中の(　e　)～(　g　)に当てはまる語句を，それぞれ答えよ。

> ヨーロッパで迫害を受けてきたユダヤ人は，19世紀末以来，民族のゆかりの地であるパレスチナに自らの国家を求めてきた。第一次世界大戦中，(　e　)はアラブ人に独立国家承認を約束する(　f　)書簡を与える一方，ユダヤ人にはパレスチナに民族郷土を建設することを支持する(　g　)宣言を発した。ユダヤ人の国家を求める運動は勢いを得たが，同時にアラブ人居住者の反発も高まり収拾のつかない紛争となった。

(3)　下線部②に関連して，ミレニアム開発目標(MDGs)の後に，持続可能な開発目標(SDGs)が国際連合の総会で新たに採択された理由はなぜか，簡潔に説明せよ。

(4)　下線部③に関連した次の文中の(　h　)～(　n　)に当てはまる語句を，それぞれ答えよ。なお，同じ記号には同じ語句が入るものとする。

令和4年2月18日，我が国で初めて，(h)に関する最高裁判決が言い渡されました。

本件は，(i)市(h)への対処に関する条例が，一定の表現活動を「(h)」と定義した上で[以下，これを「条例(h)」といいます。]，市長が，(i)市内で行われた条例(h)について，拡散防止措置等を講ずることや，条例(h)に当たるかどうか等について調査・審議等をする審査会を置くことなどを定めていたところ，(i)市の住民が，条例の規定は(j)を保障した憲法(k)条1項等に違反して無効であるため，審査会の委員の報酬等の支出は違法であるなどとして，地方自治法242条の2第1項4号に基づき，(i)市に対し，当時の市長に対する(l)請求をすることを求めた事案です。

最高裁判所は，「憲法(k)条1項により保障される(j)は，立憲民主政の政治過程にとって不可欠の(m)人権であって，民主主義社会を基礎付ける重要な権利である」として，(j)の重要性を強調しましたが，その一方で，(j)は「無制限に保障されるものではなく，(n)による合理的で必要やむを得ない限度の制限を受けることがあるというべきである。」としました。

その上で，条例の規定による「(j)に対する制限が上記限度のものとして是認されるかどうかは，本件各規定の目的のために制限が必要とされる程度と，制限される自由の内容及び性質，これに加えられる具体的な制限の態様及び程度等を較量して決めるのが相当である」としました。

こうした判断基準の下に，最高裁判所は，条例が憲法に適合しているかどうかを判断しています。

(法務省ホームページにより作成)

(5)　下線部④に関連して，次のi～iiiの正誤の組合せとして正しいものを，以下のア～カから一つ選び，記号で答えよ。

i　「国際法の父」といわれるオランダのボーダンは，『永久平和論』で，自然法の立場から国際社会にも国家が従わなければならない法があるとした。

ii　勢力均衡とは，国際社会のなかで，国家が独立と平和を保つためには，同じ目的を持つ国々が同盟して，相互に均衡を保つことである。

iii　集団的自衛権とは，世界的規模の国際機構を作り，違反した国に対しては，加盟国全体で経済制裁を加え，加盟国の安全を保障することである。

ア　i－正　ii－正　iii－誤　　イ　i－正　ii－誤　iii－正
ウ　i－誤　ii－正　iii－正　　エ　i－正　ii－誤　iii－誤
オ　i－誤　ii－正　iii－誤　　カ　i－誤　ii－誤　iii－正

(6)　下線部⑤について，A規約のうち日本が留保していた内容で，2012年に留保の撤回を国際連合に通告した内容は何か，答えよ。

(☆☆☆☆◎◎◎)

【6】高等学校学習指導要領(平成30年告示)「第2章　各学科に共通する各教科　第3節　公民」について，次の(1)～(3)の問いに答えよ。

(1) 「公共」の授業で自然環境問題を取り上げ「環境開発」か，「環境保全」かについての意見を求めた。行為の結果である個人や社会全体の幸福を重視する考え方と，行為の動機となる公正などの義務を重視する考え方を踏まえた意見を，それぞれ一つずつ答えよ。

(2) 「政治・経済」の「1　目標」で示されている「社会の在り方についての見方・考え方」とは何か，答えよ。

(3)　次の文は「政治・経済」の「2　内容」の一部である。以下の①，②の問いに答えよ。

(2) 現代日本における政治・経済の諸課題の探究
社会的な見方・考え方を(a)に働かせ，他者と協働して(b)の形成が求められる現代日本社会の諸課題を探究する活動を通して，次の事項を身に付けることができるよう指導する。
ア 少子高齢社会における社会保障の充実・安定化，地域社会の自立と政府，多様な働き方・生き方を可能にする社会，産業構造の変化と起業，歳入・歳出両面での財政健全化，食料の安定供給の確保と持続可能な農業構造の実現，防災と安全・安心な社会の実現などについて，取り上げた課題の解決に向けて政治と経済とを関連させて多面的・多角的に(c)，(d)し，よりよい社会の在り方についての自分の考えを説明，論述すること。

① 文中の(a)～(d)に当てはまる語句を，それぞれ答えよ。
② 下線部について授業する際にどのような問いを設定するか，二つ答えよ。

(☆☆☆◎◎◎)

解答・解説

中 学 社 会

【1】(1) オセアニア州 (2) 6月～7月のカタールは厳しい暑さが続くため。 (3) イ (4) エ (5) レアメタル (6) 建物から出る熱が永久凍土をとかし，建物が傾いてしまうのを防ぐ
(7) 北米自由貿易協定(NAFTA)

〈解説〉(1)　世界の6州は，ヨーロッパ州，アジア州，アフリカ州，オセアニア州，北アメリカ州，南アメリカ州である。　(2)　カタールは緯度が低く砂漠気候であるため，夏の猛暑がスポーツの試合に適さないとして夏開催でなく冬開催となった。　(3)　韓国と日本の大半は北緯45度から北緯30度の間にある。Eが赤道であり，15度間隔であるためBとCである。　(4)　イ　原子力発電の割合が高いフランス。
ウ　2035年に再生可能エネルギーの割合を100％にすることを目標にしているドイツ。　エ　三峡ダムに次いで発電量の多い，イタイプダムや流域面積の広いアマゾン川などの水資源が豊富なブラジル。
(5)　レアメタル(レアアース)は希土類ともいわれ，触媒や電池に用いられる。約8割の産出を中国が占めており，中国の輸出に依存していることが問題となっている。そのため使い終わった携帯電話の基盤などから再利用できるレアメタルや金属を再回収しており，都市鉱山と呼ばれる。　(6)　建物から出る熱が永久凍土を溶かし，建物が傾いてしまうのを防ぐために高床式住居となっている。熱帯地域の高床式住居はカンボジアのトンレサップ湖のものが有名である。　(7)　北米自由貿易協定(NAFTA)はアメリカ，カナダ，メキシコの頭文字を取って，USMCAとなった。NAFTAとの大きな違いはFree Tradeの文字が消えたように，北米原産地規則が厳しくなり，北米の企業や材料を保護するようとなるようになった。

【2】(1)　ア　　(2)　降水量が少なく，水を得にくい土地だから。
(3)　伝統的工芸品　　(4)　農業を1次産業としてだけではなく，加工などの2次産業，さらにはサービスや販売などの3次産業まで含め，1次から3次まで一体化した産業として農業の可能性を広げようとするもの。　(5)　夏に東北の太平洋側で吹く冷たく湿った季節風である「やませ」による冷害対策のため。　(6)　扇状地　　(7)　ウ

〈解説〉(1)　工業生産が盛んな太平洋ベルト上に位置する，静岡，三重が製造品の出荷額が高いア，イで，遠洋漁港の基地となっている焼津漁港があり，茶の生産量が日本一の静岡県が農業産出額，漁業漁獲量

どちらも高いアで三重県がイ。黒毛和牛や黒豚などの畜産品の生産が盛んで出荷額の$\frac{2}{3}$を占め，全国2位の広大な畑地を利用した畑作も盛んな鹿児島県は農業出荷額が北海道に次いで全国2位であるためエ。
(2) 温暖少雨な瀬戸内気候であるため貯水するためにため池の数が多い。 (3) 工程の主要部分が手工業的にかつ伝統的技術で製造されるもので，経済産業大臣の指定を受けた工芸品を伝統工芸品という。
(4) 農業を1次産業としてだけではなく，加工などの2次産業，さらにはサービスや販売などの3次産業まで含め，1次から3次まで一体化した産業として発展させることで，付加価値を付け所得を増加させ新たな雇用を産もうとする取り組み。 (5) オホーツク気団が強くなる6～7月に東北地方に吹きつける冷たく湿った風をやませと呼び，長期間吹き続くと冷害をもたらす。 (6) 峡東地域は山梨市，笛吹市，甲府市によって構成され，甲府盆地北東部に位置し，笛吹川による扇状地が多い。扇状地が水はけがよいため果樹園が多く立地している。
(7) 聞き取り調査では，質問の内容や優先順位を決めておき，相手の方の話し方に合わせることがよい。

【3】(1) エ (2) 資料Aは，かな文字で書かれているため。
(3) 武士 (4) イ (5) 盆踊り (6) 琉球王国 (7) イ→ア→ウ

〈解説〉(1) 756年に聖武天皇が没すると，光明皇后は東大寺に納めた遺品を保管するために正倉院宝庫を建てた。校木と呼ばれる三角材を井桁に積み上げた校倉造の建物である。日本は630年から834年まで10数回にわたって遣唐使を送った。 (2) 894年，菅原道真の建言によって遣唐使が停止されたのをきっかけに中国の文化的な影響が薄れ，かな文字や大和絵に代表される国風文化が発展した。『枕草子』は清少納言の随筆で，11世紀初めに紫式部の長編小説『源氏物語』とともにかな文字を用いて書かれた。 (3) 鎌倉文化は公家の伝統文化を受け継ぎつつ，武家や庶民に支持された公武二元文化である。武家文化は武士の気風に合った，簡素で力強く進取的という特徴があった。それは運慶・快慶らによる東大寺南大門の金剛力士像に象徴されている。(4)　ルネサンスは14世紀にイタリアで始まった。　イ　カノッサの屈辱(カノッサ事件)は11世紀後半の1077年のできごとである。　ア　イギリスの東インド会社設立で1600年。　ウ　イエズス会はカトリック教会による対抗宗教改革(反宗教改革)として，1534年に結成された。エ　マゼランの船団による世界一周の達成は1522年。　(5)　室町時代，仮装や異様な風体で踊る風流踊りが神社の祭礼などで踊られ，平安時代中期の空也，鎌倉時代の一遍らによる踊念仏を源流とする念仏踊りとともに，現代まで続く盆踊りの原形となった。　(6)　三味線の起源は明の三弦で，14世紀末に琉球に伝わり，琉球王国成立後の戦国時代末期の永禄年間(1558～70年)に，琉球から堺に蛇の皮を張った三弦が伝えられ，蛇皮線と呼ばれた。その後，猫の皮を張った三味線に改良されて普及した。　(7)　イ　安土桃山時代，大名や豪商らによる豪華で力強い桃山文化が栄えた。　ア　元禄年間(1688～1704年)を中心とする江戸時代前期，上方の町人たちを主な担い手とする元禄文化が栄えた。　ウ　江戸時代後期の文化・文政期(1804～30年)を中心に，江戸の町人を主な担い手とする化政文化が栄えた。

【4】(1)　年号(元号)　(2)　地租改正　(3)　関東大震災　(4)　満州国を認めず，日本に占領地からの撤兵を求めるという内容。
(5)　第四次中東戦争　(6)　エ　(7)　ウ

〈解説〉(1)　645年，中大兄皇子が中臣鎌足らの協力を得て蘇我蝦夷・入鹿父子を滅ぼす乙巳の変が起こった。この年，日本で初めて，中国で前漢の武帝の時代の紀元前140年から続いていた元号(年号)にならって，日本初の元号の大化が定められた。その後，2度の中断があったが，文武天皇の701年に大宝が定められてからは絶え間なく続き，現在の令和に至っている。　(2)　資料は「地券」「百分ノ三ヲ以テ地租ト相定ム」から，1873年に始まった地租改正に関するもの。1873年7月に別紙の地租改正条例とともに出された太政官布告である。江戸時代からの年貢は収穫高に基づく物納で，豊凶や米価の変動によって税収は安定しなかったため，明治政府は財政基盤の安定を図るために地租改正を実施した。 (3) 関東大震災は1923年9月1日に起こり，死者・行方不明10万人以上という大きな被害が出た。京浜地区の工場や企業が壊滅的損害を受けたため，第一次世界大戦後の戦後恐慌に拍車をかけ，震災恐慌に陥った。 (4) 1933年，日本が国際連盟に脱退を通告したのは，満州事変に関する国際連盟の現地調査委員会であるリットン調査団の報告書が国際連盟の総会で採択されたからだった。報告書では日本の軍事行動を正当な自衛行動と認めず，1932年に建国された満州国は満州在住の中国人の自発的な意志で成立したものとする日本側の主張も否定して，日本に占領地からの撤兵を求めた。

(5) 1973年10月，エジプト・シリアとイスラエルの間で第四次中東戦争が起こったのをきっかけに，アラブ石油輸出国機構(OAPEC)が原油価格を大幅に引き上げ，生産量を調整したため，世界経済が大混乱に陥る第1次石油危機が起こった。これにより安価で大量に供給される原油によって支えられていた日本の高度経済成長は終わり，翌1974年の日本は戦後初のマイナス成長となった。 (6) サミット(主要国首脳会議)は1975年にフランスで初めて開催され，日本・イギリス・イタリア・アメリカ・フランス・西ドイツの6か国が参加した。その後，カナダ・ロシアも参加するようになってG8と呼ばれたが，ロシアは2014年のクリミア侵攻によって参加資格が停止され，G7(Group of 7)となった。 (7) 朝鮮は戦後，米ソによって南北分割統治され，1948年に南は大韓民国(韓国)，北は朝鮮民主主義人民として独立したが，1950年6月，北朝鮮軍の韓国侵攻によって朝鮮戦争が勃発した。韓国側でアメリカ軍を中心とする国連軍が参戦したが，中国が北朝鮮を支援する人民義勇軍を派遣して戦線は膠着状態となり，ソ連のスターリン死去後の1953年7月に板門店で休戦協定が調印された。

【5】(1) 並んだ順番で平等にレジに進むことができる。 (2) 少数意見が反映されにくい。 (3) ① 最高法規 ② 法の支配 (4) ア (5) 内閣府 (6) 規制緩和 (7) 国の権力が一つの

機関に集中することを防ぐので，国民の自由と権利が守られる。

〈解説〉(1)　一列に並ぶことにより，先に列に並んだ人ほど早くレジで会計を済ませることができる。スーパーマーケットなどではレジごとに列ができる例が多いが，これだと先にレジに並んだ人が必ずしも早く会計を済ますことができるとは限らず，不公平感が生じる。

(2)　多数決は民主主義の原則の一つとされるが，少数派の人々の意見が決定に反映されないという欠点を持つ。それだけに，少数派の意見に耳を傾けてその意見をなるべく取り込んで合意形成に努力するという，「少数意見の尊重」も民主主義の原則の一つとなっている。

(3)　①　日本国憲法第98条にも，憲法が最高法規であることが明記されており，また司法権に違憲立法審査権が認められている。　②　立憲主義は「法の支配」に由来する思想である。「法の支配」とは，国民の自由と権利を守るために，権力を法で拘束しようとする法思想である。　(4)「一票の格差」とは，選挙区間の定数一人当たりの有権者数の違いによって生じる，投票価値の格差のこと。これまで最高裁は，著しい「一票の格差」を憲法第14条が保障する法の下の平等に反し違憲ないし違憲状態とする判決を幾度か下してきた。　(5)　こども家庭庁は，「こども政策の司令塔」として，内閣府の外局の位置づけで発足した。こども家庭庁の長は事務方トップのこども家庭庁長官であるが，こども家庭庁の所掌事務を掌理する内閣府特命担当大臣として，こども政策担当大臣が置かれている。　(6)　行政官庁は様々な許認可権を持って市場を規制しており，これが市場から活力を奪っているとする批判がある。規制緩和には，こうした規制から民間事業者を解放し，経済を活性化させる機能が期待されている。単に規制改革と呼ばれることもある。　(7)　立法・司法・行政の三権分立は，モンテスキューが『法の精神』で唱えた原理。わが国にも導入されている。だが，行政国家と呼ばれているように，現代国家は行政権の役割が拡大するとともに，その権限も大きくなっている。

【6】(1) A 分業 B 交換 (2) コンプライアンス(法令遵守)
(3) ① 高齢者などの単独世帯が増加したから。 ② マイナンバー制度 ③ プライマリー・バランス ④ ウ

〈解説〉(1) A 分業には，企業内分業だけでなく，社会的分業や国際分業もある。分業により，生産は効率化される。 B 生産された財やサービスを交換する場を市場という。現代経済では，貨幣による売買という形で，交換が行われている。 (2) コンプライアンスとは，法令や企業倫理に反しない企業経営のあり方をいう。また，近年はコンプライアンスの一環として，人権に配慮した経営も求められるようになっている。 (3) ① 全国的にみても，世帯数は増加傾向にある一方，一世帯あたりの世帯員数は減少している。特に高齢者の単独世帯や高齢夫婦のみの世帯が増加傾向にある。高齢者の介護を同じく高齢となった配偶者が行う老老介護や，高齢者の孤独死・孤立死が社会問題となっている。 ② マイナンバー制度により，わが国に居住する人々は，国籍に関係なく12桁のマイナンバー(個人番号)が付番され，マイナンバーカードの交付が行われている。マイナンバーカードの普及促進や，健康保険証との一体化などの政策が進められている。
③ プライマリー・バランス(基礎的財政収支)とは，歳入から公債金(新規国債発行による収入)を除いた収入と，歳出から国債費(国債の償還費)を除いた支出を比べたもの。この赤字は，新規に国債発行をしなければ政策的に必要な支出には十分な収入がないことを意味する。
④ 水平的公平とは担税能力が等しい者の税負担を等しくなること，垂直的公平とは担税能力が高い者ほど税負担を重くなることをいう。所得税には高所得者ほど高い税率で課税する累進課税制度が導入されており，所得税は垂直的公平の面で優れた税といえる。

地　理・歴　史

【日本史】

【1】(1)　USMCA　(2)　パリ協定　(3)　チリ　(4)　ポエニ戦争
(5)　ウマイヤ朝　(6)　リリウオカラニ　(7)　宝治合戦
(8)　久遠寺　(9)　大津事件　(10)　一帯一路構想

〈解説〉(1)　北米自由貿易協定(NAFTA)はアメリカ，カナダ，メキシコの頭文字を取って，USMCAとなった。NAFTAとの大きな違いはFree Tradeの文字が消えたように，北米原産地規則が厳しくなり，北米の企業や材料を保護するようとなるようになった。　(2)　2015年のCOP21で採択されたパリ協定は，先進国だけでなく途上国も温室効果ガスの排出量を減らすことを求めた条約である。アメリカは2017年にトランプ大統領が離脱したが，2021年にバイデン大統領が復帰を表明した。　(3)　チリ南部はサケ・マス類世界一位のノルウェーと同じくフィヨルドがあり，沿岸をペルー海流が流れるという恵まれた条件である。　(4)　カルタゴは，フェニキア人が築いた植民市である。「ポエニ」という呼称は，「フェニキア」に由来する。この戦争の勝利により，ローマは，地中海沿岸の西半分を獲得することに成功する。なお，同時期にマケドニア戦争が終結し，東半分を獲得したため，地中海沿岸一帯のかなりの部分を支配することになった。　(5)　シリア総督であったムアーウィヤは，四代目正統カリフのアリーを暗殺し，カリフ位を奪った。正統カリフは，ウンマの信者たちの選挙によって選出されていたが，ムアーウィヤは息子にカリフ位を譲ったため，ウマイヤ朝は，イスラーム世界初の王朝となった。　(6)　ハワイには，19世紀以降，アメリカ人の移民が増え，砂糖プランテーションを営んでいた。それらの人々の中にはアメリカ合衆国への併合を希望する人も多かったが，リリウオカラニ女王はハワイ王国を守ろうと戦った。そのため，武力クーデタが発生し，女王は退位し，ハワイ王国は滅亡した。

(7)　1247(宝治元)年，5代執権北条時頼とその外祖父の安達景盛と対立した有力御家人の三浦泰村とその一族500人余りが鎌倉で攻め滅ぼされた。この宝治合戦以降，北条氏の地位は確固たるものとなり，鎌倉幕府は合議制から北条氏による独裁体制へと移行していった。

(8)「南無妙法蓮華経」の題目を唱えることによって救われると説く日蓮宗(法華宗)を開いた日蓮は，1260年に前執権北条時頼に『立正安国論』を提出し，国難の到来を予言するとともに，法華経への帰依を勧めた。翌1261年から63年まで伊豆，1271年から74年まで佐渡に流罪となるなど，幕府から弾圧を受けたが，その後も甲斐(山梨県)の身延山久遠寺を拠点として布教を続けた。　(9)　1891年，来日中のロシア皇太子ニコライ(のちのニコライ2世)が滋賀県大津で警備にあたっていた津田三蔵巡査に斬られて負傷する大津事件が起こった。青木周蔵外相は引責辞任し，条約改正交渉は頓挫した。　(10)　一帯一路は，昔のシルクロードのような中国と欧州を結ぶ交通路を再度構築しようとする考え方で，陸の鉄道や道路の一帯と船による海路の一路で成り立っている。一帯一路の経由国の鉄道や道路，港といったインフラを整備するために中国が貸し付けを行ったり，中国企業が建設を行ったりしている。しかし国の予算規模を超えた貸し付けや，返済不要の条件でその港の半永久権を得て，軍事利用するのではないかと問題となっている。

【2】(1)　開墾した田地を永年にわたって補償するもので，政府が輸租田である墾田を掌握し，土地支配の強化を目的とした政策。貴族・寺院や地方豪族の大規模な開墾により私有地拡大が進み，初期荘園が広まるきっかけとなった。(100字)　　(2)　朱子学を正学とし，1970(寛政2)年には湯島聖堂の学問所で朱子学以外(異学)の講義や研究を禁じ，学術試験を行って人材登用につなげた。上下の秩序を重んじる朱子学を正学として重視することで，低下した幕府の権威を高めることを目的とした。(116字)

〈解説〉(1)　奈良時代になると人口が増加して口分田が不足したので，朝廷は人々に開墾を勧めるため，723年，元正天皇の時に開墾した土地を3代に限って私有することを認める三世一身法を出した。しかしそれでも不十分だったため，743年に聖武天皇は一定の限度内で開墾した土地の永久私有を認める墾田永年私財法を出して，輸租田である墾田の掌握を図った。これにより公地公民の原則は崩れ，貴族や寺社は土地の開墾や買収を進め，初期荘園が生まれた。　(2)　1787年に寛政の改革を始めた老中松平定信は，1790年に寛政異学の禁を発して，儒学のうち朱子学を正学，それ以外を異学とし，林家の私塾の聖堂学問所で異学を教授することを禁止した。身分秩序を重んじる朱子学を正学とすることによって，武士の最高身分である将軍を頂点とする幕府の権威を高めることが目的だった。寛政の改革後の1797年，聖堂学問所は幕府直轄(官営)の昌平坂学問所となった。

【3】(1)　a　物部守屋　　b　崇峻　　(2)　氏族ではなく，個人の才能・功績に対して官位を与えることにより，氏族単位の王朝組織を再編成することを目的とした。　(3)　ア　釈迦三尊像　　イ　半跏思惟像(弥勒菩薩像)　　(4)　雑訴決断所　　(5)　ア　惣領制　　イ　血縁　　ウ　地縁　　エ　単独　　(6)　ア　　(7)　ア　X　　イ　Z　　ウ　Y　　(8)　ウ　　(9)　人物…ウ　　作品…A　　(10)　ア　e　　イ　a　　ウ　b

〈解説〉(1)　a　6世紀末，崇仏派の蘇我氏と排仏派の物部氏が対立した。蘇我氏は朝廷の財政，物部氏は軍事を担っていた。587年に用明天皇が没すると，大臣蘇我馬子が河内国渋川郡にあった大連物部守屋の館を攻めて滅ぼした(丁未の乱)。　b　丁未の乱の直後に崇峻天皇が即位したが，592年に蘇我馬子の配下の東漢直駒に暗殺されて，蘇我氏が政治権力を掌握した。そして用明天皇の前の敏達天皇の后だった推古天皇が即位して日本初の女帝となり，馬子は摂政となった厩戸王(聖徳太子)と協力して国家組織の形成を進めた。　(2)　603年，厩戸王は役人の人材登用のために冠位十二階の制度を定めた。氏族単位で与えて世襲され固定化されていた氏姓制度と異なり，家柄にとらわれずに個人の才能・功績に応じて位階を与え，昇進も可能として，氏族単位の王朝組織の再編をめざした。徳・仁・礼・信・義・智をそれぞれ大小に分けて12の階級を明確化し，冠の紫・青・赤・黄・白・黒色で階級，濃淡で大小を区別した。　(3)　ア　釈迦如来坐像と両脇侍の菩薩立像で，厩戸王が没した翌年の623年に妃・王子らが鞍作鳥(止利仏師)につくらせたと伝えられる。金銅像で，台座は木造。止利様式とも呼ばれる北魏様式で，百済観音像・夢殿救世観音像とともに法隆寺の代表的な仏像である。　イ　樟の木像で，寺伝では如意輪観音像とされるが，弥勒菩薩像と考えられる。白鳳文化期に近い7世紀後半の飛鳥文化期の作とみられ，中国南朝(梁)の様式に近い。広隆寺半跏思惟像と並ぶ代表的な半跏思惟像である。　(4)　建武の新政で鎌倉幕府の引付を受け継ぎ，所領問題の紛争処理のほか，年貢訴訟・本領安堵などを扱った。担当地域によって4つの局に分かれ，最大時には100人を超える大組織だったが，中心人物だった足利尊氏が1335年に離反したことにより機能不全となった。　(5)　ア，エ　鎌倉時代の武士の一族(武士団)は，父祖が決めた嫡子である惣領を中心に団結し，戦時には惣領の指揮に従って戦った。このような一族の関係を惣領制という。惣領制の下では分割相続が原則だったので，所領は細分化され，貨幣経済の発達や元寇の影響も相まって，多くの御家人たちが窮乏化した。南北朝時代になると，嫡子単独相続が一般的となった。そのため，家の財産や権力をすべて相続できる嫡子の立場は庶子に対して絶対的に優位となって庶子とその一族は家臣化し，惣領制は解体した。　イ，ウ　惣領制が解体すると，惣領を中心に一族が団結する血縁的結合は弱まり，武士たちは地縁を重んじて新たな武士団を形成するようになり，地縁的結合が強まっていった。そのため，離れた地域に住む本家と分家が北朝方と南朝方，観応の擾乱での足利尊氏方と足利直義方に分かれて争うようなケースもみられるようになった。　(6)　1428年，近江坂本の馬借が借金(負債)を帳消しにする徳政を要求して正長の徳政一揆(土一揆)を起こし，京都・奈良をはじめ近畿地方とその周辺にまで広がった。一揆勢は京都の土倉や酒屋を襲い，質物や賃借証文を奪った。イは1485～93年の山城の国一揆，ウは1488～1580年の加賀の一向一揆，エは1441年の嘉吉の徳政一揆の説明。　(7)　ア　1352年，室町幕府初代将軍足利尊氏は初めて半済令を出した。守護が軍事費用を調達するために，一国内の荘園・公領の年貢の半分を兵粮米として徴発する権限を認めた法令で，初めは近江・美濃・尾張の三国だけで1年限りだったが，全国的・永続的なものへと拡大していった。　イ　1441年，播磨・備前・美作の守護赤松満祐が6代将軍足利義教を京都の自邸に招いて謀殺し，播磨に帰国して籠城したが，幕府の追討軍に攻められて自刃するという嘉吉の変(嘉吉の乱)が起こった。　ウ　1401年，足利義満は明に正使として側近(同朋衆か)の僧祖阿，副使として博多の商人肥富を送り，朝貢をして国交を開き，1404年に朝貢貿易の形式で日明貿易が始まった。明は海賊の倭寇と区別するため日本の貿易船に通交証明書の勘合の所持を義務づけたため，日明貿易は勘合貿易とも呼ばれる。　(8)　1841年，老中水野忠邦は天保の改革を始め，1843年には江戸・大坂周辺の大名・旗本領計約50万石を幕府の直轄地にして財政の安定や防衛の強化を図るために上知令を出したものの，大名・旗本らの強い反対にあって実施できず，失脚した。問題の川柳の「水引いて」は水野忠邦の失脚，「十里四方」は幕府の直轄地にしようとした江戸・大坂周辺の大名・旗本領のことで，「もとの土」は上知令が失敗して大名・旗本領のままであることを皮肉ったものである。
(9)　(人物)　化政文化は18世紀末から19世紀前半に江戸の庶民を担い手として栄えた町人文化。俳諧では北信濃の柏原村出身で江戸を拠点に活動し，諸国を行脚した小林一茶が知られる。随筆・発句集に『おらが春』がある。　(作品)　江戸の旗本滝沢家出身の曲亭馬琴は化政文化を代表する読本作家で，代表作の『南総里見八犬伝』は室町時代の里見氏の興亡を題材とした全106冊の長編伝奇小説である。
(10)　ア　備中足守藩の出身で天保～幕末期の蘭学者・蘭方医の緒方洪庵は，1838年に地図中eの大坂に適塾(適々斎塾)を開いて1863年に没するまで後進の指導にあたり，福沢諭吉・橋本左内・大村益次郎・大鳥圭介・長与専斎・佐野常民らを育てた。　イ　1823年にオランダ商館医として来日したシーボルトは，翌1824年に地図中aの長崎の郊外に医学・博物学塾兼診療所の鳴滝塾を開き，高野長英・二宮敬作ら50

人以上の蘭学者を育てるとともに日本の動植物研究を行い，帰国後に『日本』全7巻を著した。　ウ　地図中bの豊後日田の商家出身の儒学者広瀬淡窓は1805年に塾を開き，1817年に移転したのを機に咸宜園と名付けた。没する前年の1855年まで指導にあたり，3000人といわれる弟子を育てた。主な弟子に高野長英・大村益次郎・上野彦馬などがいる。

【4】(1)　ア→ウ→イ　　(2)　紙幣整理，日本銀行設立，兌換制の確立，官営事業払い下げなど，厳しい緊縮政策がデフレを招き，小企業を圧迫し，小作農などは没落した。(64字)　　(3)　X　生糸　　Y　綿糸　Z　綿花　　(4)　エ　　(5)　b　独占禁止法　　c　過度経済力集中排除法　　(6)　家中心の戸主制度を廃止し，男女同権の家族制度を定めた。

〈解説〉(1)　ア　1887年のビゴー作「魚釣り遊び」。魚の朝鮮を日本と清が釣ろうとし，それを見守るロシアの様子を描いている。

イ「THE BOILIG POINT(沸点)」は「BALKAN TROUBLES」と書かれた釜を懸命に押さえる列強の指導者たちを描いたもので，第一次世界大戦前の1912年作。　ウ「火中の栗」で，日露戦争前の国際情勢を描いた風刺画。1902年に日英同盟を結んだイギリスが日本にロシアとの開戦をけしかけ，アメリカが見守る。　(2)　1881～92年，大蔵卿(1885年の内閣制度成立後は大蔵大臣)の松方正義は松方財政と呼ばれる緊縮財政によるデフレ政策を進めた。その内容は増税，不換紙幣の整理と正貨の蓄積，日本銀行の設立による銀兌換制の確立，鉱山・造船所などの官営事業の払い下げなどだったが，厳しい緊縮とデフレ政策のため米・繭などの物価が下落し，多くの自作農が小作人に転落した。　(3)　X　1885年・1899年とも輸出品の1位なので生糸。1859年の開港以来1933年まで，生糸は輸出品目の1位であり続け，日本の経済発展を支えた。1934年，世界恐慌で不況にあえぐアメリカへの生糸輸出が激減した影響で，綿織物に1位の座を奪われた。　Y・Z　1880年代後半には軽工業の産業革命が進み，紡績業・綿織物業も発展した。

よって，1885年には輸入品の1位だったが，1899年には輸出品で生糸に次ぐ2位になったYは綿織物，1885年には輸入品の5位以内に入っていなかったが，1899年には1位となったZは綿花である。原料の生糸を自給できる製糸業と違い，綿織物は原料の綿花を輸入に依存していたため，1933年まで輸出品として生糸を上回ることはなかった。
(4)　1945年10月，東久邇宮稔彦内閣が総辞職し，幣原喜重郎内閣が発足した。GHQ(連合国軍最高司令官総司令部)は幣原内閣に憲法改正を指示し，松本烝治を委員長とする憲法問題調査委員会が政府内に設置された。　(5)　三井・三菱・住友・安田など15の財閥はGHQから戦前・戦中の体制を経済的に支えていたとみなされ，1945年11月にその資産の凍結と解体が指令された(財閥解体)。1946年には持株会社整理委員会が発足し，83の財閥本社を持株会社と指定して，その解体が進められた。1947年には独占禁止法でカルテル・トラストなどが禁止され，過度経済集中排除法で巨大独占企業の分割が決まった。しかし，その後の占領政策の変化により，実際に分割されたのは11社だけだった。　(6)　1896年と1898年に大幅修正されて公布されたいわゆる明治民法は戸主権が非常に強く，居所を定める際や婚姻・養子の際の戸主の同意の必要などが定められていた。明治民法下では女性は家に従属し，結婚後は夫に従い，家事・育児に励む「良妻賢母」となることが求められた。1947年，民法が改正され，日本国憲法第13条で定められた個人の尊重などに基づいて家中心の戸主制度は廃止され，男女同権の家族制度が定められた。

【5】(1)　A　オ　B　エ　C　カ　D　ア　(2)　村落・都市の支配の変化などに着目し，「太閤検地や刀狩りなどが実施された背景や，その意義は何だろうか」などの課題(問い)を設定し，それらの諸政策が果たした役割について考察したり，アジア各地やヨーロッパ諸国との交流の影響などに着目し，「国際環境の変化と豊臣政権の対外政策が国内にもたらした影響は何だろうか」などの課題(問い)を設定し，ヨーロッパ諸国の進出がアジアに与えた影響や，アジア諸国と日

本との貿易や関係の変化，国内の社会・文化の変容を考察したりする学習を展開する。こうした学習を通じて，中世から近世の国家・社会の変容を多面的・多角的に表現することで，中世から近世への時代の転換の理解を促していく。生徒がこれまでの学習を通じて生じた疑問を基に，例えば，「なぜ長期間にわたって大きな戦乱が起きない時代を形成できたのか」という時代を通観する問いを表現する学習活動を展開する。

〈解説〉(1) A 社会的事象については時期，推移に着目して捉えるようにとある。 B 時期，年代，時代については時系列という言葉でまとめられるので連想して覚えるようにすると良い。 C 類似，差異，多様性，地域性など諸事象の比較については頻出なので覚えておきたい。 D 現在とのつながりについても頻出なので覚えておきたい。
(2) 社会的事象の歴史的な見方・考え方については，時期，推移などに着目して捉え，類似や差異などを明確にし，事象同士を因果関係などで関連付け」て働かせることが挙げられており，該当する歴史的事象について意識して書く練習をするのが良い。

公 民 科

【1】(1) 第二の誕生 (2) 危害原理 (3) ロールズ (4) 荻生徂徠 (5) 西田幾多郎 (6) リプロダクティブ・ヘルス／ライツ (7) 一事不再理 (8) アラブの春 (9) 同一労働同一賃金 (10) 国連開発計画(UNDP)

〈解説〉(1) ルソーは『エミール』において，青年期は自我を持った人間としての「第二の誕生」の時期と表現した。また，ホリングワースは心理的離乳の時期とし，エリクソンはアイデンティティの確立を青年期の発達課題とした。 (2) 危害原理(他者危害の原則)は，J.S.ミルが『自由論』で唱えた。ミルの危害原理は，たとえ愚かな行為であっても，他者に害悪をもたらすものではない限り，個人にはそれをなす自由があるとする，愚行権を認めるものである。　(3)　ロールズは，正義の諸原理を示し，各人が自己の社会的地位などを知らない「無知のヴェール」に覆われた原初状態では，これらの原理に同意せざるを得ないとした。この正義の諸原理は機会均等原理や格差原理などを含むもので，福祉国家や所得再分配を正当化するものである。　(4)　荻生徂徠は，古学の一派である古文辞学の祖。古文辞学は，古典を後世の解釈によらずに古語の意味を明らかにしながら読み込もうとする儒学の一派である。柳沢吉保は5代将軍徳川綱吉の時代の幕府側用人であり，荻生徂徠はその儒臣として仕えた。　(5)　西田幾多郎は京都学派の祖である哲学者。自らの参禅体験から『善の研究』を著し，主観と客観の区別のない純粋経験こそが，真の実在とした。純粋経験の例としては，美しい音楽に聴き惚れている状態などが挙げられる。

(6)　リプロダクティブ・ヘルス／ライツは「性と生殖に関する健康/権利」と訳される。出産する／しないの選択の自由や，性暴力や性感染症などから安全で満足のいく性生活，妊娠や出産が安全に行われることなども含む概念である。　(7)　日本国憲法第39条にも「同一の犯罪について，重ねて刑事上の責任を問はれない」と，一事不再理の原則が定められている。刑事裁判には再審制度があるが，これは冤罪の被害者を救済するための制度であり，無罪の確定判決を受けた人を処罰するための制度ではない。　(8)　2011年にチュニジアの独裁政権が市民の手によって打倒されると，その流れはエジプトなど他のアラブ諸国にも波及した。だが，シリアでは泥沼の内戦におちいるなど，「アラブの春」は多くの国で政情不安を招く結果となった。　(9)　同一労働同一賃金の原則は，正規・非正規の雇用形態の違いに関係なく，同じ職務内容であれば，時間あたりの賃金は同一でなければならないとする原則。働き方改革関連法により，同一労働同一賃金の原則が導入されている。　(10)　国連開発計画(UNDP)は，毎年「人間開発報告書」により，各国の人間開発指数(HDI)を公表している。人間開発指数は，健康，教育水準，生活水準における各国の人間開発の達成度合いを示す指標であり，アマルティア・センらによって考案された。

【2】(1)　国際司法裁判所(ICJ)は，国家間の問題を対象とし，当事国の合意により裁判が開始される。国際刑事裁判所(ICC)は，集団殺害，戦争犯罪などを指導した個人を対象とし，検察官による訴追，締約国や安全保障理事会の検察官への付託により裁判が開始される。

(2)　農産物をはじめとする農村の地域資源を有効に活用し，農業による生産・加工・販売や，第1次産業・第2次産業・第3次産業の融合によって地域ビジネスを展開すること。第1次産業，第2次産業，第3次産業をかけあわせて6次産業という。

〈解説〉(1)　国際司法裁判所は，国連の主要機関の一つであり，領土問題など，国家間の紛争を平和的に解決するために設置されている。これに対し，国際刑事裁判所は2003年に設立された刑事裁判所であるが，国連の機関ではなく，アメリカや中国，ロシアなどは参加していない。

(2)　1次産業である農林水産業が，2次産業である食品加工業や3次産業であるサービス業などに進出することを，6次産業化という。グリーンツーリズムとして，農家が旅行客に宿泊場所を提供し，農業体験の機会を提供することも6次産業化の取組みの例といえる。

【3】(1)　a　自由　　b　日本民主　　c　55　　d　岸(信介)　　e　安保闘争　　(2)　合理的支配　　(3)　少数の企業による過度な市場支配と不公正な取り引きを禁止するため。　　(4)　・政権交代が起こりやすい。　　・政策上の論点が明確になる。　　(5)　・国の政治のあり方を最終的に決定する権限は国民に属する。国民主権の原理。　　・国家の基本法である憲法を制定する権限は国民に帰属する。　　(6)　ウ　(7)　Ⅰ　イ　　Ⅱ　エ　　(8)　ア，ウ，オ

〈解説〉(1)　a　後に自民党で保守本流とされた勢力の源流である。
b　日本民主党は改憲や再軍備に積極的な政党だった。　c　1955年に成立したことから，このように呼ばれている。1993年まで続いた。
d　岸信介により，現行の日米安保条約が締結された。　e　左派勢力である市民運動家や学生運動家らが安保改定に反対し，大規模なデモ運動を行った。　(2)　ウェーバーは，支配のあり方をその正統性の根

拠に応じて伝統的支配，カリスマ的支配，合理的支配に分類した。合理的支配は近代的な支配のあり方であり，その典型例は官僚制である。なお，実際の支配は，これら3つの混合型として存在する。 (3) 戦後占領期に，三大経済改革の一つとして財閥解体が行われた。持株会社とは，株式保有を通じて多くの企業を支配下に置く会社であり，かつては財閥の復活を防ぐため，独占禁止法によってその設立は禁止されていた。だが，現在は持株会社の設立は解禁されている。 (4) 二大政党制の国の例としては，イギリス(保守党と労働党)やアメリカ(共和党と民主党)などがある。各選挙区の定数が1名のみの選挙制度を小選挙区制というが，小選挙区制だと中小規模の政党は不利になるため，二大政党制になりやすいとされている。 (5) 日本国憲法第96条は，憲法改正の手続に関する規定。憲法改正の発議には衆参各院で総議員の3分の2以上の賛成を要し，かつ憲法改正の承認には国民投票で過半数の賛成を要するとされている。なお，国民主権という場合の主権とは，国政の最終決定権の意味を持つ。 (6) 長沼ナイキ訴訟では，第一審で自衛隊は違憲とされたが，控訴審では統治行為論により憲法判断は行われなかった。上告審では自衛隊の合違憲や第9条解釈には一切触れられず，原告である住民には訴えの利益がないとして，上告が棄却された。 (7) Ⅰ リバタリアニズムは最小国家を理想とする政治思想。 Ⅱ コミュニタリアニズムとは，個人の存立の基盤としての共同体の意義を重視する思想。なお，リベラリズムは政治的自由度は高いが経済的自由度は低く，コンサバティズムは政治的自由度は低いが経済的自由度は高い。 (8) 池田内閣は1960年から1964年まで続いた。 ア 1962年の出来事。 イ 1975年の出来事。 ウ 1960年の出来事。池田内閣による。 エ 1973年の出来事。第一次石油危機の発端となった。 オ 1963年の出来事。国際収支上の理由による輸入制限ができなくなった。

【４】(1) 3,300円　　(2) 政府が紙幣を大量に発行したため。
(3) 87.25万円　　(4) 政府の裁量的な財政金融政策を排し，貨幣供

給量の増加率を経済成長率にあわせて一定に保つこと。　(5)　市中消化の原則　　(6)　ゼロ金利政策は，政策金利が安定的に0％の水準で推移するように促す政策である。マイナス金利政策は，日本銀行の当座預金の一部の金利をマイナスにして名目金利を引き下げる政策である。　　(7)　価値尺度，交換手段，支払い手段，価値貯蔵手段
(8)　1985年のG5では，各国が協調介入してドル高を是正するプラザ合意が決定した。この結果，日本は急激な円高・ドル安による円高不況に陥った。円高不況対策としておこなわれた超低金利政策でカネあまりが発生し，投機的な行動が広がり地価や株価が高騰して，バブル経済が発生した。

〈解説〉(1)　映画鑑賞によって，料金の1,500円を支払っただけでなく，アルバイトあるいは家事の手伝いで金銭を得る機会も失った。機会費用は得られたであろう利益の最大金額なので，家事の手伝いよりもアルバイトによって得られたはずの金額の方が大きいから，1,500＋1,800で3,300円の機会費用が発生したことになる。　(2)　インフレとは物価が持続的に上昇する現象であり，貨幣価値が持続的に低下する現象ともいえる。紙幣が大量に発行されれば，貨幣価値は低下し，物価は上昇する。第一次大戦後，敗戦国のドイツは賠償金支払いのために紙幣を大量発行した。　(3)　わが国では超過累進課税制度が導入されており，課税所得のうち一定水準を超えた分に対し，高い税率が適用される。課税所得金額(収入－必要経費－所得控除)が650万円のケースでは，所得税率は20％・控除額は42万7,500円となり，650万円×20％－42万7,500円＝872,500円。　(4)　ケインズは裁量的な財政金融政策によって有効需要をコントロールすべきとした。フリードマンはこうした政策の有効性を否定し，市場機構を信頼して，政府の経済政策は貨幣増加率の固定化による物価安定化に限られるべきとした。
(5)　日銀が政府から直接的に国債を購入すれば，財政節度が失われて国債が大量発行され，激しいインフレを招くおそれが高まる。ゆえに，国債は原則として，いったんは市中銀行などの民間企業によって買い取られなければならないことになっている。　(6)　わが国では，1998

年からゼロ金利政策が導入された。また，第二次安倍政権のもと，2013年から「異次元の金融緩和(量的・質的緩和)」が実施されていたが，これに加える形で，2016年からマイナス金利政策が導入された。(7)　貨幣により，様々な財の価値が統一的な尺度で示される。また，貨幣を交換や支払いの手段とすることで，取引は物々交換よりも格段にスムーズになる。貨幣の形で貯蔵すれば，腐敗などによる貯蔵物の価値の減少を防ぐこともできる。　(8)　1980年代に，アメリカでは高金利政策によってドル高が進み，経常収支の赤字と財政赤字(双子の赤字)が膨張した。これに対処してドル高を是正するために，ニューヨークのプラザホテルで開催されたG5(主要5か国財務相・中央銀行総裁会議)にて，プラザ合意が決定した。

【5】(1)　a　アパルトヘイト　b　マイノリティ　c　エスノセントリズム　d　マルチカルチュラリズム　(2)　e　イギリス　f　マクマホン　g　バルフォア　(3)　ミレニアム開発目標では，極度の貧困状態で生活する人々を半減させるなど，大きな成果をあげた。一方で，ミレニアム開発目標の恩恵を受けていない「取り残された人々」の存在が明らかになったため。　(4)　h　ヘイトスピーチ　i　大阪　j　表現の自由　k　21　l　損害賠償　m　基本的　n　公共の福祉　(5)　オ　(6)　中等・高等教育の無償化

〈解説〉(1)　a　南アフリカではかつて，アパルトヘイトと呼ばれる人種隔離政策が実施されていた。　b　少数派をマイノリティ，多数派をマジョリティという。　c　自国の文化は他国の文化よりも優れているとする態度である。　d　過剰なポリティカルコレクトネスの横行を招いているとの批判もある。　(2)　e　オスマン帝国への反乱の見返りとして，イギリスはアラブの独立を承認するとした。　f　フサイン＝マクマホン協定とも呼ばれている。　g　バルフォア協定では，ユダヤ人国家の建設を認めた。サイクス・ピコ協定も加えたイギリスの三枚舌外交がパレスチナ問題の原因となっている。　(3)　MDGsは2000年の国連ミレニアムサミットにおいて採択されたが，主に発展途

上国を対象とした目標だった。SDGsはその後継として2015年に採択されたが，「誰一人取り残さない」の原則の下，先進国，途上国の区別なく取り組むべき内容となっている。 (4) h 特定の民族などへの差別的言動のことをいう。 i ヘイトスピーチの抑止に関する条例を全国で初めて制定したのは大阪市。 j・k 日本国憲法第21条は，表現の自由に関する規定。 l 地方自治法第242条の2第1項4号は，住民訴訟に関する規定。 m 基本的人権の尊重は日本国憲法の基本原理の一つ。 n 公共の福祉は人権の制約原理。 (5) i 「国際法の父」とされるのはグロティウスで，彼が国際法を論じたのは『戦争と平和の法』。ボーダンは主権概念を論じたフランスの思想家，『永久平和論』はサン・ピエールの著である。 iii これは集団安全保障に関する記述。集団的自衛権とは，同盟国に対する武力攻撃を自国への攻撃とみなして，同盟国とともに反撃する権利をいう。 (6) 国際人権規約のA規約は，社会権規約とも呼ばれている。わが国は，A規約につき，いくつかの規定を留保した上で批准しているが，それらのうち中・高等教育の無償化規定に関しては，高校教育の実質無償化の実現に伴い，留保を撤回した。

【6】(1) 行為の結果…開発は社会全体の幸福につながる。 行為の動機…人間も生態系の一部であるため，生態系の一部を改変する行為は行ってはいけない。 (2) 社会的事象を，倫理，政治，法，経済などに関わる多様な視点(概念や理論など)に着目して捉え，よりよい社会の構築に向けて，課題解決のための選択・判断に資する概念や理論などと関連付けること。 (3) ① a 総合的 b 持続可能な社会 c 考察 d 構想 ② ・安全・安心な社会を実現するためには，どのような施設・設備，政策や制度が必要なのか。

・安全・安心な社会を実現するための財源はどのように確保するのか。

〈解説〉(1) 行為の結果である個人や社会全体の幸福を重視する考え方は目的論と呼ばれる。また，行為の動機となる公正などの義務を重視する考え方を踏まえた意見は義務論と呼ばれる。それぞれ思想家と関連させてもおさえておきたいポイントである。 (2) 社会的事象については地理，歴史，公民を問わず頻出なので必ず覚えておきたい。(3) ① 現代日本における政治・経済の諸課題の探究においては，社会的な見方・考え方を総合的に働かせ，他者と協働して持続可能な社会の形成が求められる現代日本社会の諸課題を探究する活動を通して，次の事項を身に付けることができるよう指導することが記されている。また，内容のアには，取り上げた課題の解決に向けて政治と経済とを関連させて多面的・多角的に考察，構想し，よりよい社会の在り方についての自分の考えを説明，論述することとある。 ② 問題では，防災と安全・安心な社会の実現について政治と経済とを関連させた問いが求められていた。あくまでも一例であるが，公開解答のようなものが求められている。

2023年度　実施問題

中学社会

【1】次の(1)～(3)に答えよ。

(1) 次の表は，主な穀物の輸出国(2019年)を示したものである。以下の①，②に答えよ。

表

米	%	小麦	%	とうもろこし	%
インド	23.0	ロシア	17.8	ブラジル	23.3
（ ア ）	16.2	（ イ ）	15.1	（ イ ）	22.6
ベトナム	12.9	（ ウ ）	12.7	アルゼンチン	19.6
パキスタン	10.8	フランス	11.1	ウクライナ	13.3

（「世界国勢図会 2021/22」より作成）

① 表中の(ア)～(ウ)にあてはまる国名をそれぞれ記せ。なお，(イ)には同じ国名が入るものとする。

② 小麦などの穀物の流通にかかわる，巨大な多国籍企業の穀物商社を何というか，名称を記せ。

(2) 領域に関する，次の①，②に答えよ。

① 経線や緯線に沿って引かれた国境などの人為的国境に対し，山脈や河川などによって設けられた国境を何というか，名称を記せ。

② 領海の基線から，その外側24海里の線までの海域(領海を除く)を何というか，名称を記せ。

(3) 南アメリカ州に関する，次の①～③に答えよ。

① 南アメリカ州全体の経済統合に向け，1995年に発足した組織を何というか，名称を記せ。

② 次の表は，ブラジルの1970年と2019年の輸出品を示したものである。この表からわかるブラジルにおける輸出の変化の特徴を記せ。

表

1970 年 輸出額 27 億ドル	%	2019 年 輸出額 2253 億ドル	%
コーヒー豆	34.6	大豆	11.6
鉄鉱石	7.7	原油	10.7
綿花	5.7	鉄鉱石	10.1
砂糖	4.7	機械類	7.2
その他	47.3	肉類	7.2
		鉄鋼	5.1
		自動車	4.0
		その他	44.1

(「UN Comtrade」及び「経済産業省通商白書 2014」及び「世界国勢図会 2021/22」より作成)

③　南アメリカ州やアフリカ州等の多くの国の大都市でみられる，失業者や低所得者層が密集して居住している地区のことを何というか，名称をカタカナで記せ。

(☆☆☆◎◎◎)

【2】中国・四国地方に関する，次の(1)～(5)に答えよ。

(1)　次の雨温図は，高知市，高松市，鳥取市の気候を示したものである。高松市にあてはまる雨温図を次のア～ウから一つ選び，記号で記せ。また，他の2つの雨温図と比較して，その雨温図を選んだ理由を記せ。

雨温図

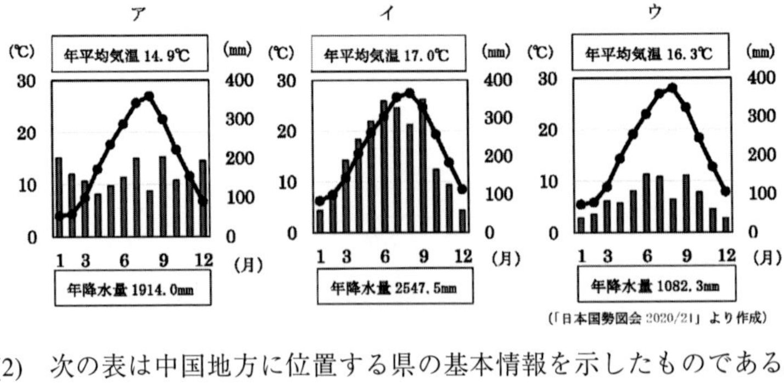

(「日本国勢図会 2020/21」より作成)

(2)　次の表は中国地方に位置する県の基本情報を示したものである。表中のA～Eから，岡山県にあてはまるものを一つ選び，記号で記せ。

表

県	面積（km²）2020年	人口（千人）2019年	農業産出額（億円）2019年	製造品出荷額（億円）2018年
A	3507	556	761	8113
B	7114	1890	1417	83907
C	8480	2804	1168	101053
D	6113	1358	629	67213
E	6708	674	612	12857

（「日本国勢図会 2021/22」より作成）

(3) 中国・四国地方の地方都市で起きている，交通網の整備により，地方都市から大都市への買い物客が増えたり，地方都市の支店が閉鎖されたりする現象のことを何というか，名称を記せ。

(4) 高知平野では，ビニールハウスを利用したなすやピーマンの促成栽培が行われている。促成栽培は生産者にとって出荷時期及び価格の面でどのような利点があるか記せ。

(5) 次の表は，中国・四国地方にある世界遺産を示したものである。(①)にあてはまる遺産名と，(②)にあてはまる県名をそれぞれ記せ。

表

遺産名	県名	登録された年
原爆ドーム	広島県	1996年
厳島神社	広島県	1996年
（ ① ）遺跡とその文化的景観	（ ② ）県	2007年
明治日本の産業革命遺産 製鉄・製鋼，造船，石炭産業	山口県	2015年

（「外務省ホームページ」より作成）

(☆☆☆◎◎◎)

【３】次の年表を見て，(1)～(10)に答えよ。

年表

年	できごと	
478	倭王が宋に使いを送る	a
894	（　①　）の提案により遣唐使の派遣が中止される	b
1180	平清盛が<u>大輪田泊</u>を修築して，日宋貿易を推進する	c
1342	足利尊氏，直義が<u>夢窓疎石</u>の勧めで（　②　）を派遣する	d
1543	ポルトガル人により鉄砲が伝来する	e
1792	ラックスマンが大黒屋光太夫を護送して来航する	f
1854	プチャーチンが再来航し，条約を結ぶ	g
1985	国際科学技術博覧会が開幕する	h

(1)　年表中の(　①　)にあてはまる人物名と，(　②　)にあてはまる語句をそれぞれ記せ。

(2)　年表中のaについて，宋に使いを送った倭王は誰か，人物名を漢字で記せ。

(3)　年表中のbについて，遣唐使の派遣が中止された理由を記せ。

(4)　年表中のcの下線部について，大輪田泊の場所を地図中のア～キから一つ選び，記号で記せ。

地図

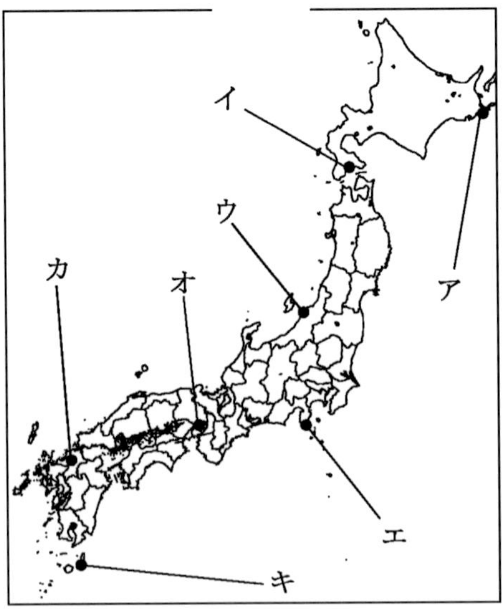

(5)　年表中のdの下線部について，夢窓疎石が手がけた庭園や，武田信玄公の墓所，柳沢吉保公の霊廟がある山梨県内の寺院はどこか，名称を記せ。

(6)　年表中のeについて，ポルトガル人が漂着した場所はどこか，地名を記せ。また，その場所を地図中のア～キから一つ選び，記号で記せ。

(7)　年表中のgについて，この時に結ばれた条約を何というか，名称を記せ。また，この条約を結んだ場所を地図中のア～キから一つ選び，記号で記せ。

(8)　年表中のhについて，この年に5カ国の蔵相・中央銀行総裁会議(G5)で，ドル高を是正する合意がなされた。この合意を何というか，名称を記せ。

(9)　年表中のh以後のできごとについて，次のア～エを年代の古い順に並びかえ，記号で記せ。

ア　日朝首脳会談が行われ，日朝平壌宣言が発表される。

イ　愛知県で日本万国博覧会が開催される。

ウ　九州・沖縄サミットが開催される。

エ　温暖化防止京都会議が開催され，京都議定書が採択される。

(10)　次の③，④のできごとは，年表中のどの間に入るか。以下のア～キからそれぞれ一つ選び，記号で記せ。

③　ジーメンス(シーメンス)事件　　④　サン＝フェリペ号事件

ア　aとbの間　　イ　bとcの間

ウ　cとdの間　　エ　dとeの間

オ　eとfの間　　カ　fとgの間

キ　gとhの間

(☆☆☆◎◎◎)

【4】次の(1)～(6)に答えよ。

(1)　紀元前287年のローマで，平民会の決議が元老院の許可なしに全ローマ人の国法となることを定めた法律を何というか，次のア～エから一つ選び，記号で記せ。

ア　ホルテンシウス法　　イ　リキニウス・セクスティウス法

ウ　カヌレイウス法　　エ　十二表法

(2)　1215年のイギリスで，国王による新たな課税には高位聖職者と大貴族の会議の承認を必要とすることなどを定めたものを何というか，名称をカタカナで記せ。

(3)　16世紀にマキァヴェリが著した，政治を宗教・道徳から切り離す近代的な政治観を提示した書物を何というか，名称を記せ。

(4)　次の文は，トマス＝ジェファソンらが起草し，1776年に発表された独立宣言の一部である。文中の(　①　)，(　②　)にあてはまる語句をそれぞれ漢字2字で記せ。なお，(　②　)には同じ語句が入るものとする。

> われわれは，以下の事実を自明のことと信じる。すなわち，すべての人間は生まれながらにして平等であり，その創造主によって，生命，自由，および(　①　)の追求を含む不可侵の権利を与えられているということ。こうした権利を確保するために，人々の間に(　②　)が樹立され，(　②　)は統治される者の合意に基づいて正当な権力を得る。

(「アメリカンセンタージャパンホームページ」より)

(5)　19世紀に「アンクル＝トムの小屋」を著して，奴隷制を批判した作家は誰か，次のア～エから一つ選び，記号で記せ。

ア　イプセン　　イ　バルザック　　ウ　スタンダール

エ　ストウ

(6)　次のできごとを，年代の古い順に並びかえ，記号で記せ。

ア　ワシントン会議が開かれ，中国の主権尊重・領土保全を約束した9カ国条約が結ばれた。

イ　ドイツでヴァイマル憲法が制定された。

ウ　イギリスでは第5回選挙法改正で，21歳以上の男女に選挙権が拡大された。

(☆☆☆◎◎◎)

【5】次の(1)～(4)に答えよ。

(1)　日本国憲法が規定する国民の義務について，(　①　)，(　②　)にあてはまる語句をそれぞれ記せ。

・子どもに(　①　)義務　　・勤労の義務 ・(　②　)の義務

(2)　日本国憲法が規定する内容として誤っているものを次のア～オから一つ選び，記号で記せ。

ア　内閣は，罷免の訴追を受けた裁判官を裁判するため，全閣僚で組織する弾劾裁判所を設ける。

イ　最高裁判所長官は，内閣の指名に基づいて，天皇が任命する。

ウ　下級裁判所の裁判官は，最高裁判所の指名した者の名簿によって，内閣が任命する。

エ　内閣総理大臣は，国会の指名に基づいて，天皇が任命する。

オ　内閣は，衆議院で不信任の決議案を可決し，又は信任の決議案を否決したときは，10日以内に衆議院が解散されない限り，総辞職をしなければならない。

(3)　次の文は日本の刑事裁判について述べたものである。(　　)にあてはまる語句を記せ。

刑事裁判は，被告人の有罪・無罪を決めるものであり，検察官が原告となって被疑者を起訴した後，(　　)に基づいて，「疑わしきは罰せず」を原則として進められる。

(4)　次の文は，日本における労働について述べたものである。以下の①～③に答えよ。

> 私たちが$_a$<u>健康で文化的な生活</u>を送るためには，仕事と生活との調和を図る(　A　)が重要である。日本では，家族の介護や，子育てや病気のために長時間働くことが難しいといった理由で仕事を辞める人が増加している。
>
> 労働人口が減っている日本では，$_b$<u>働きたいと考える</u>人たちが，無理なく力を発揮できる社会を創っていくことがよりいっそう重要となっている。そこで，多様な立場や価値観を持つ人々が共存する(　B　)を推進し，全ての人々が生活しやすい社会を創ることが求められている。

① 文中の(　A　)，(　B　)にあてはまる語句を，次のア～カからそれぞれ一つ選び，記号で記せ。

ア　バリアフリー　　　　　イ　ワーク・ライフバランス
ウ　イノベーション　　　　エ　ダイバーシティー
オ　コンプライアンス　　　カ　セーフティネット

② 文中の下線部aについて，日本国憲法では，「すべて国民は，健康で文化的な最低限度の生活を営む権利を有する」(第25条第1項)として生存権を規定している。このように，人々が人間らしい豊かな生活を送るための権利を何というか，名称を漢字3字で記せ。

③ 文中の下線部bについて，一定の会社や団体などに所属せず，仕事に応じて契約を交わして働く人のことを何というか，名称を記せ。

(☆☆☆◎◎◎)

【6】次の(1)～(3)に答えよ。

(1) 近年，小売業者や卸売業者が，商品を企画してメーカーに製造を依頼し，販売する商品が多く見られるようになった。このような商品を何というか，名称を記せ。

(2) 経済活動の指標の一つとして用いられているGDP(国内総生産)とは何か，簡潔に記せ。

(3) 次の文は，国際法と国際裁判制度について述べたものである。以下の①～③に答えよ。

最初に国際法を理論的に体系づけたのは，「国際法の父」として知られる(　　)である。

国際法は，大多数の国家の一般慣行である国際慣習法と，国家間の意思を明文化した条約から成り立っている。国際法においては，主権平等，a領土の不可侵，紛争の平和的処理などの原則が確立している。

国際社会における国家間の対立は，時として武力による紛争に発展しやすい。こうした国家間の紛争を国際法に基づいて，平和的に解決するために設けられたのがb国際裁判制度である。

① 文中の(　　)にあてはまる人物は誰か，名称を記せ。

② 文中の下線部aについて，国際社会の平和と安全の維持，諸国家間の友好関係の発展等を目的に国際連合が設立されたが，国際連合の制度として誤っているものを次のア～エから一つ選び，記号で記せ。

ア　全加盟国で構成される総会では，一般事項については過半数，重要事項については3分の2以上の多数で議決される。

イ　任期2年の非常任理事国10カ国を総会で選出する。

ウ　安全保障理事会では全会一致制で議決される。

エ　経済社会理事会はUNESCOやWHO等，多くの専門機関の活動を調整している。

③ 文中の下線部bについて，日本の外務省は2022年3月9日(日本時間)，ウクライナの事態に関してある機関に付託したことを発表した。その機関は何か，名称を記せ。

(☆☆☆◎◎◎)

【7】中学校学習指導要領解説「社会編」に関する，次の(1)～(3)に答えよ。

(1) 次は「第2章　第1節　教科の目標」の一部である。(　ア　)，(　イ　)にあてはまる語句をそれぞれ記せ。

> (2) 社会的事象の意味や意義，特色や相互の関連を多面的・(　ア　)に考察したり，社会に見られる課題の解決に向けて(　イ　)・判断したりする力，思考・判断したことを説明したり，それらを基に議論したりする力を養う。

(2) 次の表は「各分野の改訂の要点」を示したものである。以下の①，②に答えよ。

表

＜地理的分野＞ ア　世界と日本の地域構成に関わる内容構成の見直し イ　地域調査に関わる内容構成の見直し ウ　世界の諸地域学習における地球的課題の視点の導入 エ　日本の諸地域学習における考察の仕方の柔軟化 オ　日本の様々な地域の学習における(　a　)の重視
＜歴史的分野＞ ア　歴史について考察する力や説明する力の育成の一層の重視 イ　歴史的分野の学習の(　b　)と焦点化 ウ　我が国の歴史の背景となる世界の歴史の扱いの一層の充実 エ　主権者の育成という観点から，民主政治の来歴や人権思想の広がりなどについての学習の充実 オ　様々な伝統や文化の学習内容の充実

＜公民的分野＞
ア　現代社会の特色，文化の継承と創造の意義に関する学習の一層の重視
イ　現代社会を捉える枠組みを養う学習の一層の充実
ウ　現代社会の見方・考え方を働かせる学習の一層の充実
エ　社会に見られる課題を把握したり，その解決に向けて考察，構想したりする学習の重視
オ　国家間の相互の主権の尊重と協力，国家主権，国連における(　c　)な開発のための取組に関する学習の重視
カ　課題の(　d　)を通して社会の形成に参画する態度を養うことの一層の重視

①　文中の(　a　)～(　d　)にあてはまる語句をそれぞれ記せ。
②　地理的分野の下線部について，どのように説明しているか，簡潔に記せ。

(3)　次は「第3章　1　指導計画作成上の配慮事項」の一部である。(　ウ　)，(　エ　)にあてはまる語句をそれぞれ記せ。

社会科の指導に当たっては，(1)「知識及び技能」が習得されること，(2)「思考力，判断力，表現力等」を育成すること，(3)「学びに向かう力，人間性等」を涵養することが偏りなく実現されるよう，(　ウ　)など内容や(　エ　)のまとまりを見通しながら，主体的・対話的で深い学びの実現に向けた授業改善を行うことが重要である。

(☆☆◎◎◎◎◎)

地　理・歴　史

【共通問題】

【１】次の(1)～(10)の問いに答えよ。

(1)　都市部が郊外よりも気温が高くなる現象を何というか，記せ。

(2)　世界経済や流通システムのひずみにより，生産物に対する正当な報酬が得られない人々や地域に対して，対等なパートナーシップによる公正な賃金を支払い，自立することを目指す貿易を何というか，記せ。

(3)　山麓などの地下水が豊富な場所から，集落や耕地まで多数の縦穴を掘り，それらの底を横穴で結んでつくる施設をイランでは何というか，記せ。

(4)　文帝(楊堅)が598年に開始した科目試験による官僚登用制度を何というか，記せ。

(5)　アッバース朝の第2代カリフのマンスールが首都として造営した円形の都市を何というか，記せ。

(6)　フランス自然主義の画家で，パリ郊外のバルビゾンで自ら農業をしながら，農民の姿を描き続け，代表作「落ち穂拾い」を描いたのは誰か，記せ。

(7)　後鳥羽上皇の命により，藤原定家・藤原家隆らが選集し，新しい歌風を示した和歌集を何というか，記せ。

(8)　1582年，伊東マンショ・千々石ミゲルら4人の少年がローマ教皇のもとに派遣され，1590年に帰国した。この少年使節を何というか，記せ。

(9)　1871年，日本と清が相互に開港して領事裁判権を認め合うことなどを定めた日本が外国と結んだ最初の対等条約を何というか，記せ。

(10)　1960年に産油国の利益を守るため，イラク，イラン，クウェート，サウジアラビア，ベネズエラによって結成された国際組織を何というか，組織の略称をアルファベットで記せ。

(☆◎◎◎)

【地理】

【1】次の(1)，(2)の問いに答えよ。

(1) 社会増加と自然増加について，その要因を明らかにして85字以内で説明せよ。

(2) ジェントリフィケーションについて，70字以内で説明せよ。

(☆☆☆◎◎◎)

【2】次のA～Dの文章を読み，(1)～(5)の問いに答えよ。

A ①沖積平野の周縁部には，高さ2～3mから数十m以上の崖に囲まれた台地や小山のような丘陵が分布することがある。

B 1569年にメルカトルが考案した②メルカトル図法は，つねに北が真上になり，任意の2点を結ぶ直線は(　あ　)航路となる。また，図の中心からの距離と方位が正しく表されるよう作図された地図は，③正距方位図法とよばれる。

C 亜寒帯(冷帯)は樹木が育つ気候のうち，最も寒冷な地域である。カナダやシベリアの地下には，一年中土壌が凍結している(　い　)がある。低温で未分解の落ち葉は土壌の表層で酸性の泥炭となり，酸性の水分が土を褐色にしている鉄分をとかして流し出すため，残された土壌は白っぽい(　う　)となる。

D 世界全体をみると，④食料の需要と供給には著しい偏りがある。豊富な食料に恵まれた地域もあれば，食料不足や飢餓に苦しむ地域もある。カロリー摂取量が少なく，栄養不足に苦しむ人口の割合が高い地域がある一方で，⑤緑の革命のような努力が行われ，成功をおさめた国もある。

(1) 文中の(　あ　)～(　う　)に適する語句を，それぞれ記せ。

(2) 文中の下線部①に関して，次の地形図中のXとYは，洪水浸水想定区域か土砂災害警戒区域のいずれかに含まれる地域である。XとYは，どちらの区域であるかを，それぞれ記せ。また，それを調べる際に活用する地図の種類を，記せ。

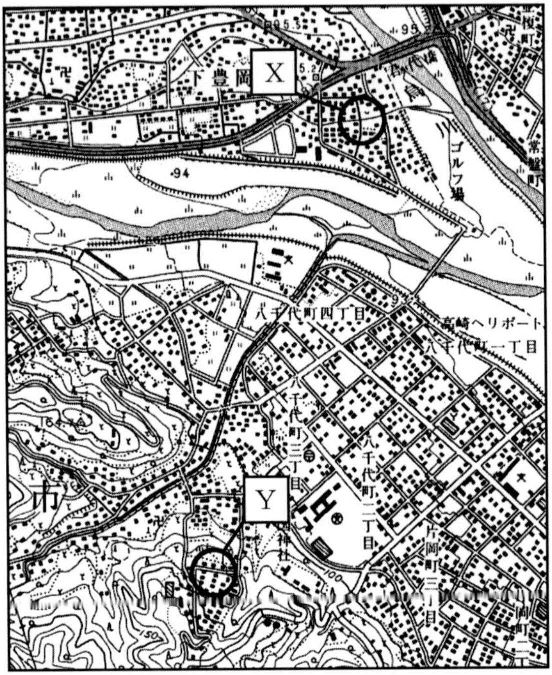

(国土地理院発行 1:25000 地形図「富岡」(2003年) より作成)

(3) 文中の下線部②，③に関して，次の文はメルカトル図法，正距方位図法，モルワイデ図法のいずれかについて述べたものである。メルカトル図法について述べたものを，次のア～エからすべて選び記号で記せ。

ア．羅針盤を使った航海用の図法で，現在でも海図に利用される。

イ．正積図法であり，分布図の基図として利用される。

ウ．地球上の角度の関係が，地図上でも正しく表現できる正角図法である。

エ．世界全図の場合，外周円は中心に対する対蹠点(たいせきてん)である。

(4) 文中の下線部④に関して，次の表は，タイ，ナイジェリア，ブラジル，フランスの小麦，米，いも類，肉類の生産量と農作物自給率を表している。aとcに当てはまる国の名前を，それぞれ記せ。

表　各国の小麦，米，いも類，肉類の生産量（万トン）と農作物自給率（%）（2018年）

	小麦		米		いも類		肉類	
	生産量	自給率	生産量	自給率	生産量	自給率	生産量	自給率
a	0.1	0	3,219	182	3,221	225	293	140
b	3,579	183	7	11	790	130	562	103
c	6	1	680	85	11,570	101	145	99
d	541	43	1,174	96	2,232	99	2,934	134

注）自給率は生産量／国内供給量により算出している。

（「世界国勢図会 2021/2022」より作成）

(5)　文中の下線部⑤に関して，緑の革命を説明しながら，農民の間の経済的な格差を広げた理由を含めて説明せよ。

(☆☆☆◎◎◎)

【3】次のアメリカ合衆国に関する(1)～(3)の問いに答えよ。

(1)　次の図は，アメリカ合衆国の出身地別移民の割合の推移を表している。図中のA～Cは，ヨーロッパ，アジア，中央・南アメリカのいずれかである。Bに当てはまる地域の名前を，記せ。

図　アメリカ合衆国の出身地別移民の割合の推移

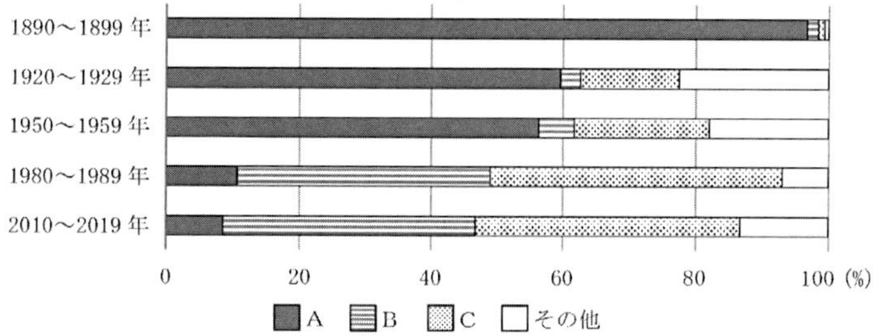

（「Yearbook of Immigration Statistics 2020」より作成）

(2)　次の文章を読み，①，②の問いに答えよ。

アメリカ合衆国の基本的な農業形態は，西ヨーロッパから導入された混合農業に飼料作物の${}_{a}$<u>とうもろこし</u>が組み込まれて形成された。この混合農業は，それぞれの地域の自然条件などを反映して変形され，${}_{b}$<u>適地適作</u>とよばれる多様性をつくり出した。

①　文中の下線部aについて，次の表中のD～Gは，とうもろこし，

大豆，さとうきび，なつめやしのいずれかであり，その農作物の生産量上位5か国を表している。D～Gに当てはまる農作物の組み合わせとして最も適当なものを，ア～エから一つ選び，記号で記せ。

表　とうもろこし，大豆，さとうきび，なつめやしの生産量上位5か国（2019年）

	D	E	F	G
1位	ブラジル	ブラジル	アメリカ合衆国	エジプト
2位	インド	アメリカ合衆国	中国	サウジアラビア
3位	タイ	アルゼンチン	ブラジル	イラン
4位	中国	中国	アルゼンチン	アルジェリア
5位	パキスタン	インド	ウクライナ	イラク

（「データブック・オブ・ザワールド2022」より作成）

ア．D　さとうきび　E　大豆　F　とうもろこし
　　G　なつめやし
イ．D　さとうきび　E　大豆　F　なつめやし
　　G　とうもろこし
ウ．D　大豆　E　さとうきび　F　とうもろこし
　　G　なつめやし
エ．D　大豆　E　さとうきび　F　なつめやし
　　G　とうもろこし

②　文中の下線部bに関して，アメリカ合衆国の自然条件(年降水量500mm)と農作物(冬小麦・春小麦)の栽培地域について，図を用いて説明するとした場合，どのように図示するか，次の条件を満たしながら記せ。また，冬小麦と春小麦はどのような違いがあるか，播種期と収穫期の観点から，説明せよ。

(条件)

・年降水量500mmの線を(----------)で示すこと
・冬小麦の栽培地域をで示すこと
・春小麦の栽培地域をで示すこと

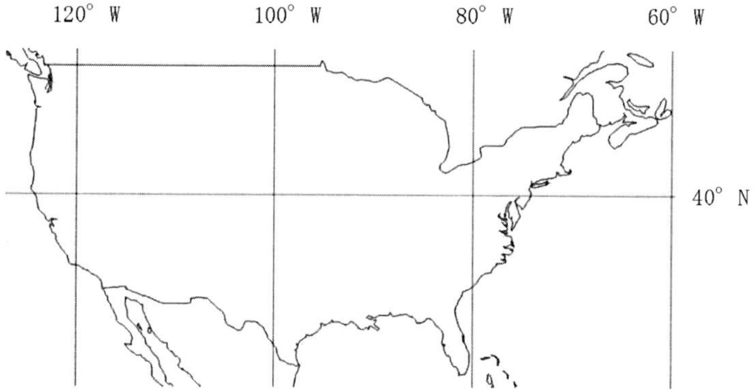

(3) アメリカ合衆国の大西洋岸のメガロポリスから五大湖沿岸にかけての地域は，20世紀前半まで重工業を中心として発展した。この地域に重工業の工業地域が形成された理由を，55字以内で説明せよ。その際，次の語句を必ず一度は使い，最初に使用した箇所に下線を付せ。

メサビ　　アパラチア　　五大湖

(☆☆☆◎◎◎)

【4】次のオセアニア地域に関する(1)～(3)の問いに答えよ。

(1) 次の資料1はニュージーランドのホキティカとクライストチャーチの位置を示したものであり，資料2はそれぞれの都市の月別降水量を表したものである。クライストチャーチのある南島東側は，おもに羊の放牧地となっている。南島東側が羊の放牧に適している理由を，資料2から読み取れることとその成因について，気候因子を含めて，75字以内で説明せよ。

資料1

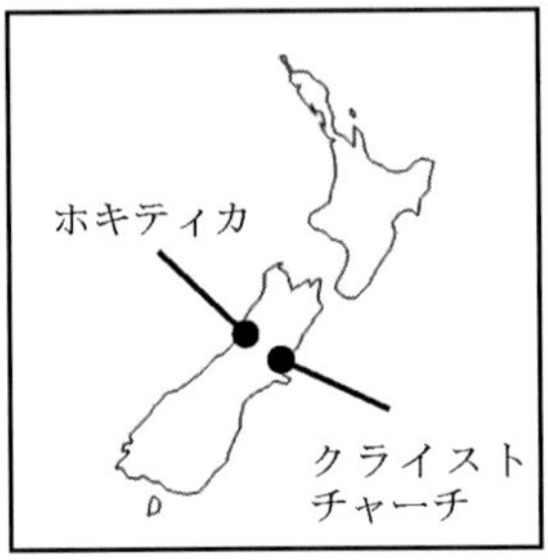

資料2　ホキティカとクライストチャーチの月別降水量

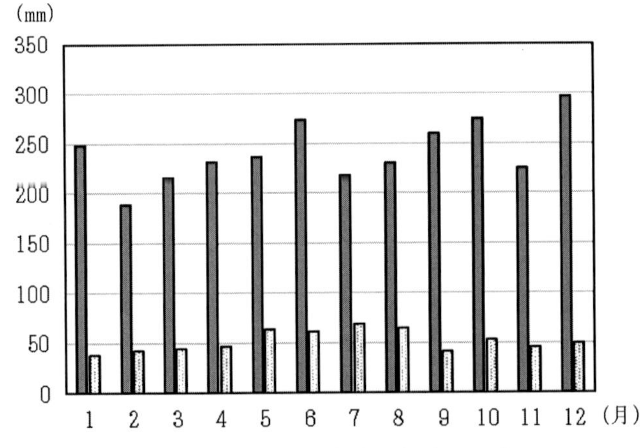

(国立水大気研究所(NIWA)ウェブページより作成)

(2)　次の表は，オーストラリアとニュージーランドの輸出と輸入の上位5品目を表している。表中のⅠ，Ⅱはオーストラリア，ニュージーランドのいずれか，a～cは，機械類，木材，金(非貨幣用)のいずれかである。Ⅰとcに当てはまる語句の組み合わせとして最も適当なものを，ア～エから一つ選び，記号で記せ。

表　オーストラリアとニュージーランドの輸出と輸入の上位５品目（2019年）

	Ⅰ		Ⅱ	
	輸出	輸入	輸出	輸入
1位	鉄鉱石	b	酪農品	b
2位	石炭	自動車	肉類	自動車
3位	a	石油製品	c	原油
4位	肉類	医薬品	野菜・果実	石油製品
5位	b	原油	b	衣類

（「世界国勢図会 2021/2022」より作成）

ア．Ⅰ　オーストラリア　　c　機械類
イ．Ⅰ　オーストラリア　　c　木材
ウ．Ⅰ　ニュージーランド　c　機械類
エ．Ⅰ　ニュージーランド　c　木材

(3)　次のア～エは，オーストラリアに関する出来事である。ア～エを古いものから年代順に並びかえ，記号で記せ。

ア．オーストラリア連邦が成立した同じ年に，オーストラリアは移民制限法を発布した。
イ．オーストラリアは非白人への法的差別を撤廃した。
ウ．オーストラリアでゴールドラッシュが始まった。
エ．オーストラリアで第1 回アジア太平洋経済協力会議を開催した。

(☆☆☆◎◎◎)

【５】次の問いに答えよ。

高等学校学習指導要領(平成30年7月)地理歴史科の「地理総合」の「地図や地理情報システムと現代世界」において，「国家間の結び付き」を扱うとした場合，あなたならどのような学習指導を展開するか，主題と問いを設定し，社会的事象の地理的な見方・考え方を働かせるための工夫を取り入れた学習指導の展開例を記せ。その際，日本の貿易の様子を表した次の資料1，資料2の二つを活用して，学習指導を展開せよ。

資料１　主な貿易相手国・地域への輸出額の推移（単位　億円）

1980年	2000年	2018年
アメリカ合衆国（71, 181）	アメリカ合衆国（153, 559）	中国（158, 977）
西ドイツ（13, 006）	台湾（38, 740）	アメリカ合衆国（154, 702）
韓国（12, 251）	韓国（33, 088）	韓国（57, 926）
台湾（11, 687）	中国（32, 744）	台湾（46, 792）

資料２　主な貿易相手国・地域からの輸入額の推移（単位　億円）

1980年	2000年	2018年
アメリカ合衆国（55, 581）	アメリカ合衆国（77, 789）	中国（191, 937）
サウジアラビア（44, 279）	中国（59, 414）	アメリカ合衆国（90, 149）
インドネシア（30, 044）	韓国（22, 047）	オーストラリア（50, 528）
アラブ首長国連邦（18, 504）	台湾（19, 302）	サウジアラビア（37, 329）

（資料１，資料２は「数字でみる日本の100年 改訂第７版」より作成）

(☆☆☆☆◎◎◎◎)

解答・解説

中　学　社　会

【１】(1)　①　ア　タイ　　イ　アメリカ合衆国　　ウ　カナダ
②　穀物メジャー　　(2)　①　自然的国境　　②　接続水域
(3)　①　南米南部共同市場(メルコスール)　　②　特定の産品に頼らなかったり，工業化が進展したりしたことにより，輸出額が約80倍増加している。　　③　スラム

〈解説〉(1)　①　国内の自給用を超えた収量が輸出分となる。生産量では中国は米・小麦で世界1位，とうもろこしで2位だが，ほとんどが自国で消費される。　ア　タイのメコンデルタ等で栽培される米は生産量6位かつ重要な輸出産品。　イ・ウ　アメリカ合衆国やカナダの肥沃な黒土地帯では大規模に小麦が栽培され，アメリカ合衆国では牛や豚の肥育と結びつけて飼料用のとうもろこしも地下水を利用し栽培さ

れる。　②　穀物メジャーは穀物の効率的な流通システムを構築し，加工や販売の大規模化を進めて国際輸出市場を支配する多国籍穀物商社。　(2)　①　自然的国境は，山岳の分水嶺，河川や湖沼，海峡部を含む海洋，砂漠，湿地などを境界に利用したもの。　②　接続水域では，沿岸国が自国の領土・領海内での通関，出入国の管理，伝染病等の衛生に関する法令違反の防止・処罰等を行うことが認められる。(3)　①　メルコスール(MERCOSUR)は，加盟国間の関税の撤廃による自由な流通の促進を目的に1995年に発足し，ブラジル，アルゼンチン，ウルグアイ，パラグアイ，ベネズエラ(2016年資格停止)が正加盟するほか，チリやボリビアなど多くの準加盟国がある。　②　産業構造がモノカルチャーから多角化されたこと，輸出額が80倍以上に激増していることに触れる。BRICsの一員のブラジルは，1950年代から天然ゴムやコーヒーのモノカルチャーからの脱却を進め，カカオ，さとうきび，大豆，綿花，小麦，とうもろこし，鶏・牛・豚肉などへの多角化を図った。また，1970年代から外国資本による重工業の発達を推進し，鉄鋼，自動車，航空機，コンピューターなどの発展が目覚ましい。③　スラムは，公共サービスが他地区ほど受けられなかったり，住民の健康や安全，モラルが脅かされたりするなど極めて荒廃した状況を呈し，主に農村部の余剰人口が都市に押し出されて行き場を失うことで形成される。ブラジルではファベーラという。

【2】(1)　記号…ウ　　理由…他の雨温図と比べて，年間降水量が最も少なく，瀬戸内の気候の特色に合致するから。　(2)　B　(3)　ストロー(現象)　(4)　夏が旬であるなすやピーマンを端境期にあたる冬から春にかけて出荷するため，高値で取り引きされるという利点がある。　(5)　①　石見銀山　②島根(県)

〈解説〉(1)　日本では湿ったモンスーンの影響で，一般に太平洋側の都市では夏季に，日本海側の都市では冬季に降水量が増えるが，瀬戸内にある都市では中国山地・四国山地に挟まれることで両モンスーンの影響を受けづらく，1年を通じて降水量が少なくなる。気温も高緯度側の鳥取市から低緯度な高知市にかけて高くなる。よって，アが鳥取市，イが高知市，ウが高松市である。　(2)　岡山県は中国地方で広島県に次ぐ人口と面積を有し，ブドウやモモなどの果実や米，鶏卵の生産がさかんで農業産出額は1位を誇る。また，水島コンビナートでの重化学工業の他，内陸の高速道路沿いの工業団地にも機械や食品などの工場が集積し，広島県に次ぐ工業出荷額となっている。農業産出額以外で1位の広島県はCが該当し，沿岸部の多くの都市で造船や自動車，製鉄などの重工業と空港・高速道路周辺に先端技術産業などが発達し，製造品出荷額は中四国・九州地方で1位である。　(3)　瀬戸大橋やしまなみ海道の開通の影響を「コップにストローを差して飲むイメージ」で見ると，人口や都市の発展度から相対的に本州側が吸う側(飲み口)，四国側が吸われる側(コップや飲み物)であるとあてはめられる。(4)　促成栽培ではハウスなどを加温するための設備費や燃料費がかかるが，出荷価格がそれを上回る場合に利益が確保される。キュウリやピーマンなどの夏野菜や，クリスマス商戦向けのイチゴなどが好例。(5)　環境に配慮しつつ自然と共生した鉱山運営を行っていた歴史が評価され，「石見銀山遺跡とその文化的景観」として世界遺産(文化遺産)に2007年に登録された。

【3】(1)　①　菅原道真　　②　天龍(竜)寺船　　(2)　武　　(3)　唐が衰退しており，危険をおかしてまで派遣する必要がないと判断したから。　(4)　オ　　(5)　恵林寺　　(6)　地名…種子島　　記号…キ　(7)　条約名…日露和親　　記号…エ　　(8)　プラザ(合意)　　(9)　エ→ウ→ア→イ　　(10)　③　キ　　④　オ

〈解説〉(1)　①　菅原道真は平安時代の貴族，役人であり，現在では学問の神様としても祀られている。　②　天龍寺船は天龍寺造営費用を捻出するために明に派遣された室町幕府公認の貿易船である。
(2)　武の存在は中国の歴史書『宋書』に記されている。　(3)　唐の末期は反乱が多く，中でも最も大きな黄巣の乱(875～884年)は政権を衰退させ，907年に滅亡した。　(4)　大輪田泊は現在の兵庫県神戸市に

所在していた。 (5) 恵林寺は甲州市にある臨済宗妙心寺派の寺で，1330年に二階堂定藤が夢窓疎石を開山に招いて創建された。 (6) 種子島に鉄砲が伝来した6年後にはフランシスコ＝ザビエルが鹿児島に上陸した。 (7) 日露和親条約は現在の静岡県下田市にて締結された。(8) プラザ合意によって日本では円高不況が発生し，輸出の伸び悩みや工場などの海外移転が進行した。プラザ合意による日本経済及び国際経済への影響は公民的分野においても重要事項である。 (9) アが2002年，イが2005年，ウが2000年，エが1997年に起こった。
(10) ③は1914年，④は1596年にそれぞれ起こった。

【4】(1) ア (2) マグナ＝カルタ (3) 君主論 (4) ① 幸福 ② 政府 (5) エ (6) イ→ア→ウ

〈解説〉(1) ホルテンシウス法の制定によって貴族と市民が法的に平等となり，身分闘争が終結した。 (2) ジョン王が認めたマグナ＝カルタは，議会が国王の課税権を制限し，「法の支配」を実現したため，イギリス立憲政治の始まりと位置付けられている。現在イギリスには成文憲法はないが，マグナ＝カルタを初めとするいくつかの文書が憲法文書として立憲君主政を支えている。 (3)『君主論』では，イタリアの現状においてはライオンの強さときつねの賢さの両方を兼ね備えた君主が必要であると述べ，政治と道徳を分離し，近代政治学の祖となった。 (4)「幸福」を含む文では，前国家的な状態であっても人間すべてが享有している権利について述べている。これを自然権という。「政府」を含む文は，政府は，自然権を守るために国民の合意によって形成されていると述べられており，こうした考え方を社会契約論という。 (5) この作品によって北部で奴隷制反対の機運が高まったことは，南北戦争の一つの背景を構成している。 ア イプセンの『人形の家』は女性解放の機運につながった。 (6) イ ドイツでは1918年にドイツ革命が発生し，ホーエンツォレルン朝が倒壊し，ドイツ共和国が成立した。この国の憲法をワイマール憲法，この国をワイマール共和国とも言う。 ア ワシントン会議が開催されたのは1921年。

ウ　イギリスの第5回選挙法改正で男女平等の普通選挙が実現したのは1928年のことである。

【5】(1)　①　普通教育を受けさせる　②　納税　(2)　ア
(3)　罪刑法定主義　(4)　①　A　イ　B　エ　②　社会権
③　フリーランス

〈解説〉(1)　①　教育を受けることは権利であり，義務ではない。憲法は教育を受ける権利を保障する一方で，子女に普通教育を受けさせる義務と義務教育の無償を定めている。　②　納税の義務は，大日本帝国憲法も定めていた。　(2)　裁判官の弾劾裁判所は国会に設置されており，衆議院議員と参議院議員それぞれ7名ずつが裁判員を務める。また，行政機関による裁判官の懲戒は禁止されている。　(3)　罪刑法定主義とは，どのような行為が犯罪であり，どのような刑罰が科せられるかは，あらかじめ法律で定めておかなければならないとする原則のこと。　(4)　①　A　働き方改革関連法の制定など，政府もワーク・ライフバランスの取組みを進めている。　B　ダイバーシティとは英語で多様性の意味。　ア　障がい者のために建物の段差などをなくすこと。　ウ　技術革新のこと。　オ　法令遵守のこと。　カ　生活や経営などに安心を提供する制度のこと。　②　社会権とは，資本主義社会においても人間らしい生活を営めるよう，国家に作為を求める権利のこと。日本国憲法では，生存権のほか，教育を受ける権利，勤労権，労働三権(労働者の団結権，団体交渉権，団体行動権)が社会権に分類される権利とされている。　③　フリーランスに類似した言葉にギグワークがあり，企業から単発で業務の依頼を受け，遂行することをいう。また，インターネット上で不特定多数の人に業務を依頼することを，クラウドソーシングという。

【6】(1)　プライベートブランド　(2)　一定期間内に国内で生産された総生産額から，原材料や燃料などの中間生産物の価額を差し引いたもの　(3)　①　グロティウス　②　ウ　③　国際刑事裁判所

〈解説〉(1)　コンビニエンスストアやスーパーマーケットのプライベートブランド(PB)商品は，コンビニやスーパー各社の商品として販売されているが，製造は別の企業が行っている。　(2)　一般的に，GDPの増加率を経済成長率という。また，一国内で生産された付加価値の合計がGDPであるのに対し，GNP(国民総生産)は一国民が生産した付加価値の合計である。海外から受け取る所得が海外に支払う所得を上回れば，GDPはGNPを上回る。　(3)　①　17世紀オランダの法学者であるグロティウスは『戦争と平和の法』を著し，自然法に基づく国際法について論じたことから，「自然法の父」や「国際法の父」と呼ばれている。また，『海洋自由論』では公海自由の原則を唱えた。
②　安全保障理事会は15の理事国によって構成されるが，このうち9理事国以上が賛成すれば，決議は採択される。ただし，実質事項の決議については，拒否権を発動する常任理事国が存在しないことが，要件に加わる。　③　国際刑事裁判所(ICC)とは，戦争犯罪や集団殺戮(ジェノサイド)などの容疑のある個人を裁く刑事裁判所。国際司法裁判所(ICJ)などと同じく，オランダのハーグに置かれている。ただし，国際刑事裁判所は国連の機関ではなく，ロシアやアメリカ，中国などは参加していない。

【7】(1)　ア　多角的　　イ　選択　　(2)　①　a　防災学習　　b　構造化　　c　持続可能　　d　探究　　②「世界の様々な地域の調査」，「身近な地域の調査」という内容構成を見直し，「地域調査の手法」と，地域の将来像を構想する「地域の在り方」に再構成した。　　(3)　ウ　単元　　エ　時間

〈解説〉(1)　アの多面的・多角的はしばしばセットで用いられ，「多様な観点で」といったニュアンスで用いられるが，例えば多面的は「層(立場)的な」，多角的は「諸要素を含む」のように区別して使用していくことが望ましい。イについては，中学校学習指導要領(平成29年告示)解説「社会編」にて文言が設定された経緯が記載されているため，あわせて参照されたい。　(2)　①　aの防災学習は，高校で新設された

地理総合の3つの大きな学習項目のうちの1つに挙げられているように，平成29年の改訂によってより一層重視されている学習内容である。bの構造化とは，平成29年改訂の学習指導要領では「知識・技能を身につける学習」と「思考力・表現力・判断力等を身に付ける学習」を明確にするため，学習内容と学習過程の構造化を図ったことを示している。cの持続可能は，これからの国際的な問題におけるキーワードとなる言葉である。dの探究は公民的分野以外の分野においても設定されており，「主体的・対話的で深い学び」を実現する上で重要な学習活動である。　② 「地域調査の手法」では実際に野外調査や観察を行い，体験的な活動を通して地理的技能を身に付けることが求められる。また，「地域の在り方」では空間的相互依存作用や地域などの概念に注目し，地域的特色や地域の課題と関連づけることが求められている。　(3)　単元は内容や時間の一定のまとまりを指すが，分野ごとではなく教科横断的な視点でこれを配置していく必要がある。

地　理・歴　史

【共通問題】

【1】(1)　ヒートアイランド現象　(2)　フェアトレード　(3)　カナート　(4)　科挙　(5)　バグダード　(6)　ミレー　(7)　新古今和歌集　(8) 天正遣欧少年使節　(9)　日清修好条規
(10)　OPEC

〈解説〉(1)　都市は植生が少ないので水蒸発による熱消費が少ない，アスファルト・コンクリートなど蓄熱が豊富な構造物が多い，高層建物が通風を悪くする，社会・産業活動で人工排熱量が多い，などにより高温域が現れやすい。　(2)　発展途上国の一次産品農家は，先進国の消費者を背後にもつ買い取り業者からの「買いたたき」や市場価格の不安定さから弱い立場になりやすいことを改善するため，市場価格よりも高い「フェアトレード価格」を設定して生産者の生活向上を持続させようとする取り組みが見られる。 (3) 砂漠気候下では，水分の蒸発を防ぐために地下水の導水路が湧水帯から集落や耕地にまで伸びており，イランではカナート，アフガニスタン・パキスタンではカレーズ，アフリカ北部ではフォガラとよばれる。 (4) 儒学の学科試験によって官吏を登用する科挙は隋に始まり，途中，元代に一時中断されることがあったが，1905年に光緒新政において廃止されるまで続いた。 (5) バグダードは，現在のイラクの首都である。ティグリス川のほとりに造営されたモスクを中心とする円形都市で，アッバース朝の都として繁栄した。 (6) 自然主義は，ありのままの素朴な自然の姿を描こうとした潮流で，ミレーはその代表的な作家である。18世紀半ばに写実主義や自然主義が隆盛した背景には，カメラ(写真)の発明による刺激がある。 (7) 1205年に成立した。また，この元となる古今和歌集は905年，醍醐天皇の勅命により紀貫之らによって編纂された。 (8) 日本にキリスト教が伝来した時期に結成された使節団であり，キリシタン大名と合わせて覚えること。 (9) これを受け，1876(明治9)年には朝鮮との間で日朝修好条規が結ばれた。 (10) 石油輸出国機構。アメリカ合衆国やイギリスなどの国際石油資本に対抗するために結成された。現在はアラブ首長国連邦やナイジェリアなどが加わり計13か国が加盟。

【地理】

【1】(1) 社会増加は，ある地域においては，流入人口と流出人口との差によって生じる人口増加のことをいう。一方，自然増加は，出生数と死亡数との差によって生じる人口増加のことをいう。(83字)

(2) 荒廃したインナーシティが再開発され，建物がリニューアルされることによって，特に若者を中心とする比較的裕福な人が流入する現象のことをいう。(68字)

〈解説〉(1) 子育て世代の流入は社会増加と自然増加の両方に寄与するため，就業地の誘致や子育て支援策を拡充する自治体が多い。大学入学などの進学移動は，卒業時の流出と相殺されるため，社会増加となりにくい。　(2)　買い物などでの一時的な来街ではなく，居住者(＝夜間人口)が増加することを指す点に留意。わが国では，かつては商業地だった大通り沿いや鉄道駅の近隣地点が，高層マンションやオフィスとの複合ビルなどに更新され，都心部への人口回帰が進む傾向が見られる。

【2】(1)　あ　等角　　い　永久凍土　　う　ポドゾル　　(2)　X　洪水浸水想定区域　　Y　土砂災害警戒区域　　地図…ハザードマップ　(3)　ア・ウ　　(4)　a　タイ　　c　ナイジェリア　　(5)　国際的な農業機関で開発された高収量品種の導入を中心に，発展途上国の稲や小麦などの収穫量を飛躍的に増大させた技術革新のことである。ただし，その成果を上げるには，化学肥料や農薬などへの多くの支出が必要であるため，農民の間の経済的な格差を広げた。

〈解説〉(1)　あ　経緯線が平行な直線でそれらが直交して示され，任意の2地点間の直線が常に経線と一定の角度を保って交わる等角航路を示すため，海図として用いられる。　い　永久凍土は，生活熱の伝達による融解を防ぐため，建物の高床化が図られる。近年は森林減少に伴う直射光や温暖化により永久凍土の融解が進み，さらに凍土内の温室効果ガスを放出させ温暖化が進むことが懸念されている。　う　雨季の降水によって表層の鉄・アルミニウム・塩基が下層へ移動することを溶脱といい，残された表層は灰白色になる。　(2)　地形図中のX付近は河川の合流点付近にあるため，洪水の危険が想定される。また，Y付近は谷部の斜面を切り開いて造成された住宅団地で，豪雨の際には谷奥からの土石流や，造成地の地すべりが想定される。自治体がこれらの危険性が及ぶエリアを判断し，避難経路や避難場所とともに地図化したものをハザードマップという。　(3)　(1)を参照。角度を正しく表す図法を正角図法という。　エ　正距方位図法は，図の中心から任意の地点までの距離と方位が正しく，かつそれらの地点を結ぶ直線は大圏航路(最短距離)を表す。円形図の外側になればなるほど形や面積のひずみが大きくなり，この図法による世界全図では外周円が中心の対蹠点になる。　イ　モルワイデ図法は正積図法の1つで，横楕円形で高緯度地域のひずみを少なくしている。　(4)　a　田植え~生育期に豊富な水を要する米は，モンスーンによる雨季が明瞭でデルタが発達するタイで生産量が多く，世界1位のインドに次ぐ輸出量を誇る。　c　いも類は面積あたりの生産量が多く，主食となり得るヤムイモやタロイモなどが熱帯向きで，特にナイジェリアはその両方とも生産量が世界1位である。　b　冷涼でやや乾燥した気候を好む小麦の生産が多いのはフランス。　d　肉類はブラジルが世界最大の牛肉・鶏肉輸出国である。ブラジルは国土の大部分が熱帯に属すが，ブラジル高原上などのサバナ高地は気温の逓減により牛・鶏の飼育に適している。　(5)　小麦はメキシコで1950年代に，米はフィリピンで1960年代に新品種が開発され，どちらも1960年台に大飢饉となったインドが採用し，現在は米の輸出国ともなりえている。しかし，高収量にするためには灌漑設備や化学肥料・農薬などへの莫大な投資が求められるため，小規模農家にまで浸透しきれなかった。結果的に，消費者にとっては穀物の価格低下の恩恵を受けたものの，農家の収入差を広げ貧困を増やす要因ともなった。

【3】(1)　アジア　　(2)　①　ア

②

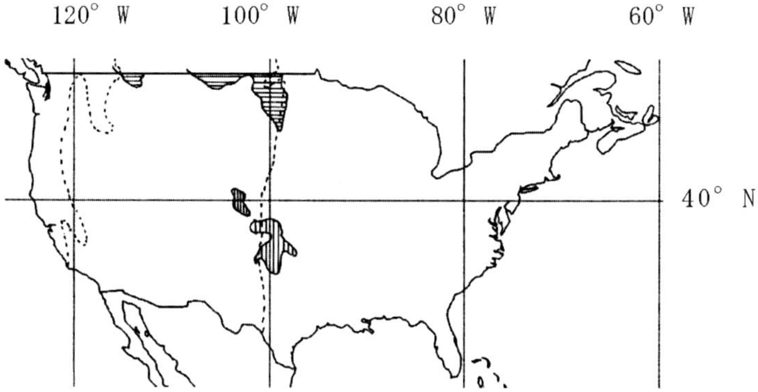

【説明】　冬小麦は秋に種をまき初夏に収穫する。春小麦は冷涼な地域で栽培され，春に種をまき秋に収穫する。

(3)　メサビなどの鉄鉱石，アパラチア炭田の石炭など，豊富なエネルギー・鉱産資源が五大湖の水運で結びつけられたため。(54字)

〈解説〉(1)　Aがヨーロッパ，Bがアジア，Cが中央・南アメリカである。アメリカ合衆国への移民は，16世紀からヨーロッパが起点の入植が始まり，20世紀に入ると南部への黒人奴隷が増加した。1924年には，増加しつつあった日本移民や南欧・東欧からの移民も制限されるようになり，この頃から相対的に南米からの移民の割合が増えることとなった。中国からの移民を禁じる法律は1943年に廃止され，さらに1965年に出身国割当制度が撤廃されると，入植者の大部分を占めていたヨーロッパやカナダから，南に接するメキシコや英語を公用語とするフィリピンなどの東南アジア諸国，ベトナム戦争終結後の難民，台湾や香港の華人の流入が増大した。さらに，中国からは1978年の改革開放政策以降に，韓国からもほぼ同時期に子への英語教育環境を期待した移民がそれぞれ急増し，2000年以降は英語を公用語とし卓越した数学教育を受けたインド人がIT技術者としてシリコンバレーなどへ向かう流れが増加した。　(2)　①　D　さとうきびは年平均20℃以上の多雨を指向し，乾燥地が大半を占めるパキスタンでは灌漑により栽培が可能である。ブラジルではバイオエタノールの原料としても栽培されている。　E　大豆は油採取後の粕も飼料に利用でき，熱帯〜冷涼地のやせ地で連作が可能であるなど適応力の強い作物である。　F　とうもろこしも主食と飼料用に加えて燃料用としても利用される作物で，連作は向かないものの夏季に高温で年600mm以上の降水量で栽培が可能である。　G　なつめやしの果実はデーツとよばれ，高温乾燥帯で生産される。　②　年降水量が500mmの境界線は，一方はほぼ西経100度の線に沿っており，北部の春小麦地帯は夏の降雨を利用した乾燥農法，南部の冬小麦地帯はセンターピボッドなどの灌漑農業で，いずれも肥沃なプレーリー土を利用して栽培される。もう一方は西海岸の温帯域との境界線付近で，春小麦が栽培されるコロンビア盆地は肥沃な土地を利用して西部の一大農業地域となっている。 (3) メサビの鉄鉱石，アパラチアや中央炭田の石炭などの鉱産資源に恵まれるアメリカ合衆国は，五大湖の水運で結び付いて重工業を発展させ，品質の高い家電品や自動車の安価な大量生産につながった。その後はグローバル化の影響で国内の製造業が中国やメキシコなどに海外生産移転していき，産業が空洞化し，現在はラストベルトと呼ばれている。

【4】(1) 羊は乾燥に強い家畜であり，その羊が放牧されている南島東側は，南北につらなるサザンアルプス山脈の東側であり，偏西風の風下で乾燥しているため。(69字) (2) イ (3) ウ→ア→イ→エ

〈解説〉(1) ニュージーランドは国土の全域が西岸海洋性気候に属すが，北島の山地部および南島のサザンアルプス山脈の東側は，西側で降水をもたらした後の偏西風が乾燥して吹き下ろすため，やや降水量が少ない。羊は乾燥に強く，ニュージーランドでは気候への適応力が強い毛肉兼用のコリデール種や，肉用でカーペットの毛用にも重用されるロムニー種が多く飼育される。 (2) オーストラリアは鉱産資源に富み，企業的牧畜もさかん。ニュージーランドは鉱産資源に乏しく，降水量の多い偏西風の風上側で林業や野菜・果実などの農業や温暖な北部で酪農，風下側で牧羊がさかんであり，これらが輸出品目の差に反映される。いずれも他の市場から遠く工業発達が限定的なため，輸入品目は似通う。 (3) ア 1901年で，ウのゴールドラッシュが全土に拡大し外国人労働者が社会問題となったことをうけて発布された白豪主義の根幹となった法律。 イ 1958年で，移民制限法が廃止された年。 ウ 1851年で，南東部のニューサウスウェールズ州(最初のイギリス植民地)とビクトリア州で始まった。 エ 1989年で，オーストラリアの提唱で開始された。

【5】主題を「貿易相手国の変容とその要因」とする。異なる年次にわたる日本の主要な貿易相手国を示した複数の地図を提示して，「日本の貿易相手国はどのように変化してきたのだろうか」，「変化した理由と

してどのようなことが考えられるだろうか」といった問いを立てて，GISを活用して主要な貿易品について異なる年次の日本の貿易相手国を示した地図を作成し，可視化された情報を基に考察したり推察したりしたことを文章にまとめたり，作成された資料を基に発表したりするといった学習活動を展開する。

〈解説〉この問題は「国家間の結びつき」について，地図やGISから発展させて指導内容を考える問題である。主題については解答例の限りではないが，各国のデータを比較した上で設定することが求められる。また，地図の作成については必ずしもコンピュータだけでなく，紙の地図を用いて作成することも可能である。GISの考え方について理解したうえで，電子機器の使用にかかわらず生徒に問いの答えを読み取らせることができる学習方法を検討されたい。

2022年度　実施問題

中学社会

【1】次の(1)，(2)に答えよ。

(1)　次の資料1のア～エ，資料2のA～Dは，BRICsの4か国のいずれかを示している。資料2中のAとCに当てはまる国を，資料1中のア～エからそれぞれ一つ選び，記号で記せ。

資料1　BRICs4か国の人口・人口密度・1人当たりのGNI

国名	人口（万人）(2020年)	人口密度（人/km²）	1人当たりのGNI（ドル）（2018年）
ア	14 593	9	11 110
イ	138 000	420	2 034
ウ	143 932	150	9 496
エ	21 256	25	8 785

(「世界国勢図会2020/21」より作成)

資料2　世界の農産物・鉱産物の生産量の上位5か国(単位：千t)(2017年)

さとうきび

国名	生産量
A	758 646
B	306 069
C	104 404
タイ	101 870
パキスタン	83 333

牛乳

国名	生産量
アメリカ合衆国	97 762
B	83 634
A	33 312
ドイツ	32 598
C	30 386

鉄鉱石

国名	生産量
オーストラリア	547 027
A	269 000
C	223 000
B	125 000
D	61 246

マンガン

国名	生産量
南アフリカ共和国	5 900
オーストラリア	2 883
C	2 084
ガボン	1 929
A	1 226

(「世界国勢図会2020/21」より作成)

(2)　次の文は，インドについて述べたものである。①～⑤に答えよ。

　インドの地形は，ヒマラヤ山脈・ヒンドスタン平原・インド半島の3地域から形成されている。新期造山帯に属するヒマラヤ山脈は，高く，険しい山々が連なっている。ヒンドスタン平原は，ガンジス川が形成した沖積平野で，河口には広大な(　㋐　)が発達している。インド半島には，安定陸塊の$_{a}$デカン高原が広がっている。

インドでは，さまざまな農業がみられるが，一般に，年間の$_b$降水量が1000mmをこえる地域では稲作が農業の中心であり，1000mm未満の地域のインド北部では，小麦が穀物栽培の中心である。デカン高原では(　㋐　)やソルガム(もろこし)，大豆などが栽培され，降水量の多いダージリンやアッサム地方の丘陵部では茶が栽培されている。また，インドでは，1960年代より高収量品種が栽培されるようになり，小麦を中心に農業生産が飛躍的に増加する「　X　」がおき，食糧自給を達成した。

工業は，植民地時代に(　㋐　)を原料とした綿工業や製鉄業などを中心に近代的な工業がおこった。現在は，$_c$ICT関連産業の進展がめざましい。

① 文中の(　㋐　)，(　㋑　)に当てはまる語句をそれぞれ記せ。なお，同じ記号には同じことばが入るものとする。

② 下線部aの西部に広がる，玄武岩が風化した黒色の肥沃な土壌を何というか，カタカナで記せ。

③ 下線部bの季節ごとの変化に影響を与え，季節によって風向きが変わる風を何というか，カタカナで記せ。

④ 文中のXに当てはまる語句を記せ。

⑤ 次の資料3は，文中の下線部cの理由の一つを説明したものである。資料3中の(　㋒　)には当てはまる数字を，(　㋓　)には日付と時刻を，資料4を参考にして記せ。ただし，時刻は，午前，午後を付けて記せ。また，サマータイムは考えないものとする。

資料3

> アメリカ合衆国のシリコンバレーとインドのバンガロールは，時差を利用してコンピュータのソフトウエアを開発している。

シリコンバレーのA社は7月3日の午後7時にバンガロールのB社に衛星通信を利用して仕事を発注した。資料4を見ると，バンガロールとシリコンバレーの時差は(　ⓤ　)時間あり，この時のバンガロールは(　㊁　)であるので，B社は，A社から仕事を引き継ぐことができるため，両国間で24時間連続してソフトウエア開発ができる。

資料4

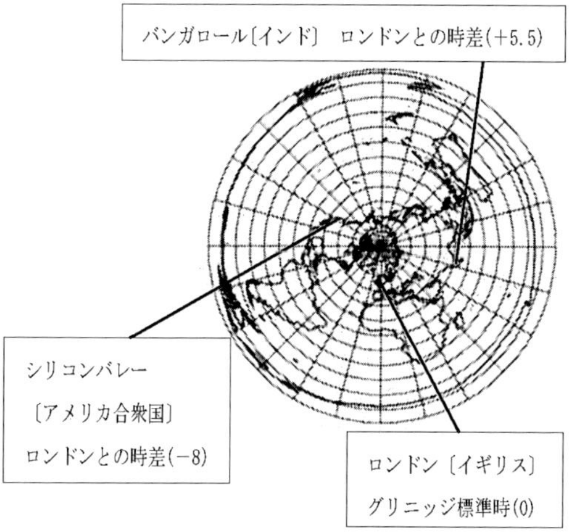

(☆☆☆◎◎◎)

【2】次の(1)，(2)に答えよ。

(1)　次の略地図のA～Hは，湖の位置を示している。以下の①～③に答えよ。

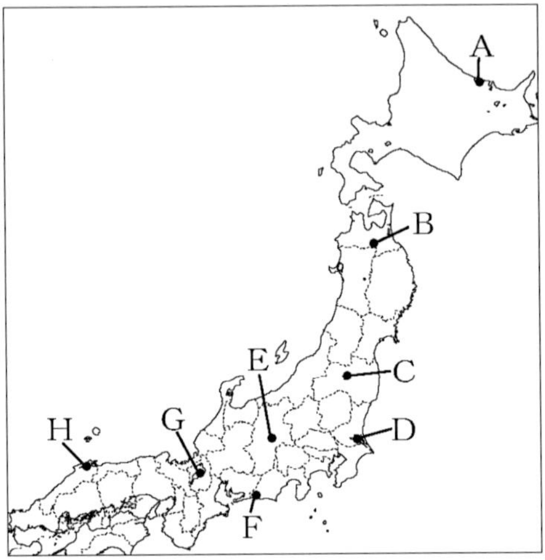

① A，Fの湖の名称をそれぞれ記せ。また，Hの湖がある都道府県名を記せ。

② Bの湖は火山活動でできた地形に水が溜まったものである。このような湖を何というか，その名称を記せ。

③ 湖と，その湖に流入しているかまたは湖から流出している河川の組み合わせとして，誤っているものを次のア～エから一つ選び，記号で記せ。

ア　C－阿賀野川　　イ　D－信濃川　　ウ　E－天竜川

エ　G－淀川

(2) 次の文は，宮崎県のこれからの農業について述べたものである。資料1と資料2を関連付けて，文中の[　　]に当てはまる適切な内容を簡潔に記せ。

これからは，新鮮な農産物を出荷するだけでなく，それらを加工し，販売するような取組が必要である。なぜなら，[　　]からである。

資料1　農業が盛んな3道県の農業産出額などの比較(2018年)

	①農業産出額（億円）	②食料品製造出荷額（億円）	割合（②÷①）
北海道	12 593〔全国1位〕	22 310〔全国1位〕	177%
鹿児島県	4 863〔全国2位〕	7 055〔全国14位〕	145%
宮崎県	3 429〔全国5位〕	3 674〔全国26位〕	107%

(「データでみる県勢2021」より作成)

資料2　1人当たりの食料支出額の推移(単位：%)(＊2015年を100とする指数)

	2015年	2020年	2025年	2030年	2035年	2040年
生鮮食品	100	99	95	93	91	89
加工食品	100	105	110	117	124	132
外食	100	104	106	108	110	113

(「我が国の食料消費の将来推計(2019年度版)」農林水産政策研究所より作成)

(☆☆☆◎◎◎)

【3】次の(1)～(14)に答えよ。

(1)　次の文中の(　①　)，(　②　)に当てはまる語句をそれぞれ記せ。

> 日本では，弥生時代，男性は横幅の布を体にまとい，女性は貫頭衣を着ていたことが，中国の三国時代の歴史書『三国志』の(　①　)に記述されている。古墳時代になると，大陸文化の影響を受けて筒袖の上着に男性は袴，女性は裳という姿になったことが(　②　)からわかる。

(2)　古代西洋で起こった自然災害の一つに，1世紀に起こったイタリアのヴェスビオス火山の噴火がある。1世紀の世界の出来事について述べた文として最も適当なものを，次のア～オから一つ選び，記号で記せ。

ア　朝鮮では，北部に高句麗，南部に百済・新羅が分裂していた。

イ　アテネでは，18歳以上の男性市民による民主政治が行われていた。

ウ　中国では，漢王朝が復興し，その皇帝は奴国の王に金印を授けた。

エ　ローマ帝国では，キリスト教が広まり，国教とされた。

オ　地中海地方では，フェニキア，その後にギリシャが栄えた。

(3) 630年から894年まで，遣唐使が派遣される。この遣唐使は初め朝鮮半島の陸伝いの行路をとっていたが，後により危険な南の行路をとるようになった。その理由を，朝鮮半島に当時あった国名を入れて簡潔に記せ。

(4) 869年(貞観11年)に大きな地震が陸奥地方を襲った。869年に最も近い年の出来事を，次のア～オから一つ選び，記号で記せ。

ア　藤原良房が摂政となる　　イ　藤原純友の乱が起こる

ウ　日本書紀が完成する　　エ　前九年の役が起こる

オ　坂上田村麻呂が征夷大将軍となる

(5) 次の和歌が詠まれた時に存在していなかった国を，以下のア～エから一つ選び，記号で記せ。

> (寛仁二年十月)十六日乙巳，今日，女御藤原威子を以て皇后に立つるの日なり。…太閤，下官を招き呼びて云く，「和歌を読まむと欲す。必ず和すべし」…「此の世をば我が世とぞ思ふ望月のかけたることも無しと思へば」…

ア　高麗　　イ　遼(契丹)　　ウ　宋　　エ　渤海

(6) 白河上皇の院政期の頃の，ヨーロッパの動きを述べた文として正しいものを，次のア～オから一つ選び，記号で記せ。

ア　東ローマ帝国が滅びる

イ　マルコ・ポーロが「東方見聞録」を記す

ウ　イタリアにルネサンスが起こる

エ　第1回十字軍の遠征が行われる

オ　フランク王国が3つに分かれる

(7) 鎌倉時代，地方には守護と地頭がおかれていた。地頭は農民から年貢を取り立てたまま荘園領主や国司に納めなかったため，領主との間で争いが起こった。この争いを解決するため荘園領主はどのような方法をとったか，漢字4字で記せ。

(8) 次の文は，室町幕府のしくみについて述べたものである。文中の(①)には数字を，(②)には当時の国名を記せ。

中央には将軍のもとに管領がおかれ，管領のもとに侍所，政所，問注所がおかれた。一方，関東には鎌倉府がおかれ，関東(①)か国と伊豆，(②)の支配にあたった。

(9) 江戸幕府が開かれる3年前に，徳川家康は関ケ原の戦いで石田三成らを破っている。この戦いと同じ年にイギリスに関係する出来事を，次のア～オから一つ選び，記号で記せ。

ア イギリスでエリザベス1世が即位する

イ イギリスがスペインの無敵艦隊を破る

ウ イギリスが東インド会社を設立する

エ イギリスに大憲章ができる

オ イギリスの清教徒が北アメリカへ移住する

(10) 19世紀のイギリスでは，都市労働者が中心となって，普通選挙権獲得を目標として人民憲章を掲げ，請願，デモ，ストライキなどを行った。この運動名を記せ。

(11) 19世紀末から20世紀初めにかけての中国では，外国の侵略に対する運動として，民衆が北京に侵入して外国公使館を包囲し攻撃した。清政府も外国に宣戦布告をしたため，列強は共同出兵した。この結果，清政府が列強に認めたことは賠償金のほかにどのようなことか，簡潔に記せ。

(12) 1910年，日本は韓国併合条約を結び，韓国を植民地とし，朝鮮総督府をおいた。1910年から1920年の間に起こった出来事を，次のア～オから一つ選び，記号で記せ。

ア 清が滅び袁世凱が臨時大総統になった

イ 日本で第1回普通選挙が実施された

ウ スエズ運河が開通した

エ ロンドン海軍軍縮会議が行われた

オ パリ不戦条約が結ばれた

(13)　1930～40年代における日本や中国についての説明として正しいものを，次のア～エから一つ選び，記号で記せ。

ア　中国は，満州事変や「満州国」の建国が日本の武力侵略であるとして，国際連盟に訴えを起こしたが，国際連盟は「満州国」を承認した。

イ　中国では，毛沢東の率いる中国共産党と，蔣介石の率いる中国国民党(国民政府)との内戦が続いていたが，対立を一時やめ，抗日民族統一戦線を結成した。

ウ　日本は，根強く抵抗する中国への欧米の援助を断つとともに，資源を確保するため，チベットを支配しようとした。

エ　日本は，中国の主要都市である延安・重慶などを次々に占領したが，国民政府は華南の沿岸部に移って抗戦した。

(14)　第2次世界大戦後の世界の動きについて，次のア～エを年代の古い順に並び替え，記号で記せ。

ア　アメリカが北ベトナムに対し北爆を開始する

イ　中国国民党との内戦に勝利した中国共産党による中華人民共和国が成立する

ウ　イラン・イラク戦争が始まる

エ　アラブ諸国とイスラエルの間で第3次中東戦争が始まる

(☆☆☆◎◎◎)

【4】次の文を読み，(1)～(7)に答えよ。

> 日本国憲法は，立法権を国会に，行政権を内閣に，司法権を裁判所に属させる$_{a}$三権分立制を採用している。三権は，相互に抑制と均衡の関係にたっている。
>
> $_{b}$国会の権限の一つに法律の制定がある。法律案には，国会議員みずからが起案し提出する議員提出法案と，政府が提出する内閣提出法案とがあり，提出される議案の多くは内閣提出法案である。法案は$_{c}$衆議院の先議とされているもののほかは，どちらかの議長に提出する。各議院の議長は，これを該当する委員

会に付託する。実質的な討議は委員会でなされ，利害関係者や有識者などを呼んで(　①　)を開く場合もある。委員長は，委員会の経過及び結果を本会議に付する。本会議での討論は，反対・賛成の順に行う。本会議での表決は，過半数で決する。賛否同数の時は議長の決するところによる。

内閣は行政権をもち，行政一般を担当するほか，法律を実際に執行する。そして$_{d}$<u>行政を行う</u>ために，法律の範囲内で内閣が定める(　②　)が認められている。内閣は$_{e}$<u>裁判所</u>との関係で，最高裁判所長官を指名し，天皇が任命する。

司法権の独立の原則は，実際に裁判を担当する裁判官の職権の独立と，他の国家機関からの裁判所の独立という2つの意味をもつ。そして公正な$_{f}$<u>裁判</u>を守るために，裁判の公開や最高裁判所裁判官の国民審査の制度を憲法で定めている。さらに，司法制度改革の一環として，2009年から，国民が司法に参加する(　③　)制度が導入された。

(1)　文中の(　①　)～(　③　)に当てはまる語句をそれぞれ記せ。

(2)　下線部aに関して，フランスの思想家モンテスキューが三権分立について記述した著書を，次のア～エから一つ選び，記号で記せ。

ア　リバイアサン　　イ　法の精神　　ウ　統治二論

エ　社会契約論

(3)　下線部bに関して，議院内閣制をとる政治体制の議会において，どの政党も議席の単独過半数を獲得していない状態を何というか，正しいものを，次のア～エから一つ選び，記号で記せ。

ア　ハングパーラメント　　イ　マニフェスト

ウ　レファレンダム　　エ　シャドーキャビネット

(4)　下線部cに関して，日本国憲法第60条で規定されている衆議院の先議権として正しいものを，次のア～エから一つ選び，記号で記せ。

ア　条約の締結　　イ　予算　　ウ　内閣総理大臣の指名

エ　内閣不信任決議

(5)　下線部dに関して，行政分野によっては，内閣から独立した権限をもつ行政委員会によって行われるものがある。国の行政委員会として正しいものを，次のア～エから一つ選び，記号で記せ。

ア　選挙管理委員会　　イ　教育委員会　　ウ　人事委員会

エ　公正取引委員会

(6)　下線部eに関して，違憲法令審査権はすべての裁判所によって行使されるが，高度に政治的な行為に対しては違憲審査をすべきでないという考え方もある。この考え方を何というか，記せ。

(7)　下線部fに関して，検察官が起訴すべき事件を不起訴処分とした場合，その処置を不服として審査を請求する機関名を記せ。

(☆☆☆◎◎◎)

【5】次の(1)～(7)に答えよ。

(1)　職を得て働いているにもかかわらず，生活保護基準を満たせるかどうかの低い所得水準しか維持できない労働者のことを何というか，カタカナで記せ。

(2)　東京証券取引所が発表している株価指数で，1968年1月4日の株価の時価総額を100として計算しているものを何というか，アルファベットで記せ。

(3)　公民的分野の授業において，ある生徒から出された「ものの価格が下がると私たちの生活や社会にとってよくない影響を与えることがあるというのはどういうことなのですか」という質問に対して，どのように説明するか。説明する内容を簡潔に記せ。

(4)　次の資料は4都県の歳入の内訳を示している。資料中のA，Bはそれぞれ何か，記せ。

資料　地方財政歳入(普通会計・決算額)(2018年度)(単位：億円)

都県名	A	B	国庫支出金	地方債	その他
東京都	54 625	－	3 375	1 427	19 261
愛知県	12 647	965	1 787	2 919	4 700
山梨県	1 179	1 287	577	610	946
高知県	804	1 728	657	727	537

(「データで見る県勢2021」より作成)

(5)　個人住民税を納税義務者が住所とする地方自治体に納税することに代えて，その額の一部を別の自治体に寄付する制度がある。この制度名を記せ。

(6)　高齢化の進展による社会保障制度の見直しにより，2008年から，満75歳以上の高齢者等が加入する独立した医療制度が実施されている。この医療制度名を記せ。

(7)　次の文中の下線部の語句はどのようなことか，簡潔に記せ。

> 1980年代後半から，それまで政府の計画通りに経済を動かす計画経済を採用してきた，ソ連や東欧諸国が自由な市場経済に移行し，賃金の安い労働力が市場に増えた。また，工業化を進めた韓国や中国などの東アジアの国々や，ブラジル，インドなどの新興国が，次々に国際貿易に参加するようになった。その結果，<u>経済のグローバル化</u>が急速に進んだ。

(☆☆☆◎◎◎)

地　理・歴　史

【共通問題】

【１】次の(1)～(10)の問いに答えよ。

(1)　地中海沿岸に分布する土壌で，石灰岩が風化して生成した赤色の間帯土壌を何というか，記せ。

(2)　明治時代に北海道の開拓や警備などを目的につくられ，格子状の地割りがみられる集落を何というか，記せ。

(3)　アメリカ合衆国で1970年以降，先端技術産業を中心に工場の進出が著しく，企業や人口の集中が見られる北緯37度以南の温暖な地域のことを何というか，記せ。

(4)　589年に南朝の陳を滅ぼし中国を統一して，均田制・租調庸制などを施行し，科挙制を創設した人物は誰か，記せ。

(5)　12世紀頃，北フランスから西欧に広がった，高い尖塔とステンドグラスの窓が特色の建築様式を何というか，記せ。

(6)　1757年，イギリス東インド会社軍が，ベンガル太守およびフランス連合軍に勝利した戦いを何というか，記せ。

(7)　645年6月，中大兄皇子・中臣鎌足らにより蘇我本宗家の蘇我蝦夷・入鹿父子が滅ぼされた政変を何というか，記せ。

(8)　武田晴信(信玄)が1547年に制定した分国法を何というか，記せ。

(9)　1912年に『憲法講話』を刊行し，天皇機関説や政党内閣論をとなえた人物は誰か，記せ。

(10)　1968年に調印され，すでに核兵器を持っているアメリカ，ソ連，イギリス，フランス，中国以外の国の核保有を禁止した条約を何というか，記せ。

(☆☆☆◎◎◎)

【日本史】

【1】次の(1)，(2)の問いに答えよ。ただし，それぞれ指定した字数で記せ。

(1)　永仁の徳政令(1297年)について，発布に至った背景を含めて，150字以内で内容を説明せよ。

(2)　江戸時代の琉球王国の交易について，薩摩藩や中国との関係を含めて，100字以内で説明せよ。

(☆☆☆☆◎◎◎)

【2】A～Dに関して，(1)～(9)の問いに答えよ。

A　次の年表は，9～10世紀の主な出来事をまとめたものである。

年	出来事
810	嵯峨天皇が①蔵人頭を設けた。
	⬍ X
858	清和天皇が即位すると，藤原良房が外戚として実質上の摂政となった。
	⬍ Y
884	光考天皇の即位にあたり，藤原基経が実質上の関白となった。
	⬍ Z
969	安和の変がおこった。

(1) 年表中の下線部①について，嵯峨天皇の厚い信頼を得て蔵人頭になった藤原氏北家の人物は誰か，記せ。

(2) 年表中のX～Zの期間に，次のア～ウの出来事を加える場合，いずれの期間に加えるべきか，年表中のX～Zから一つずつ選び，記号で記せ。

ア 大納言伴善男が応天門に放火し，その罪を左大臣源信に負わせようとしたとして，配流された。

イ 右大臣の菅原道真が大宰権師に左遷された。

ウ 伴(大伴)健岑・橘逸勢が謀反を企てたとして隠岐・伊豆に配流された。

B 9世紀になると，政府は租税の実質的な確保を目的に，しだいに実際の地方行政の運営を国司に任せるようになった。その結果，現地に赴任した国司の最上席者に権限が集中するようになり，彼らは②受領とよばれた。

9世紀初めには，班田は全国一律には行われなくなり，課税の台帳となる戸籍・計帳も作成がとだえたため，10世紀ごろから，国衙では，③方法をかえて課税するようになった。

(3) 下線部②に関して，国司として現地には赴任せず，収入のみを受けとることを何というか，記せ。

(4) 下線部③について，どのような方法で課税するようになったか，説明せよ。

C 豊臣政権が打ち出した中心政策は，検地と④刀狩であった。秀吉は新しく獲得した領地につぎつぎと検地を施行したが，これらの一連の検地を⑤太閤検地という。

信長・秀吉の時期をその居城の地名にちなんで安土・桃山時代とも呼び，この時期の文化を安土・桃山文化(桃山文化)という。京都・大坂・堺・博多などの都市で活躍する富裕な町衆も，この時代の文化の担い手となった。⑥堺の千利休は，茶の湯の儀礼を定め，茶道を確立した。

(5) 文中の下線部④に関して，刀狩を実施した背景を90字以内で説明せよ。

(6)　文中の下線部⑤について，次の史料Ⅱは太閤検地の指示文書の一部である。史料Ⅱ中に記述されている内容として適切なものを，次のア～オから二つ選び，記号で記せ。

史料Ⅱ

太閤検地

一　仰せ出され候趣、国人幷百姓共ニ合点行候様ニ、能々申し聞すべく候。自然、相届かざる覚悟の輩之在るに於ては、城主にて候ハヽ、其もの城へ追入れ、各相談じ、一人も残し置かず、なでぎりニ申し付くべく候。百姓以下ニ至るまで、相届かざるニ付ては、一郷も二郷も悉くなでぎり仕るべく候。六十余州堅く仰せ付けられ、出羽・奥州迄そさうニハさせらる間敷候。たとへ亡所ニ成候ても苦しからず候間、其意を得べく候。山のおく、海ハろかいのつゝき候迄、念を入るべき事専一に候。…

（天正十八年）八月十二日

（浅野家文書）

ア　出された命令の主旨は全国的な動向をみながら実施する。

イ　命令の主旨を人々に納得いくように，よく申し聞かせて実行する。

ウ　出羽などの辺鄙（へんぴ）な諸国では状況をみながら出された命令の主旨を実行する。

エ　命令の主旨がなおざりにされれば，出羽などに赴き命令を下すようにする。

オ　出羽などの辺鄙な諸国でも命令の主旨について徹底をはかるようにする。

(7)　文中の下線部⑥に関して，次の写真は臨済宗の禅院妙喜庵の茶室の一部であり，この茶室は千利休の趣向によるものといわれている。写真を参考に，この時代の茶の湯の特徴を説明せよ。また，この時代に茶の湯が流行した理由を，説明せよ。

写真

D　次の年表は，幕末から明治初期の出来事をまとめたものである。

年	出来事
1853	⑦ペリーが浦賀に来航した。
1858	日米修好通商条約に調印した。
1867	大政奉還の上表を朝廷に提出した。
	↕ X
1889	大日本帝国憲法が発布された。

(8)　年表中の下線部⑦に関して，19世紀半ばに欧米諸国が日本やアジアに接近してきた背景について，この時代の欧米諸国情勢の変化を含めて，100字以内で説明せよ。

(9)　年表中のXの期間に関して，次の明治初期の改革に関する出来事を，古いものから年代順に並びかえ，記号で記せ。

ア　地租改正条例を公布した。

イ　廃藩置県を断行した。

ウ　版籍奉還を全藩主に命じた。

エ　廃刀令(帯刀禁止令)を出した。

(☆☆☆☆◎◎◎)

【3】A～Bの文章を読み，(1)～(4)の問いに答えよ。

A　1951(昭和26)年9月，サンフランシスコで講和会議が開かれ，日本と48か国との間で①サンフランシスコ平和条約が調印された。翌年4月，条約が発効して②占領は終結し，日本は独立国としての主権を回復した。

(1)　文中の下線部①に関して，次のア～エは，日本の講和・独立とその後の対外関係について述べたものである。ア～エから誤っているものを，一つ選び記号で記せ。

ア　サンフランシスコ平和条約でアメリカの施政権下におかれた南西諸島・小笠原諸島のうち，奄美諸島はサンフランシスコ平和条約発効の翌年に日本に返還された。

イ　ソ連はサンフランシスコ平和条約に調印しなかったが，後に日ソ共同宣言に調印した。

ウ　日本は，サンフランシスコ講和会議に欠席したインド・ビルマのそれぞれと，サンフランシスコ平和条約発効の翌々年までに平和条約を結んだ。

エ　サンフランシスコ平和条約で日本は国際連合の加盟が実現した。

(2)　文中の下線部②に関連して，次のA～Cは，占領期に制定された労働三法のいずれかの法律の条文の一部である。A～Cの法律名として適切なものを，以下のア～ウから選び，それぞれ記号で記せ。

A　本法ハ団結権ノ保障及団体交渉権ノ保護助成ニ依リ労働者ノ地位向上ヲ図リ経済ノ興隆ニ寄与スルコトヲ以テ目的トス…

B　この法律は…労働関係の公正な調整を図り，労働争議を予防し，又は解決して，産業の平和を維持し，もつて経済の興隆に寄与することを目的とする。

C　労働条件は，労働者が人たるに値する生活を営むための必要を充たすべきものでなければならない。…

ア　労働関係調整法　　イ　労働基準法　　ウ　労働組合法

B　日本では「神武景気」と呼ばれる大型景気を迎え，経済企画庁は③X年度の『経済白書』で「もはや戦後でない」と記した。

(3)　文中の下線部③について，資料Ⅰは，下線部③のX年から40年間の日本の経済成長率の推移を表したものである。資料Ⅰ中のY年に発生した出来事とその出来事が日本にどのような影響を与えたか，100字以内で説明せよ。その際，次の語句を必ず一度は使い，最初に使用した箇所には下線を付せ。

制限　　依存

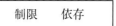

資料Ⅰ　日本の経済成長率の推移

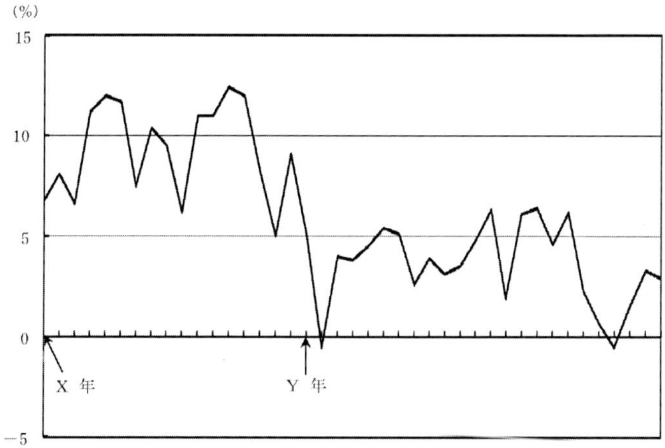

(「数字でみる日本の100年」により作成)

(4)　1964年に日本が開放経済体制実現のために行った二つの政策について，70字以内で説明せよ。

(☆☆☆☆◎◎◎)

【4】次の問いに答えよ。

高等学校学習指導要領(平成30年告示)地理歴史科の「歴史総合」の「第一次世界大戦と大衆社会」において，「教育の普及とマスメディアの発達」を扱う場合，あなたならどのような学習指導を展開するか，「第一次世界大戦と大衆社会」の全体に関わる問いを設定し，社会的事象の歴史的な見方・考え方を働かせるための工夫を取り入れた学習指導の展開例を記せ。

(☆☆☆☆◎◎◎◎)

【地理】

【1】次の(1)，(2)の問いに答えよ。ただし，それぞれ指定した字数で記せ。

(1)　養殖業と比較して，栽培漁業の方法について，85字以内で説明せよ。

(2)　日本におけるセメント工業の立地の特徴について，その工業の発達している都市名を例に挙げながら，80字以内で説明せよ。

(☆☆☆◎◎◎)

【2】次のA～Dの文章を読み，(1)～(6)の問いに答えよ。

A　海岸では，潮の干満・波・沿岸流などによって侵食・運搬・堆積作用がはたらくため，地形が変化する。起伏の大きい山地などが海面下に沈むことを(　ア　)とよぶ。高緯度地方には，氷河が形成した(　イ　)字谷に海水が浸入して，陸地に深く入り込んだ(　ウ　)と呼ばれる①入り江が発達している。

B　風は気圧が高いところから低いところに向かって吹く。例えば，亜熱帯高圧帯(中緯度高圧帯)から低緯度に向かって東寄りの(　エ　)が吹く。極付近では，冷やされた空気により下降気流が発生して極高圧帯が形成され，ここから(　オ　)が吹き出す。この(　オ　)と亜熱帯高圧帯から高緯度に向かって吹く(　カ　)が衝突する緯度60度付近では，上昇気流が発生し，亜寒帯低圧帯となる。(　エ　)や(　オ　)，(　カ　)などは恒常風と呼ばれる。また，②海流は海洋上を吹く風の影響を強く受け，北半球では時計回り，南半球では反時計回りに流れることが多い。

C　木材の用途には，③用材と薪炭材とがある。森林には，木材を供給する役割だけでなく，二酸化炭素の吸収と酸素の供給を行う役割，水資源の保全や土砂災害の防止などさまざまな機能がある。世界各地で，森林の大規模な消滅や劣化がみられるなか，こうした森林の多面的機能を持続的に発揮できるような④開発や保全のあり方を考えていく必要がある。

D　国土交通省国土地理院が発行する地図には，地形図や縮尺20万分の1の(　キ　)，縮尺50万分の1の地方図などがある。国土地理院では，GISの活用促進を目的として，これまでの2万5千分の1地形図にかわる新たな基本図としてデジタルデータをもとにした⑤電子国土基本図の整備を進めている。

(1)　文中の空欄(　ア　)～(　キ　)に適する語句を，それぞれ記せ。

(2)　文中の下線部①について，エルベ川やテムズ川河口付近に共通してみられる地形の名称と成因を，土地利用の特徴を含めて，説明せよ。

(3)　文中の下線部②に関して，海流とナミブ砂漠の関係性について，図を用いて説明するとした場合，どのように図示するか，次の条件を満たしながら記せ。また，ナミブ砂漠が形成される理由を，海流との関係性を含めて，説明せよ。

(条件)

・赤道(――)で示すこと

・大西洋の南半球のみに暖流(⟶)と寒流(- - - -▸)で示すこと

・大陸にナミブ砂漠の位置を(▨)で示すこと

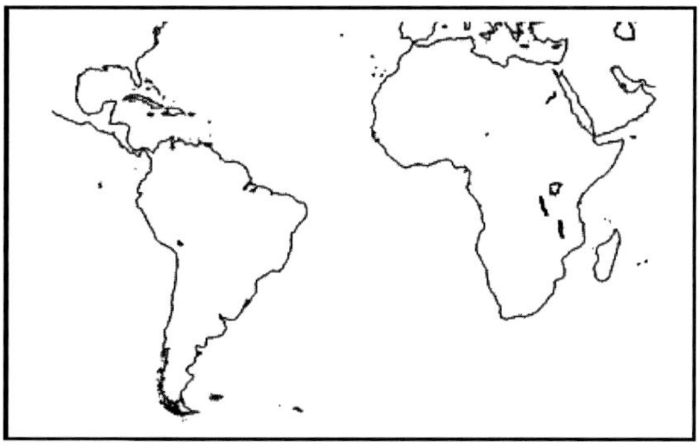

(4)　文中の下線部③について，次の表1中のア～ウは2008年と2018年の中国，ニジェール，ノルウェーの木材伐採高の内訳を表している。ウに当てはまる国名を答え，そのように考えた理由を含めて，記せ。その際，「人口」という語句を必ず一度は使い，最初

に使用した箇所に下線を付せ。

表1

	用材（千㎥）		薪炭材（千㎥）	
	2008年	2018年	2008年	2018年
ア	95,819	180,237	196,031	162,919
イ	8,071	11,067	2,253	1,800
ウ	411	701	9,432	11,651

（「世界国勢図会 2020/2021」などにより作成）

(5)　文中の下線部④に関して，熱帯林から用材として伐採する際，森林全体が伐採されることが多い。なぜ，熱帯林では森林全体が伐採されるのか，その理由を説明せよ。その際，「樹種」という語句を必ず一度は使い，最初に使用した箇所に下線を付せ。

(6)　文中の下線部⑤について，次の図はある地域の昭和22年発行の地形図(図1)と同じ位置の現在の地理院地図(図2)である。図1，図2に示された地域の地形と土地利用の変化について，説明せよ。

図1

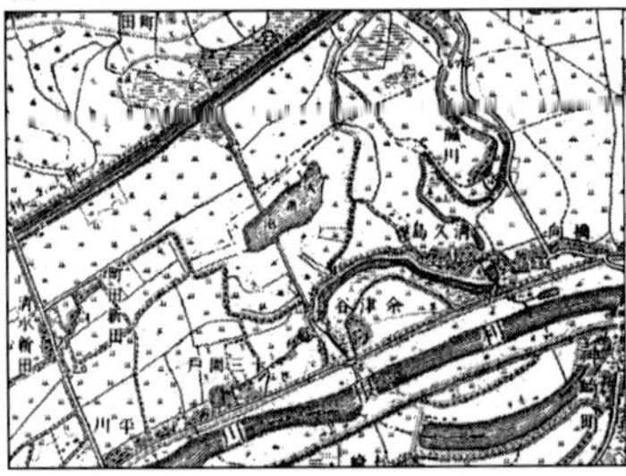

図2

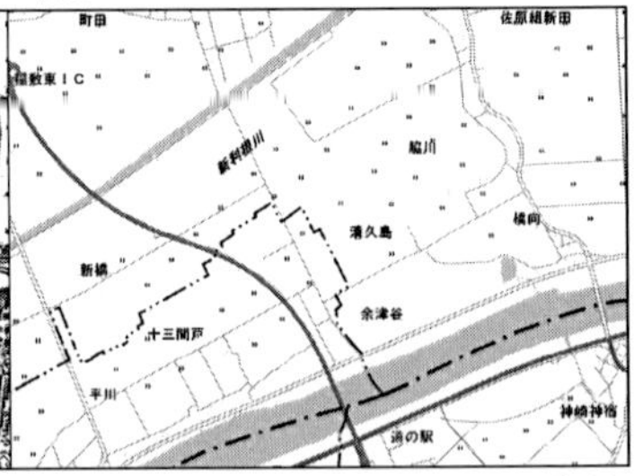

（「今昔マップ on the web」により作成）

(☆☆☆◎◎◎)

【3】次の(1)～(4)の問いに答えよ。

(1)　次の表1は，アジア，アフリカ，オーストラリア，北アメリカのいずれかの大陸の高度別面積割合と平均高度を表している。ア～ウに当てはまる大陸名を，それぞれ記せ。

表1　大陸の高度別面積割合（%）

高度（m）	アジア	ア	イ	ウ
200 未満	24.6	39.3	29.9	9.7
200～500	20.2	41.6	30.7	38.9
500～1,000	25.9	16.9	12.0	28.2
1,000～2,000	18.0	2.2	16.6	19.5
2,000～3,000	5.2	0.0	9.1	2.7
平均高度（m）	960	340	720	750

（「データブックオブ・ザ・ワールド 2021」により作成）

(2)　次の図1中のア～ウは，ガーナ，南アフリカ共和国，リビアのいずれかの発電量(2017年)の内訳を表している。ア～ウに当てはまる国名を，それぞれ記せ。

図1

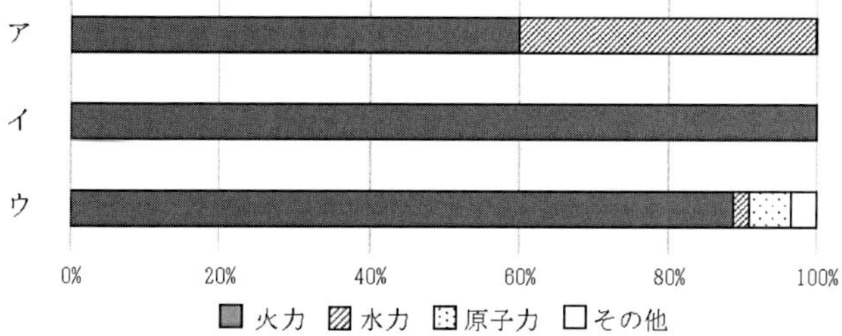

（「データブックオブ・ザ・ワールド 2021」により作成）

(3)　次の表2中のア～ウは，エジプト，ザンビア，ナイジェリアのいずれかの国であり，その国で信仰されている主な宗教と人口に占める割合，公用語を表している。ア～ウに当てはまる国名を，それぞれ記せ。

表2

	ア	イ	ウ
宗　教	イスラム教(84.4%) キリスト教(15.1%)	イスラム教(50.5%) キリスト教(48.2%)	キリスト教(82.4%) 伝統信仰　(14.3%)
公用語	アラビア語	英語	英語

（「データブックオブ・ザ・ワールド 2021」により作成）

(4)　アフリカでは，食料生産の増加が人口増加に追いつかず，食料不足が深刻である。アフリカの食料問題について，農業生産の課題とその対策を125字以内で説明せよ。その際，次の語句を必ず1度は使い，最初に使用した箇所に下線を付せ。

土地生産性	労働生産性	穀物

(☆☆☆◎◎◎)

【4】次の図1について，(1)，(2)の問いに答えよ。

図1

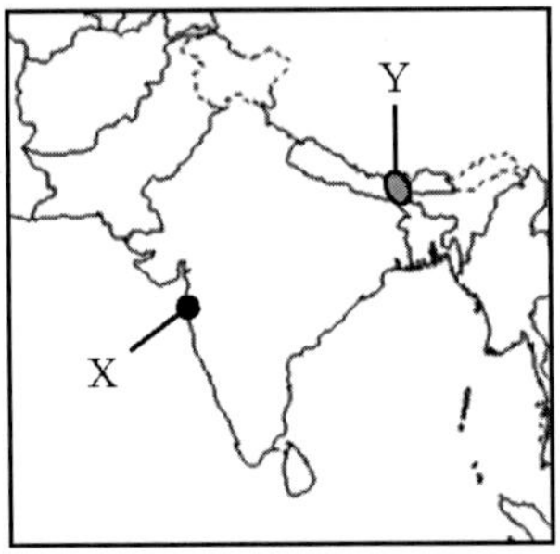

(1)　次の資料1は，図1中のXの都市の月平均気温と月別降水量を表したものである。Xの都市が6月から10月にかけて降水量が多くなる理由を，65字以内で説明せよ。

資料1

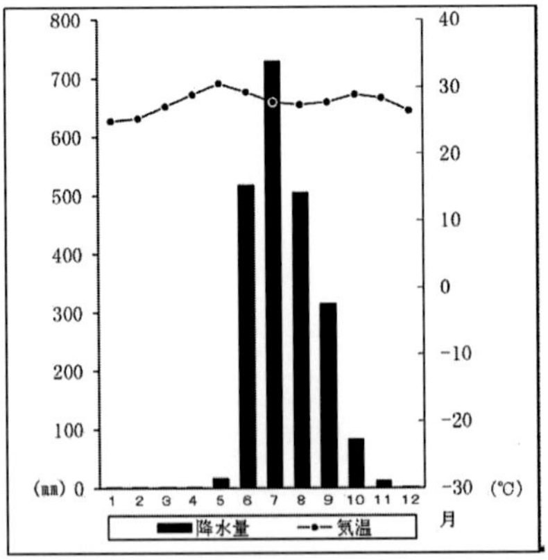

(「理科年表 2021」により作成)

(2)　図1中のYの地域は，ある農作物の栽培がさかんな地域である。農作物の名称と，Yの地域がその農作物の栽培に適している自然条件を，説明せよ。

(☆☆☆☆◎◎◎)

【5】次の問いに答えよ。

高等学校学習指導要領(平成30年7月)地理歴史科の「地理探究」の「現代世界の諸地域」において，主題を「インドの工業の変容」とした場合，あなたならどのような学習指導を展開するか，問いを設定し，社会的事象の地理的な見方・考え方を働かせるための工夫を取り入れた学習指導の展開例を記せ。その際，次の資料1～資料4の任意の資料を活用して学習指導を展開し，活用した資料も記せ。

資料1　略年表

1947年	インド連邦独立
1952年	日本とインドの国交樹立
1991年	インド政府が新経済政策を導入

資料2　インド進出日系企業数の推移

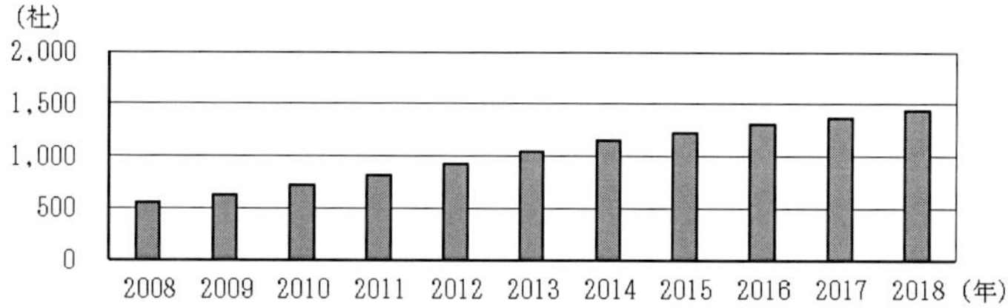

(「インド進出日系企業リスト」により作成)

資料3　インドの輸出と輸入の上位5品目の内訳（%）

2008年		2018年	
輸出	輸入	輸出	輸入
石油製品（17.9）	原油（27.4）	石油製品（14.9）	原油（22.6）
機械類（8.2）	機械類（14.0）	機械類（10.4）	機械類（18.8）
ﾀﾞｲﾔﾓﾝﾄﾞ（8.2）	金（6.3）	ﾀﾞｲﾔﾓﾝﾄﾞ（7.9）	金（6.3）
鉄鋼（6.2）	石油製品（4.2）	繊維品（5.6）	ﾀﾞｲﾔﾓﾝﾄﾞ（5.2）
衣類（6.0）	化学肥料（3.9）	自動車（5.4）	石炭（5.2）

資料４　日本とインドの自動車生産台数の推移

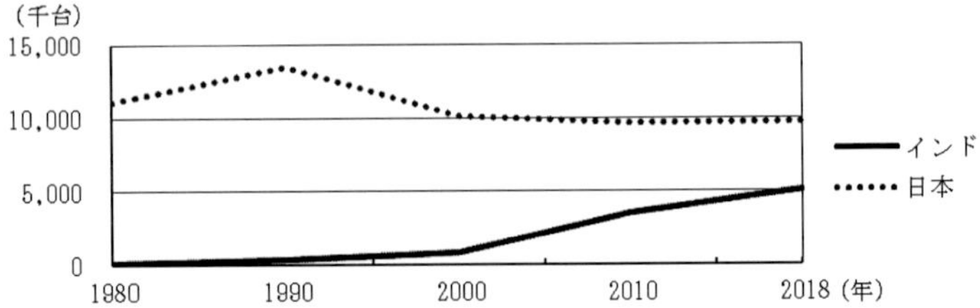

（資料３・４は，「世界国勢図会 2020/2021」などにより作成）

(☆☆☆◎◎◎)

公　民　科

【１】次の(1)～(10)の問いに答えよ。

(1)　フロイトの精神分析によって明らかにされた，欲求不満から生まれる不安や緊張から，自我を守るための心の自動的な働きのことを何というか，答えよ。

(2)　おもにアテネで活動した代表的なソフィストで，「万物の尺度は人間である」と語った人物は誰か，名前を答えよ。

(3)　儒教の経典である四書は，『論語』，『孟子』，『大学』とあと一つは何か，答えよ。

(4)　日本民俗学の創始者で，民間伝承を保持している階層である「常民」が歴史を支えてきた存在であると考え，「常民」の生活文化を研究対象とした人物は誰か，名前を答えよ。

(5)　人間社会や歴史の基礎をなすものは，人間の物質的生産活動であり，その経済的な土台のうえに，法律・政治・学問などの精神的活動の所産が成立するという，マルクスとエンゲルスが確立した社会観・歴史観を何というか，答えよ。

(6)　難民の地位に関する条約第33条で規定されている原則で，難民が再び迫害を受けかねない地域へ送り出されることを禁じている原則は何か，答えよ。

(7)　総量の決まっている仕事を，1人あたりの労働時間を減らすことで，より多くの人に仕事を分配することを何というか，答えよ。

(8)　行政運営の公正，透明性を確保することを目的に，1993年に日本で成立した法律は何か，答えよ。

(9)　預金準備率10％，最初の預金額を1,000万円とすると，信用創造が最大限に行われた場合に新たに作り出される預金通貨はいくらか，答えよ。(単位は「万円」に合わせること)

(10)　1995年に発足し，2021年2月現在の正式加盟国はブラジル，アルゼンチン，ウルグアイ，パラグアイの4か国となっている地域経済統合を何というか，答えよ。

(☆☆☆◎◎◎)

【2】次の(1)，(2)の問いに答えよ。

(1)　「法の支配」と「法治主義」について，違いが明らかになるように，それぞれ説明せよ。

(2)　不当労働行為について，説明せよ。

(☆☆☆◎◎◎)

【3】次の文章を読んで，(1)～(9)の問いに答えよ。

これからの地方自治はどうあるべきかを二つの視点から考えてみよう。

一つは，①地方分権を進める視点である。この場合，国から地方に財源や権限を委譲させることや，②自主財源として独自課税を考えることなど，地方の自立を目指した改革が望まれている。また，③地場産業の振興や，構造改革特区による規制の緩和・撤廃などによって，地域の特色を生かした町づくりをすることも求められている。さらに，④住民投票条例に基づく住民投票を実施し，⑤住民が地方自治に積極的に参画することも望まれる。

一方，国の役割を重視する視点もある。この場合，厳しい地方財政を改善したり，都市部と農村部の地域間格差を是正したりするには，⑥地方交付税などの⑦国による財政支援が不可欠であると考える。また，⑧教育や⑨福祉などに対しては，国による均一な行政サービスの提供が望まれる。

地方の課題を解決するためには，地方に対する国の適切なかかわり方などを考えなければならない。

(1)　下線部①に関連した次の文中の(　a　)~(　e　)に当てはまる語句を，それぞれ答えよ。

> 1999年に(　a　)が成立し，国の指揮・監督下で処理されてきた(　b　)が廃止された。そして，地方の事務は，国政選挙やパスポートの交付などの地方公共団体に委託している業務である(　c　)と，都市計画の決定や飲食店営業の許認可などの地方公共団体が主体的に行う業務である(　d　)に再編されるなど，国と地方との関係がそれまでの上下関係から対等・協力関係へと変わる契機となった。
>
> そのほか，地方分権と地方行政の効率化のために，2004年に市町村合併特例法が制定され，平成の大合併と呼ばれる市町村合併が推進された。また，都道府県を再編成して，全国をいくつかのブロックに分けようとする(　e　)という考え方も示されている。

(2)　下線部②に関連して，地方自治が「三割自治」と言われている理由を，「地方税」という語句を用いて説明せよ。

(3)　下線部③に関連して，日本の中小企業と大企業との間には賃金，労働条件，生産性などに大きな格差が存在する。このような状態を何と呼ぶか，答えよ。

(4)　下線部④について，住民投票条例に基づく住民投票として正しいものを，次の(ア)~(エ)から一つ選び，記号で答えよ。

(ア)　1つの地方公共団体のみに適用される特別法を制定する際に実施され，法的拘束力がある。

(イ) 議会の解散や議員・首長の解職の請求があった際に実施され，法的拘束力はない。

(ウ) 議会や首長などが住民の意見を知るために実施され，法的拘束力はない。

(エ) 条例の制定や改廃の請求をする際に実施され，法的拘束力がある。

(5) 下線部⑤について，「地方自治は民主主義の最良の学校」と著書の中で述べたイギリスの法学者は誰か，名前を答えよ。

(6) 下線部⑥について，交付の理由と対象を明確にして，説明せよ。

(7) 下線部⑦に関連して，[(歳入－新規国債発行額)－(歳出－国債費)]という計算式で表すことができる指標は何か，カタカナで答えよ。

(8) 下線部⑧について，次の日本国憲法第26条の(f)～(h)に当てはまる語句を，それぞれ答えよ。

> 第26条 ① すべて国民は，法律の定めるところにより，その(f)に応じて，等しく教育を受ける権利を有する。
> ② すべて国民は，法律の定めるところにより，その保護する子女に(g)を受けさせる義務を負ふ。義務教育は，これを(h)とする。

(9) 下線部⑨に関連して，福祉六法の母子福祉法，身体障害者福祉法，知的障害者福祉法以外の3つの法律は何か，答えよ。

(☆☆☆◎◎◎)

【4】次の文章を読んで，(1)～(8)の問いに答えよ。

日本における成年年齢は，明治9年以来，20歳とされていました。近年，①憲法改正国民投票の投票権年齢や公職選挙法の選挙権年齢などが18歳と定められるなど，18歳，19歳の方にも②国政上の重要な事項の判断に参加してもらうための政策が進められてきました。こうした流れを踏まえ，市民生活に関する基本法である③民法においても，18歳以上の人を大人として取り扱うのが適当ではないかという議論がされるようになりました。世界的にも，成年年齢を18歳とするのが主流です。このようなことから，今回，成年年齢が18歳に引き下げられることとなりました。

成年年齢を18歳に引き下げることは，18歳，19歳の方の④自己決定権を尊重するものであり，その積極的な社会参加を促すことになると期待されます。成年年齢の引下げによって，18歳，19歳の方は，親の同意を得なくても，様々な⑤契約をすることができるようになります。例えば，⑥携帯電話を購入する，一人暮らしのためのアパートを借りる，クレジットカードを作成する，ローンを組んで自動車を購入する，といったことができるようになります。なお，2022年4月1日より前に18歳，19歳の方が親の同意を得ずに締結した契約は，施行後も引き続き，取り消すことができます。

また，親権に服することがなくなる結果，自分の住む場所(居所)や，進学や就職などの進路について，自分の意思で決めることができるようになります。もっとも，これらについて，親や学校の先生の理解を得ることが大切なことに変わりはありません。

そのほか，民法の成年年齢は，民法以外の法律において各種の資格を取得したり，各種行為をするための必要な基準年齢とされていることから，例えば，10年有効パスポートの取得や，公認会計士や司法書士などの国家資格に基づく職業に就くこと，⑦家庭裁判所において性別の取扱いの変更審判を受けることなどについても，18歳でできるようになります。

もっとも，お酒を飲んだり，たばこを吸うことができる年齢等については，20歳という年齢が維持されていますので，注意が必要です。また，⑧国民年金の加入義務が生ずる年齢も，20歳以上のままとなっています。

(「民法改正　成年年齢の引下げ　～若者がいきいきと活躍する社会へ～」法務省パンフレットより作成)

(1)　下線部①について，日本国憲法第96条に定められている改正手続きを，授業を受ける生徒がわかりやすいように，図示せよ。

(2) 下線部②に関連して，日本の内閣と，アメリカ合衆国の大統領の権限について，権限がある場合は「○」，権限がない場合は「×」で示そうとした次の表の，AとBに入る組み合わせとして当てはまるものを以下の(ア)～(エ)から一つ選び，記号で答えよ。

	日本の内閣	アメリカ合衆国の大統領
議会に対して法律案を提出する権限	○	A
議会の解散権	B	×

(ア) A－○，B－○　(イ) A－○，B－×
(ウ) A－×，B－○　(エ) A－×，B－×

(3) 下線部③に関連して，民法は私法に分類されるが，私法の三大原則のうち契約自由の原則以外の2つの原則は何か，答えよ。

(4) 下線部④に関連して，自己決定権は日本国憲法では規定はされていないが，人権の一つであるといえる。日本における基本的人権の保障について述べた文として正しいものを，次の(ア)～(エ)から一つ選び，記号で答えよ。

(ア) 日本国憲法に示されている人権は，外国人には認められない。
(イ) 新しい人権の一つである「プライバシーの権利」を保障するため，自治体に先がけて国は「情報公開法」を制定した。
(ウ) 2016年6月に民法第733条が改正され，女性の再婚禁止期間は，離婚の日から「6か月間」に短縮されることになった。
(エ) 国の制定した法律が基本的人権を不当に侵害していると考えられた場合，未成年者もその法律の改正や廃止を国会に請願することができる。

(5) 下線部⑤に関連して，2000年，事業者と消費者の間での契約上のトラブル防止，予防を目的として制定され，消費者の誤認や困惑による不公正な契約の取り消しや，消費者の利益を一方的に害する契約は無効にできることを定めている法律を，次の(ア)～(エ)から一つ選び，記号で答えよ。

(ア) 消費者保護基本法　(イ) 特定商取引法
(ウ) 消費者契約法　(エ) 消費者安全法

(6)　下線部⑥に関連して，市場が少数の大企業によって支配されている状態になることを寡占と呼ぶが，寡占下での競争の特徴は何か，「価格」という語句を用いて説明せよ。

(7)　下線部⑦に関連して，裁判所における刑事裁判について，2005年に，改正刑事訴訟法により導入された公判前整理手続の内容と目的は何か，答えよ。

(8)　下線部⑧について，現在，日本の基礎年金制度の財源の調達方式は何か，答えよ。

(☆☆☆☆◎◎◎)

【5】次の文章を読んで，(1)～(7)の問いに答えよ。

国際政治においては，国家が主体であり，そのため外交では，国益の追求が依然として重視されることになると考えた場合，①経済の「グローバル化」は，多国籍企業がみずからの利益のためにグローバルな展開をすすめているにすぎないと言うこともできる。そうした中では，国家は，グローバル経済のもたらす利益を自国に取り込もうと，しのぎを削ることになる。グローバリゼーションがすすむことで，結果的に国家がその存在感を強め，②「ナショナル」なものが強調されるという側面も出てくるのである。こうした状況を前提にすると，日本が国際社会で果たすべき役割も，当然国益にてらして考えるべきだということになりそうである。

しかし，現在の私たちの前には，こうした旧来の国益重視の考え方ではもはや解決不可能な問題が横たわっている。地球環境問題，③資源・エネルギー問題，食糧問題などは，国家という枠組みをこえたまさにグローバルな問題であり，人類共通の利益＝人類益の観点に立って考えなければ解決できない問題である。

これまで日本は国際社会のなかで，さまざまな角度から④世界の平和と発展，人類の福祉の向上にかかわってきた。しかし世界は今なお，紛争，⑤貧困，飢餓，環境破壊など多くの困難に直面している。日本は，先進国の一員として，また，⑥憲法9条を持つ平和国家として，どのような⑦国際貢献ができるのであろうか。

(1) 下線部①に関連して，GATTに代わってWTOを設立する合意がなされた多角的貿易交渉を何と呼ぶか，答えよ。

(2) 下線部②に関連して，自分の属している民族や人種などの文化を最も正しく，優れたものとし，異文化への偏見，差別などを生むことが多い考え方を何というか，カタカナで答えよ。

(3) 下線部③について，1974年に，天然資源を保有国が自由に管理する権利や，多国籍企業の規制，一次産品の価格保障などの新しい秩序の樹立に関する宣言がなされた。この秩序のことを何と呼ぶか，アルファベットで答えよ。また，この宣言が採択された会議名を，答えよ。

(4) 下線部④に関連して，国連安全保障理事会における実質事項の決議成立条件について，具体的な数字を用いて説明せよ。

(5) 下線部⑤に関連して，UNCTADについて，その設立目的を「当初のスローガン」を明示して，説明せよ。

(6) 下線部⑥に関連して，PKO協力法に基づく派遣の中で，自衛隊が参加しなかったものを，次の(ア)～(エ)から一つ選び，記号で答えよ。

(ア) 1992年　国連カンボジア暫定機構への派遣

(イ) 1994年　ルワンダ難民救援活動への派遣

(ウ) 1998年　ボスニア・ヘルツェゴビナ総選挙への派遣

(エ) 2002年　国連東ティモール暫定行政機構への派遣

(7) 下線部⑦に関連して，1994年に国連開発計画が示した，環境破壊，人権侵害，難民，貧困などの人間の存在や尊厳を脅かす脅威に取り組もうとする考え方を何というか，答えよ。

(☆☆☆◎◎◎)

【6】次の(1)，(2)の問いに答えよ。

(1) 次の文は，高等学校学習指導要領(平成21年3月及び平成30年7月)「政治・経済」の目標である。下の①，②の問いに答えよ。

(平成21年3月)
【　A　】に立って，民主主義の本質に関する理解を深めさせ，現代における政治，経済，国際関係などについて客観的に理解させるとともに，それらに関する諸課題について【　B　】に考察させ，公正な判断力を養い，良識ある公民として必要な能力と態度を育てる。
(平成30年7月)
社会の在り方についての見方・考え方を働かせ，現代の諸課題を追求したり解決に向けて構想したりする活動を通して，【　A　】に立ち，グローバル化する国際社会に【　B　】に生きる平和で民主的な国家及び社会の有為な形成者に必要な公民としての資質・能力を次のとおり育成することを目指す。
(1)社会の在り方に関わる現代社会の諸課題の解決に向けて探究するための手掛かりとなる概念や理論について理解するとともに，諸資料から，社会の在り方に関する情報を適切かつ効果的に調べまとめる技能を身に付けるようにする。
(2)国家及び社会の形成者として必要な選択・判断の基準となる考え方や政治・経済に関する概念や理論などを活用して，現実社会に見られる複雑な課題を把握し，説明するとともに，身に付けた判断基準を根拠に構想する力や，構想したことの妥当性や効果，実現可能性などを指標にして議論し公正に判断して，合意形成や社会参画に向かう力を養う。
(3)より良い社会実現のために現実社会の諸課題を【　B　】に解決しようとする態度を養うとともに，多面的・多角的な考察や深い理解を通して涵養される，国民主権を担う公民として，自国を愛し，その平和と繁栄を図ることや，我が国及び国際社会において国家及び社会の形成に，より積極的な役割を果たそうとする自覚などを深める。

① 文中の【 A 】,【 B 】に入る語句は何か，それぞれ答えよ。

② 平成30年7月の目標(1)～(3)は，「政治・経済」の学習を通して育成される資質・能力のうち，それぞれ何に関わるねらいを示しているか，答えよ。

(2) 高等学校学習指導要領解説公民編(平成30年7月)「政治・経済」の内容とその取扱いでは，「権利と義務の関係」について，具体的な事例を取り上げ，公共の福祉という考え方があることを理解できるようにすると示されている。これをふまえて，具体的にどのような事例を取り上げ，公共の福祉に関して理解できるようにするか，説明せよ。

(☆☆☆☆◎◎◎)

解答・解説

中学社会

【1】(1) A エ　C ウ　(2) ① ㋐ 三角州(デルタ)　㋑ 綿花　② レグール　③ モンスーン　④ 緑の革命　⑤ ㋒ 13.5　㋓ 7月4日午前8時30分

〈解説〉(1) 資料1のア～エの国名は，人口からウが中国，イがインド，人口と1人当たりのGNIよりエがブラジル，アがロシアである。資料2のA～Dでは，さとうきびや牛乳などの農畜産物，鉄鉱石やマンガンなどの鉱産資源の生産が多いAはブラジル，さとうきびや白い革命によって生産性が向上した牛乳の生産量が高いBはインド，4項目すべて上位5位以内にあるが，さとうきび，牛乳ではインドを下回るCが中国，残るDがロシア。 (2) ① ㋐ 河口付近に形成される堆積地形で沖積平野の一つである。三角州は，河川が運搬する土砂の量が多い場合に大規模になる。　㋑　デカン高原は，インド半島の中央部で広大な卓状の台地である。西部は玄武岩が風化した肥沃な土壌で，世界的な綿花の産地である。とうもろこしや大豆の生産も増えている。
②　レグールは，デカン高原の西部に多くみられる肥沃な黒色土壌で，綿花土ともいわれる。　③　インドのモンスーンは，夏は南西から吹き，冬は北東から吹く。夏の季節風はインド洋の湿った風で，山脈や丘陵地を越える際に多量の降水をもたらす。　④　稲・小麦などの高収量品種の開発とその導入によってもたらされた開発途上国における農業技術の革新を緑の革命という。インドでは，1960年代後半から進められた。　⑤　㋒　バンガロールは東経にありロンドンより5.5時間早く，シリコンバレーは西経にありロンドンより8時間遅い。時差は両方の差の合計の13.5時間となる。　㋓　7月3日午後7時から時差の13時間30分間，時計を早く進めると，7月4日午前8時30分となる。

【2】(1)　①　A　サロマ湖　　F　浜名湖　　H　島根県　　②　カルデラ湖　　③　イ　　(2)　今後，1人当たりの食料支出額は，加工食品や外食において増加することが見込まれるが，宮崎県は北海道や鹿児島県に比べて，農業産出額に対する食料品製造出荷額の割合が低い。
〈解説〉(1)　①　Aはサロマ湖で北海道。Bは十和田湖で青森県と秋田県の県境にある。Cは猪苗代湖で福島県。Dは霞が浦で茨城県。Eは諏訪湖で長野県。Fは浜名湖で静岡県。Gは琵琶湖で滋賀県。Hは宍道湖で島根県。　②　十和田湖は現在の湖の中心部である成層火山の噴火による陥没で現在のような輪郭がまずつくられ，次の活動期に中央火口丘の中心が陥没して中湖ができた。　③　ア　阿賀野川は猪苗代湖から流出している。　イ　信濃川に流入・流出する湖はない。　ウ　天竜川は諏訪湖から流出している。　エ　淀川は琵琶湖から流出している。　(2)　資料2から2020年までの傾向が将来一層大きくなると考えられ，これからの日本の農業は生鮮食品より加工食品や外食の需要に対応しなければならない。しかし，資料1より2018年の農業産出額に

占める食料品製造出荷額の割合が，宮崎県は北海道や鹿児島県に比べて非常に低いため，加工食品や外食用の食料品製造を増やす必要がある。

【3】(1) ①「魏志」倭人伝　② 埴輪　(2) ウ　(3) 対立していた新羅が朝鮮半島を支配するようになったから。　(4) ア
(5) エ　(6) エ　(7) 下地中分　(8) ① 8　② 甲斐
(9) ウ　(10) チャーチスト運動　(11) 列強軍隊の北京駐屯権(駐留権)　(12) ア　(13) イ　(14) イ→ア→エ→ウ

〈解説〉(1) ① 中国の歴史書『三国志』の中で，「男子は皆露紒し，木緜を以て頭に招け，其の衣は横幅…，婦人は被髪屈紒し，衣を作ること単被の如く，其の中央を穿ち，頭を貫きてこれを衣る」などと記述され，3世紀の邪馬台国の様子について記された部分は「魏志」倭人伝と通称される。 ② 古墳時代，大王・豪族の墓である古墳の周囲には円筒埴輪や，人・馬・家などをかたどった形象埴輪が置かれた。人物埴輪によって，当時の人々の服装は筒袖の上着に男性は袴，女性は裳だったことがわかる。 (2) 1世紀前半の25年，漢の一族の劉秀が漢を復興して(後漢)，光武帝となった。57年，倭の奴国の王が後漢に使者を派遣し，光武帝から印綬(金印)を授かった。この印綬は1784年に志賀島(福岡市)で農民によって発見された。アは朝鮮の三国時代で4世紀半ばから7世紀後半，イは紀元前5世紀半ばころから，エは392年，オは紀元前10世紀ごろからの出来事である。 (3) 日本は630年から834年まで十数回にわたって遣唐使を送った(894年は停止)。当初は朝鮮半島西側と遼東半島の沿岸部を経由する，技術的に安全な北路を用いた。しかし，8世紀になると属国視する日本に反発する朝鮮半島の新羅との関係が悪化し対立するようになったため，五島列島から東シナ海を横断する，遭難の危険性の高い南島路・南路を用いるようになった。 (4) 858年，清和天皇が9歳で即位すると，外祖父の藤原良房が臣下として初めて摂政となった。イの藤原純友の乱は939～941年，ウの日本書紀が完成したのは720年，エの前九年の役は1051～62

年，オの坂上田村麻呂が征夷大将軍となったのは797年の出来事である。 (5) 史料は藤原実資の日記『小右記』で，藤原道長の栄華を記した有名な一節である。寛仁二年は1018年で，娘の藤原威子が彰子・妍子に続いて3人目の天皇の后に立った絶頂期の高揚した気分を詠んだ。渤海は926年に遼(契丹)に滅ぼされたので，この時存在していない。アの高麗は918～1392年，イの遼(契丹)は916～1125年，ウの宋は960～1276年。 (6) 1072年に即位した白河天皇は1086年に堀河天皇に譲位し，上皇として院政を開始した。その10年後の1096年から1270年まで，ヨーロッパでは7回にわたって十字軍の遠征が行われた。アの東ローマ帝国(ビザンツ帝国)が滅びたのは1453年，イのマルコ・ポーロが『東方見聞録』を記したのは1298年ごろ，ウのイタリアにルネサンスがおこったのは14世紀，オのフランク王国が3つに分かれたのは9世紀のこと。 (7) 1221年の承久の乱後，地頭が支配権拡大の動きを見せ，多くの荘園領主たちはやむを得ず地頭に荘園の管理を一切任せ，一定の年貢納入だけを請け負わせた。この契約を地頭請所(地頭請)というが，契約を破る地頭も多かったため，土地を領家分(荘園領主の分)と地頭分に分け，相互の支配権を認めあう下地中分の取り決めを行うこともあった。 (8) ① 現在の関東地方(島嶼部を除く)は，明治初期までは上野・下野・常陸・武蔵・相模・下総・上総・安房の8か国だった。江戸時代には関八州と呼ばれるようになり，江戸幕府は1805年に勘定奉行配下の関東取締出役(八州廻り，八州取締役)を設置した。 ② 室町時代の鎌倉府(長官は鎌倉公方)の管轄地域は関東の8か国のほか，伊豆・甲斐の計10か国。なお，関東の定義は時代により変わっていて，室町時代には鎌倉府が管轄する伊豆・甲斐を含めた10か国が一般的に関東と認識されていた。 (9) 1600年，徳川家康は関ケ原の戦いで豊臣方の石田三成らを破って天下人としての地位を固めた。同じ年，イギリスではエリザベス1世の特許状により貿易会社の東インド会社が設立された。アのエリザベス1世の即位は1558年，イのイギリスがスペインの無敵艦隊を破ったのは1588年，エのイギリスに大憲章(マグナ＝カルタ)ができたのは1215年，オのイギリスの清教徒が北アメリカに移住したのは1620年の出来事である。 (10) イギリスで1837年から労働者階級を中心に行われた，男子普通選挙権を求める運動をチャーチスト運動という。1838年に6か条からなる政治綱領の人民憲章(People's Charter)が公表された。チャーチスト(Chartist)とは「人民憲章を掲げる人」という意味である。3度にわたる請願運動が議会に拒否された結果，1850年代に終息した。 (11) 1900年，華北の山東省を本拠とする，仏教系の白蓮教にもとづく民族主義的な宗教団体の義和団が中心となって排外運動の義和団事件を起こした。中国(清)の保守派はこれを利用して各国に宣戦布告したが，翌年，日本・ロシアなど8か国の連合軍に敗れ，北京議定書(辛丑和約)が結ばれた。これによって清は責任者の処罰や巨額の賠償金の支払いのほか，列強軍隊の北京駐屯権を認めた。 (12) 20世紀初め，三民主義を唱える孫文を中心に清を打倒して近代国家の樹立をめざす革命運動が高まり，1911年10月，武昌(武漢)で起こった軍隊の反乱をきっかけに，多くの省が独立を宣言した(辛亥革命)。翌1912年1月，南京で孫文を臨時大総統とする中華民国の建国が宣言され，2月に宣統帝溥儀が退位して清が滅び，3月には袁世凱が臨時大総統となった。なお，イは1925年，ウは1869年，エは1930年，オは1928年の出来事である。

(13) イは1937年の抗日民族統一戦線結成の説明として正しい。

ア 国際連盟は「満州国」を承認しなかった。 ウ 日本は1940年に欧米による中国支援物資の供給路(援蔣ルート)の遮断と資源確保などを目的に北部仏印に進駐し，翌年には南部仏印にも進駐した。

エ 日本は1937年12月に南京を占領したが，国民政府は漢口から重慶に移って抗戦した。 (14) アのアメリカの北爆開始(ベトナム戦争)は1965年，イの中華人民共和国成立は1949年，ウのイラン・イラク戦争が始まったのは1980年，エの第3次中東戦争が始まったのは1967年。

【4】(1) ① 公聴会 ② 政令 ③ 裁判員 (2) イ
(3) ア (4) イ (5) エ (6) 統治行為論 (7) 検察審査会

〈解説〉(1)　①　総予算や重要な歳入法案に関しては，公聴会を開催しなければならない。　②　政令は内閣が制定する法。法律には劣るが，省令や条例に優越する。　③　裁判員制度は重大な刑事事件の第一審に導入されている。原則として6名の裁判員が裁判官とともに有罪・無罪の判定や量刑を行う。　(2)　モンテスキューは『法の精神』を著し，立法・行政・司法の三権分立論を唱えた。　ア　ホッブズが社会契約説を唱えた著書。　ウ　ロックが社会契約説を唱えた著書で，書名は『市民政府二論』などとも訳されている。　エ　ルソーが社会契約説を唱えた著書。　(3)　ハングパーラメント(宙づり議会)とは，イギリスにおいて下院第一党の議席数が過半数に達していない状態のこと。　イ　政権を獲得した場合に実現を約束する具体的な政策をまとめた公約集のこと。　ウ　国民投票のこと。　エ　影の内閣のこと。イギリスで野党が内閣に対抗して組織している。　(4)　日本国憲法第60条には，衆議院の予算先議権と，衆参で予算に関する議決が異なり両議協議会を開いても意見が一致しない場合や参議院が予算を受け取っても30日以内に議決しない場合には衆議院の議決を国会の議決とすることが定められている。なお，アは第61条，ウは第67条，エは第69条に定められている。　(5)　行政委員会は，ある程度独立した立場にある合議制の行政機関。専門性や中立性を要する行政を担当するために設置される。公正取引委員会は内閣府の外局で，独占禁止法を実施している行政委員会である。なお，ア，イ，ウはいずれも地方自治体にある行政委員会。　(6)　統治行為論とは，国家による高度に政治的な行為(統治行為)に対する司法審査は国民主権や三権分立の侵害につながるため，自重すべきとする理論。日米安保条約の合憲性が争点となった砂川事件の最高裁判決などで用いられた。　(7)　検察審査会は20歳以上の一般市民からくじで選ばれた審査員が，検察官による不起訴処分の妥当性を審査する機関。起訴の妥当性は審査しない。また，起訴相当とする議決を2回行えば，検察官に代わり弁護士が起訴を行い，公判でも弁護士が検察官役を担う。

【5】(1) ワーキングプア (2) TOPIX (3) ものの価格が下がると生産活動が低下し，利潤も低下するから賃金は下がり，失業が増加する。消費は落ち込み，経済活動が不活発になる。この繰り返しによって，景気が悪化する。 (4) A 地方税 B 地方交付税
(5) ふるさと納税(制度) (6) 後期高齢者(医療制度) (7) ものの輸出入だけでなく，人も資金も情報も国境を越えて行き交って，各国経済のつながりが深まること。

〈解説〉(1) 非正規雇用者はワーキングプアとなりやすいが，実質賃金が上昇しない中，正規雇用者にもワーキングプアの問題は発生している。 (2) TOPIXはTokyo Stock Price Indexの略で，日本語では東証株価指数と呼ばれている。東京証券取引所(東証)の一部上場銘柄をもとに算出される株価指数である。また，日本の代表的な株価指数としては，東証の一部上場銘柄から選ばれた225銘柄をもとに算出される日経平均株価もある。 (3) 物価が持続的に上昇することをインフレーション(インフレ)というのに対し，下落することをデフレーション(デフレ)という。また，1990年代以降の日本経済のように，不況によるデフレがさらなる不況を招き，不況が深刻化する悪循環におちいることをデフレスパイラルという。 (4) A 大企業の本社を抱え，雇用者も多い東京都や愛知県の地方税収入は多い。 B 地方交付税とは，地方自治体間にある財政力格差を緩和するために，国が国税の一定割合を地方自治体に交付するもの。東京都は財政力が高いので，交付されていない。国庫支出金も国が支出するが，これは地方交付税とは異なり，使途が特定されている。 (5) ふるさと納税は，どの地方自治体に行っても良い。寄付を行うと，地方税や住民税が一定の限度内で控除される。また，寄付者に返礼品を送る地方自治体が多く，この返礼品の内容で寄付を行う地方自治体を決めている寄付者が少なくない。 (6) 後期高齢者医療制度(長寿医療制度)は75歳以上の高齢者を対象とした医療制度。後期高齢者医療制度における医療費の本人負担割合は原則1割だが，現役並み所得者は3割で，2022年度から一定以上の所得のある人は2割となる。 (7) 現代の世界は，貿易だけでなく

観光客や労働力の国境を越えた移動も盛んで，インターネットなどの発達により情報も瞬時に全世界に波及するようになっている。他方，新型コロナ問題にみられるように，感染症のパンデミックのリスクや文化破壊，所得格差の拡大など，グローバル化には負の側面もある。

地理・歴史

【共通問題】

【1】(1)　テラロッサ　(2)　屯田兵村　(3)　サンベルト　(4)　文帝(楊堅)　(5)　ゴシック様式　(6)　プラッシーの戦い　(7)　乙巳の変　(8)　甲州法度之次第　(9)　美濃部達吉　(10)　核拡散防止条約

〈解説〉(1)　テラロッサは，地中海沿岸，特にスペインに広く分布する石灰岩が風化した赤色土壌で間帯土壌の一種である。テラロッサが多い地域は，自然植生がまばらな草原であるため腐植の集積が少ない。　(2)　明治時代初期に北海道の開拓と北辺の警備，士族授産事業を兼ねて，屯田兵によって入植された開拓集落を屯田兵村という。この耕地ではアメリカのタウンシップの方式を取り入れ，整然たる碁盤目状の土地割が実施された。　(3)　アメリカ合衆国の南部，カリフォルニア州からノースカロライナ州までの北緯37度線以南の温暖な地域をサンベルトという。旧来の農業に加えて，1970年代以降，航空機・エレクトロニクスなどの諸産業が発達し，人口も増大した。　(4)　文帝(楊堅)は581年に隋を建国し，589年に南朝の陳を滅ぼし中国を統一した。均田制・租庸調制の施行や科挙制の創設以外にも，中央集権体制を作り上げるために三省六部と州県制を整備し，運河を建設するなどした。　(5)　ゴシック様式建築の代表例として，パリのノートルダム大聖堂，ドイツのケルン大聖堂，イギリスのウェストミンスター大聖堂などがある。　(6)　イギリスとフランス両国は同時に南インドで第3次カーナティック戦争，ヨーロッパで七年戦争，アメリカ大陸でフレンチ＝インディアン戦争を戦っており，植民地戦争を世界的な規模で展開していた。 (7) 645年6月，中大兄皇子が中臣鎌足らの協力を得て，蘇我本宗家の蘇我蝦夷・入鹿父子を滅ぼした。このクーデタはこの年の干支から乙巳の変と呼ばれる。これをきっかけに大化の改新が始まった。 (8) 1547年，甲斐の戦国大名武田晴信(信玄)は分国法の甲州法度之次第(信玄家法)を定めた。「親類・被官，私に誓約(盟約)せしむるの条，逆心同前(反逆同然)たるべし」と勝手な盟約を厳禁し，「喧嘩の事，是非に及ばず成敗を加ふべし」と，喧嘩両成敗法を定めて家臣間の私闘を禁止していることなどが特徴。 (9) 東京帝国大学教授の憲法学者美濃部達吉は『憲法講話』(1912年)・『憲法撮要』(1923年)などで天皇機関説や政党内閣論をとなえた。天皇機関説は大正時代初期から天皇主権説を唱える上杉慎吉らと対立していたが，1935年に天皇機関説問題が起こってこれを否認する国体明徴声明が出されるまでは，正統的な学説と広く認識されていた。 (10) 核拡散防止条約(NPT)により，核保有国以外の加盟国は，核開発を行っていないことを証明するため，IAEA(国際原子力機関)による査察を受ける義務がある。なお，2021年には核兵器禁止条約が発効したが，核保有国のほか，日本や豪州，NATO諸国などは参加していない。

【日本史】

【1】(1) 御家人たちの多くは，分割相続の繰り返しによって所領が細分化されたうえ，貨幣経済の発展に巻き込まれて窮乏していた。その御家人を救うために，幕府は1297年に永仁の徳政令を発布し，御家人の所領の質入れや売買を禁止して，それまでに質入れ，売却した御家人領を無償で取り戻させるなどの対策をとった。(144字) (2) 琉球王国は，1609年，薩摩の島津家久の軍に征服され，薩摩藩の支配下に入った。薩摩藩は，琉球王国に独立した王国として中国との朝貢貿易を継続させ，朝貢貿易によって得た中国の産物を薩摩に送らせた。(96字)

〈解説〉(1) 8代執権北条時宗は2度目の元寇の弘安の役から3年後の1284年に没し，子の貞時が9代執権となった。御家人たちは元寇で多くの費用をかけて戦ったが十分な恩賞を得られず，分割相続が繰り返されて所領が細分化したことや貨幣経済の発達もあいまって困窮した。そのために土地を質入れしたり売ったりしなければならなくなった御家人たちを救済する目的で，貞時は1297年に御家人が質入れ，売却した土地を無償で取り戻させる永仁の徳政令を発布した。　(2)　1429年，沖縄島の北山・中山・南山の三山を統一して琉球王国を建国した尚巴志が首里城を築いて都とした。琉球王国は首里の外港の那覇を拠点に，日本・明・朝鮮・東南アジアとの中継貿易を盛んに行って繁栄したが，江戸時代初期の1609年に薩摩藩の島津家久が派遣した軍に征服された。しかしその後も形式的には独立国で，中国(明のちに清)とも朝貢貿易を行う両属関係を保ち，薩摩藩は琉球産の黒砂糖を上納させ，朝貢貿易で得た中国の産物も送らせた。

【2】(1)　藤原冬嗣　　(2)　ア　Y　　イ　Z　　ウ　X　　(3)　遙任

(4)　有力な農民(田堵)に田地の耕作を請け負わせ，官物と臨時雑役を課すようになった。課税の対象となる田地は，名という徴税単位にわけられ，それぞれの名には，負名と呼ばれる請負人の名がつけられた。

(5)　荘園制下の農民は刀などの武器をもつものが多く，土一揆などでは，これらの武器が威力を発揮した。そこで，秀吉は一揆を防止し，農民を農業に専念させるため，農民の武器を没収した。(85字)

(6)　イ，オ　　(7)　特徴…利休の完成した侘茶は簡素・閑寂を精神とし，華やかな安土・桃山文化(桃山文化)の中に，異なった一面を生み出した。　理由…茶の湯は豊臣秀吉や諸大名の保護を受けたため。

(8)　18世紀後半，イギリスで産業革命が始まり，工業化が欧米諸国で進んだ。巨大な工業生産力と軍事力を備えるに至った欧米諸国は，国外市場や原料供給地，寄港地を求めて，日本やアジアへの進出を本格化させた。(97字)　　(9)　ウ→イ→ア→エ

〈解説〉(1)　810年，平城太上天皇が藤原薬子らと謀り，嵯峨天皇を廃して重祚しようとした平城太上天皇の変(薬子の変)が起こった。これに対し嵯峨天皇は天皇の命令を速やかに伝えるための秘書室として令外官

の蔵人所を設置し，厚く信頼していた藤原冬嗣らを長官の蔵人頭に任命した。これが藤原氏北家興隆のきっかけとなり，冬嗣死後の858年，清和天皇が9歳で即位すると，天皇の外祖父だった子の良房が臣下として初めて摂政となった。 (2) ア 清和天皇の時代の866年，大納言伴善男が左大臣源信の失脚をねらって，平安宮朝堂院二十五門のうち南面中央門で正門に相当する応天門に放火したが，陰謀が発覚して伊豆に配流された(応天門の変)。この変は藤原良房の策謀によるものと考えられている。 イ 醍醐天皇の時代の901年，前の宇多天皇の時代に重用されていた右大臣菅原道真が左大臣藤原時平の陰謀により大宰権帥として大宰府に左遷させられ，中央政界から追放される昌泰の変が起こり，道真は翌々年にそこで没した。 ウ 仁明天皇の時代の842年，橘逸勢は伴(大伴)健岑とともに皇太子恒貞親王を奉じて東国に赴き，藤原良房らの政権に反乱を起こそうとした疑いで捕らえられた。逸勢は伊豆に配流される途中，遠江で病死し，健岑は隠岐に配流された(承和の変)。 (3) 10世紀，班田収授の継続を断念した朝廷は方針を転換して国司の権限を強化し，任国の国司の最上席者は前任者から任国の施設・財産などの管理責任を受け継ぐ者という意味で受領と呼ばれた。国司の中には任国に赴任せず，目代などを派遣して得分(収入)のみを得る遙任も多かった。 (4) 律令制が崩れた平安中期以降，税制は租・調・庸の系譜を引く官物(年貢)と，交易雑物・雑徭などの系譜に連なる臨時雑役へと単純化されていった。官物は律令制下では人別賦課だったものが地税化して段別に徴収し，税率は国ごとに異なった。田堵などの有力農民は荘園・公領(国衙領)の構成単位である名の徴納請負人として負名と呼ばれた。 (5) 刀狩令は，1588年に豊臣秀吉が武士と農民の身分を明確に分ける兵農分離を進め，農民の武器を取り上げて農業に専念させて一揆を防止するために出したもの。この2年前の1586年，京都の東山に天台宗の方広寺を建立し大仏を造立中だった秀吉は，取り上げた武器は大仏を作るための釘などに使用するという口実で全国の百姓から武器を没収した。 (6) ア 「六十余州堅く仰せ付けられ」とあり，全国を意味する六十余州で実施する方針であることがわかる。

ウ　「出羽・奥州迄そさうニハさせらる間敷候」とあり，出羽・奥州(東北地方)でもきちんと実施すると記されている。　エ　史料Ⅱの後(…の後略部分)に記されている内容だが，史料Ⅱからは読み取れないので誤り。　(7)　写真は臨済宗妙喜庵の茶室待庵(京都府大山崎町，国宝)。1582年ごろに千利休が設計した草庵風茶室で，桃山文化を代表する建築の一つである。単層切妻造・柿葺きの簡素な二畳の茶室で，利休の侘茶の簡素・閑寂の精神が具現化されている。日本最古の茶室であるとともに，利休が設計したことが確かな現存唯一の茶室である。安土桃山時代，茶の湯は秀吉や諸大名の交流の場ともなって厚く保護され，名物茶器は高値で取引された。　(8)　18世紀後半にイギリスで始まった産業革命は，19世紀半ばには欧米各国にまで広がった。アメリカ合衆国では工場の機械の潤滑油や夜間操業の照明用に鯨油の需要が急増したため，太平洋で捕鯨を盛んに行っていた(なお，肉を食べることはほとんどなく，捨てていた)。そのため，アメリカは中国との貿易船や捕鯨船が薪水・食料を補給するための寄港地を必要とし，また将来的には有望な国外市場として，日本の開国(開港)を強く求めた。　(9)　アは1873年，イは1871年，ウは1869年，エは1876年。

【3】(1)　エ　　(2)　A　ウ　　B　ア　　C　イ　　(3)　1973年第4次中東戦争が勃発すると，アラブ石油輸出国機構は欧米諸国への石油輸出を制限し，原油価格を引き上げた。日本は原油輸入の大半を中東地域に依存していたため，日本経済は大きな打撃を受けた。(96字)

(4)　貿易支払いや資本移動に対する制限を禁止されているIMF8条国に移行するとともに，OECDに加盟し為替と資本の自由化を実施した。(63字)

〈解説〉(1)　1951年9月にサンフランシスコ平和条約が調印され，翌1952年4月に発効，日本は独立国としての主権を回復した。しかし，国際連合の安全保障理事会常任理事国のソ連は同条約への調印を拒否し，日本の国連加盟申請に対して拒否権を行使したため，日本が国連に加盟することはできなかった。1956年10月，日ソ共同宣言が調印されて日ソの国交が回復してソ連は日本の国連加盟を支持するようになり，日本の国連加盟が実現した。　(2)　A　労働者の「団結権ノ保障及団体交渉権ノ保護助成」をうたっているので，1945年12月制定の労働組合法。　B「労働関係の公正な調整を図り，労働争議を予防し，又は解決して，産業の平和を維持し…」と，労働関係を調整して労働争議を予防・解決するという目的がうたわれているので，1946年9月制定の労働関係調整法。　C　労働条件(労働基準)を「労働者が人たるに値する生活を営むための必要を充たすべきもの」と規定しているので，1947年4月制定の労働基準法。　(3)　X年は1956年で，高度経済成長の起点。Y年は1973年で，第4次中東戦争の勃発をきっかけに，中東・北アフリカの産油国で構成されるアラブ石油輸出国機構(OAPEC)が原油価格を大幅に引き上げ，生産量を調整したため，世界経済が大混乱に陥る第1次石油危機が起こった。これにより安価で大量に供給される原油によって支えられていた日本の高度経済成長は終わり，翌1974年の日本は資料Ⅰで示されるように戦後初のマイナス成長となった。(4)　1964年4月，日本はIMF(国際通貨基金)8条国(貿易支払いや資本移動に対する制限を禁止される国)に移行するとともに，発展途上国支援への貢献などを目的とするOECD(経済協力開発機構)に加盟して，開放経済体制を実現させた。この2つと同年10月の東海道新幹線開通・東京オリンピック開催は，日本が戦後復興を果たして先進国の仲間入りをしたことを象徴する出来事だった。

【4】「なぜ，1920年代に大衆文化が広範囲に及んだのだろうか」の問いを設定して，生徒に提示する。これを踏まえ，日本とその他の国や地域の動向を比較したり，相互に関連付けたりするなどして，多面的・多角的に考察したり表現したりすることにより，大衆社会の形成と社会運動の広がりを理解する学習指導を展開する。その際，諸資料を活用し，課題を追究したり解決したりする活動も行う。教育の普及とマスメディアの発達については，教育が普及したことでマスメディアによる情報を活用する層が増加し，新聞・雑誌，ラジオ，その他メディ

アが拡大したことを扱い，大衆の政治的，社会的な自覚が高まり，マスメディアの発達とともに政治に大きな影響を及ぼすようになったことなどに気付くようにする。

〈解説〉高等学校学習指導要領解説地理歴史編(平成30年7月)によると，歴史総合では，学習全般において課題(問い)を設定し追究する学習が求められている。この学習ではまず課題の設定が重要となる。課題の種類としては時系列，諸事象の推移，諸事象の比較，事象相互のつながり，現在とのつながりに関わる課題がある。また，歴史総合では学習全般において資料の活用を促されており，生徒の資料活用技能習得を促すための発問が必要となる。

【地理】

【1】(1) 養殖業が卵から成魚まで人間の手で育てるのに対して，栽培漁業は，人間が卵からある程度の大きさまで育てたのち，自然界に放流して，育ったものを漁獲するという方法のこと。(81字) (2) セメント工業は，原料産地が秩父や宇部など特定の場所に限られており，製品よりも原料の重量が大きいため，輸送費が最小となる原料産地に立地することが多い。(74字)

〈解説〉(1) 養殖業は，卵から出荷サイズになるまで，人の管理下で育てられる。栽培漁業とは，卵から稚魚になるまでの一番弱い期間を人間が守り育て，無事に外敵から身を守れるようになったら，その魚介類が成長するのに適した海に放流し，自然の海で成長したものを漁獲することである。 (2) セメントの原料は石灰岩で，日本では埼玉県の秩父や山口県の宇部など産出は特定の場所に限られる。石灰岩とセメントの重量比は，原料の方が製品より重く原料の産地に工業を立地した方が輸送コストを低く抑えられる。このような工業の立地は原料指向型に分類され，セメント工業，鉄鋼業，紙パルプ工業などが該当する。

【2】(1) ア 沈水 イ U ウ フィヨルド エ 貿易風 オ 極偏東風 カ 偏西風 キ 地勢図 (2) 河川の河口部が

沈水して生じたラッパ状の入り江であるエスチュアリとなっており，良港となることが多い。

(3)

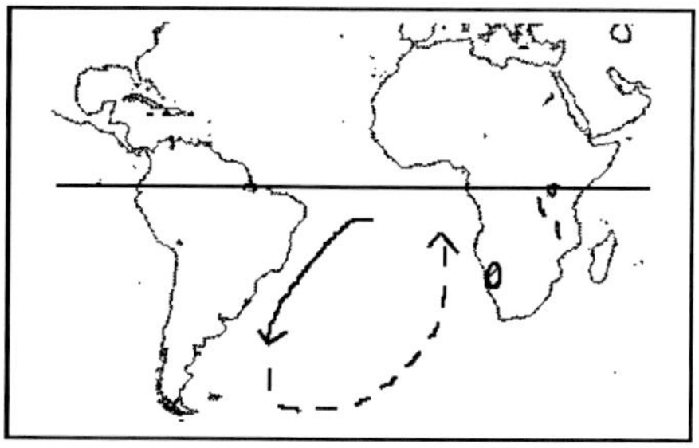

理由…寒流のベンゲラ海流が沿岸を流れており，上昇気流が発生しにくいため，降水が少なくなり，砂漠が形成される。　(4)　国名…ニジェール　理由…ニジェールでは，人口が増加し，生活に必要な燃料となる薪炭材の需要が増加しているため。　(5)　熱帯林において，有用材はラワンやチークなど一部の樹種だけであり，有用材だけを選別して切り出すのは，費用がかかるため。　(6)　図1，図2で示された地域は，自然堤防や後背湿地，三日月湖を含む氾濫原であり，主に水田に利用されている。図1には三日月湖が見られたが，図2では埋め立てられ，水田になっている。

〈解説〉(1)　Aについて，山地や丘陵が海面下に沈むことを沈水という。氷河が流動し，谷底や谷壁を侵食すると，谷の壁はほぼ垂直に削られ，氷河が融解して消失すると，断面がU字形をしたU字谷となる。U字谷に海水が浸入すると，奥深い入り江のフィヨルドが形成される。Bについて，亜熱帯高圧帯から低緯度に向かって，東寄りの貿易風が吹く。極付近では，冷やされた空気によって下降気流が発生し，気圧が高くなり極高圧帯が形成される。ここから極偏東風が吹き出す。緯度60度付近では，亜熱帯高圧帯から高緯度に吹く偏西風と極偏東風が衝突すると，上昇気流が発生して亜寒帯低圧帯となる。Dについて，国土交通省国土地理院が発行する縮尺20万分の1の地図を地勢図という。5万分の1地形図16面を合わせて1面としている。　(2)　比較的広大な平野を流れ，土砂の運搬量が少ない河川の河口部が沈水してラッパ状になった入り江をエスチュアリという。湾奥は平野であるため，都市が発達し，港湾として栄えていることが多い。　(3)　南アメリカ大陸の大西洋側沿岸部を暖流のブラジル海流が赤道より北から南へ流れ，アフリカ大陸の大西洋側沿岸部を寒流のベンゲラ海流が南から北へ赤道まで流れる。ナミブ砂漠ができる理由として，沖に寒流が流れると，海岸付近の空気は冷たく，海岸からはなれた山地帯で空気が暖かくなる。このため雨を降らせる上昇気流が発生せず，雨が降りにくくなる。しかし，海岸が近いこともあり，空気は湿っていてしばしば霧が発生する独特の砂漠ができる。　(4)　木材の需要は，新興国では経済成長とともに用材の利用が増え，発展途上国では人口増加に伴い薪炭材の利用が増えているため，3か国の経済成長からニジェールが当てはまる。燃料として利用する薪炭材のうち木炭が多く，エネルギーの大半を木質燃料としている。　(5)　熱帯林のうち，ラワンやチークなどの需要はあるが，他の樹種の需要はほとんどない。しかし，ラワンやチークなどを選別して伐採するとコストがかかるので，熱帯林から有用材を切り出すため周りの木を根こそぎ伐採し，その結果，森林全体が大規模に破壊される。　(6)　図1では全体が氾濫原で，水はけの悪い後背湿地では水田，後背湿地より微高地である自然堤防は地形図上では区別が難しいが，水はけがよく地盤が安定しているため，古くは集落や畑が作られたと予想される。三日月湖では土地利用はできない。図2では，後背湿地の変化は地形図ではっきりせず，三日月湖は埋め立てにより水田利用となっている。

【3】(1)　ア　オーストラリア　　イ　北アメリカ　　ウ　アフリカ
(2)　ア　ガーナ　　イ　リビア　　ウ　南アフリカ共和国
(3)　ア　エジプト　　イ　ナイジェリア　　ウ　ザンビア　　(4)　土壌の肥沃度は低く肥料の使用量も少ないか無肥料のため，土地生産性は低い。農作業に機械や家畜はほとんど利用されていないため，農民一人あたりの農地は狭く，労働生産性も低い。そのため，耕地面積を

拡大することで，主食となる穀物の生産量を増やした。(119字)

〈解説〉(1)　大陸全体に高地がないアはオーストラリア，大陸西部全体に2000m以上の地域が多いイは北アメリカ，200m未満の低地や2000m以上の高地が少ないウはアフリカである。　(2)　河川の流域面積が広く，水力発電が多いアはガーナ，OPEC加盟国で国全体がほとんど砂漠地域で水力・原子力発電もほとんどないイはリビア，アフリカ大陸の中で原子力発電量が一番多いウは南アフリカ共和国である。

(3)　ア　北アフリカはイスラム教信者の割合が多くアラビア語が公用語でエジプト。　イ　かつてサハラ貿易で北アフリカの影響と旧宗主国のイギリスの影響を受けたナイジェリア。　ウ　旧宗主国イギリスの影響が強く他の文化との交流がないザンビア。　(4)　アフリカは人口増加が激しく，食料不足を補う必要がある。しかし，肥料が豊富で肥沃な土地はほとんどないため土地生産性が低く，家畜や機械の使用が少なく労働生産性も低い。その結果，主食である穀物の生産量を増やすために焼畑農業や灌漑設備の整備により農地を拡大して対応した。

【4】(1)　6月から10月に南西方向から吹き込む季節風が，インド洋で大量の水分を含み，山脈やデカン高原を越える際に大量の雨を降らせるため。(62字)　(2)　茶の栽培に適した，雨が多く，水はけの良い丘陵地である。

〈解説〉(1)　Xのムンバイはサバナ気候で雨季と乾季がはっきり分かれ，さらに夏はインド洋の南西から吹く湿った季節風が吹き，山脈や丘陵地を越える際に大量の降水をもたらす。　(2)　インドのダージリン地方は傾斜地が多く，水はけの良い場所で，明け方に川から立ち上がる朝霧が良質な茶葉を育てている。この地方の気候区である温暖冬季少雨気候の地域では茶の栽培が多く，茶の気候と言われている。

【5】「インドの工業は，どのようにして成長したのだろうか」の問いを設定し，生徒に提示する。資料1を活用して，インドは独立後，外国からの輸入を制限して，鉄鉱石・石炭などの豊かな鉱産資源を用いて

自給自足の工業発展をめざしたが，外国資本を排除したため，技術革新が大幅に遅れ，国際競争力が失われたことに気付くようにする。1991年には新経済政策を導入して，経済の自由化を本格的に進めたこともあり，国内企業に加えて，資料2のように日本などの外国資本の企業が多数進出するようになったことを気付かせるようにする。また，資料3を活用して2008年と2018年の輸出品目を比較させ，5位に自動車が入っていることに気付かせる。その上で，資料4を活用して，インドに着目させ，自動車生産の伸びが著しいことに気付かせる。この学習指導を展開する上で，時代の趨勢や大きな出来事などを踏まえながら，地域的，国家的，あるいは国際的な地域の結び付き，地理的な事象の結び付きやその変容などに留意して，経済などの指標を踏まえて多面的・多角的に考察するようにする。

〈解説〉この問題では，地理探求の授業内容を考えるにあたって，「インドの工業の変容」を事例に社会的事象の地理的な見方・考え方を踏まえて答えるよう求められている。ここでいう地理的な見方・考え方には，地域や空間的相互依存作用などが挙げられる。高等学校新学習指導要領解説地理歴史編によれば，地域は中学校社会科地理的分野や地理探求での(1)現代世界の地域区分での学習成果を踏まえて，形式的な地域区分に捉われずに対象地域について地誌的に考察する必要がある。また，空間的相互依存作用については，国際社会における対象地域の結びつきや構造，変容などに着目して地域区分を考えることが重要である。具体的に授業を構想するにあたっては，このような観点を基に知識羅列的にならないような授業を構想されたい。この他，地理探求は新学習指導要領で地理総合が新設・必修化されたことにより，小学校から高校の地理探求まで一貫した学習内容で授業を構想することになった。そのため，中学校社会科地理的分野や地理総合の学習内容のつながりについても構想されたい。加えて，同解説では，インドをはじめとした各地域の学習指導の展開例が紹介されているので，そちらも併せて確認されたい。

公　民　科

【1】(1)　防衛機制　(2)　プロタゴラス　(3)　中庸　(4)　柳田国男　(5)　唯物史観(史的唯物論)　(6)　ノン・ルフールマンの原則　(7)　ワークシェアリング　(8)　行政手続法　(9)　9,000万円　(10)　メルコスール(南米南部共同市場)

〈解説〉(1)　防衛機制の例としては，欲求が満たされない現実を理屈で正当化する合理化や，より社会的に価値の高いことに目標を置き換える昇華，自分にないものを持つ憧れの人物と自己の同一視，欲求と正反対の態度をとる反動形成などがある。　(2)　ソフィストとは，古代ギリシャにおいて弁論術を教えていた職業教育家。詭弁を教えることで若者を堕落させていると批判された。プロタゴラスはソフィストの代表的人物だが,「人間は万物の尺度」とは，この世界に絶対的な真理は存在しないという意味である。　(3)『中庸』は，元々は後述の『礼記』の一篇で，孔子の孫である子思の作とされている。また,『易経』,『詩経』,『書経』,『礼記』,『春秋』を五経といい，四書と合わせて四書五経と総称されている。四書五経は儒学の中心的な経典とされている。　(4)　柳田国男は岩手県遠野地方に伝わる説話集『遠野物語』の編纂や方言周圏論を唱えた『蝸牛考』などで知られる。常民とは英語のfolkに該当する柳田国男の造語で，民俗の基層文化の伝承の担い手のこと。　(5)　マルクスとエンゲルスは，下部構造である経済が上部構造である法律，政治，学問，文化などの精神的活動を規定しているとした。そして，資本主義もこうした歴史の一過程に過ぎず，社会主義への移行は不可避とした。　(6)　難民の地位に関する条約は，一般に難民条約と呼ばれている。ノン・ルフールマン原則は，元々は慣習国際法であるが，難民条約において成文化された。　(7)　ワークシェアリングとは，不況でも失業者を増やさないよう，1人あたりの労働時間を減らすことで，雇用を分かち合う取組みのこと。1980年代における，労使合意(ワッセナー合意)に基づくオランダでのワークシェアリングの取組みが有名である。　(8)　行政手続法の制定により，許認可の申請などに対する処分や許認可の取消しなどの不利益処分，行政機関による非権力的な要請の類である行政指導などにつき，行政機関が経るべき手続きが定められた。また，近年の改正により，政令などの制定に関するパブリックコメント(意見公募手続)についても定められた。　(9)　銀行は預金の受入れと貸付を繰り返すことで，最初の預金の何倍もの預金通貨をつくり出す。これを信用創造という。「最初の預金額÷預金準備率－最初の預金額＝信用創造によって作り出され得る預金額」の関係にある。預金準備率は10％だが，この場合は0.1を代入する。　(10)　メルコスールは，南米諸国の関税同盟のこと。4か国が加盟しているほか，チリ，コロンビア，エクアドル，ガイアナ，ペルー，スリナムが準加盟国となっている。なお，かつてはベネズエラも加盟国だったが，2016年に加盟資格を停止された。

【2】(1)　法の支配は，国家権力の活動は全て法に拘束されるという考え方で，法の内容そのものも問われる。法治主義は，政治は法に従って行われなければならないという考え方で，形式が満たされれば良い。(2)　使用者が，労働者の団結権，団体交渉権，団体行動権(労働三権)を侵害したり，正当な組合活動を妨害したりする行為のこと。

〈解説〉(1)　法の支配はイギリスで発展した法思想で，コーク(クック)が絶対王政を志向する国王に，ブラクトンの言葉「国王といえども神と法の下にある」を用いて法の支配を説いた話は有名である。法治主義はドイツで発展した法思想だが，形式的法治主義は悪法もまた法なりを許容してしまう限界を伴う。　(2)　不当労働行為は，労働組合法第7条で禁止されている。その例には，労働組合を結成，加入しようとしたことを理由として不利益な扱いをすることや正当な理由なく団体交渉を拒むこと，労働組合に金銭的な援助などを行って活動に介入することなどがある。

【3】(1)　a　地方分権一括法　　b　機関委任事務　　c　法定受託事務　d　自治事務　　e　道州制　　(2)　地方財政の本来的財源であり，自

主財源である地方税が総収入の3～4割にすぎず，残りの財源を国に依存しており，地方自治がその財政状況から，国によって著しく制約されている状況であるから。　(3)　(日本経済の)二重構造
(4)　(ウ)　(5)　ブライス　(6)　地方公共団体間の租税収入の格差是正のため，財政力が貧弱な自治体に国から交付される。　(7)　プライマリーバランス　(8)　f　能力　g　普通教育　h　無償
(9)　生活保護法，児童福祉法，老人福祉法

〈解説〉(1)　a　地方分権一括法により，地方自治法をはじめ，地方自治に関する多くの法律が一挙に改正された。　b　機関委任事務は，国の包括的指揮監督のもとで行われていた。　c　法定受託事務につき，地方自治体は独自の条例を制定することが可能である。　d　法定受託事務を除く地方自治体の事務は，すべて自治事務である。　e　道州制を実現しようという主張は古くからあるが，実現していない。
(2)　地方税が自主財源なのに対して，地方交付税や国庫支出金のように，国から支払われる財源を依存財源という。2000年代には，地方財政の三位一体改革として国から地方への税源移譲，地方交付税の見直し，国庫支出金の縮減が実施された。だが，現在も地方財政は国に大きく依存した状況である。　(3)　二重構造にあって，中小企業は大企業の下請け系列に組み込まれ，景気の調整弁として不利な立場に置かれる例が多い。こうした格差の是正を基本理念として，1963年には中小企業基本法が制定された。だが，1999年の改正により，経済活性化の担い手としての中小企業の活躍を支援する旨に，基本理念が改められた。　(4)　例えば沖縄の米軍基地の移設など，重要問題につき住民の意見を知るために，条例に基づいて住民投票が実施されることがあるが，この投票結果に法的拘束力はない。　(ア)　憲法に基づいて実施される。　(イ)　地方自治法に基づいて実施され，法的拘束力はある。　(エ)　条例の制定・改廃は議会で行われ，住民投票では行われない。　(5)　ブライスは19～20世紀のイギリスの政治学者で，『近代民主政治』にて，民主主義における地方自治の意義を説いた。また，フランスのトクヴィルは，『アメリカの民主主義』にて，本来は対立

関係にある自由と民主主義が地方自治などによって両立し得ることを指摘している。　(6)　地方交付税は，国税である所得税・法人税の33.1%，酒税の50%，消費税の19.5%，地方法人税の全額が原資となる。また，財政力が高いため地方交付税が交付されない地方自治体のことを不交付団体といい，東京都などがその例に挙げられる。
(7)　(歳入－新規国債発行額)が(歳出－国債費)を上回れば，プライマリーバランス(基礎的財政収支)は赤字となる。つまり，借金の返済額以上の借金を新規に行っている状態であることを意味する。わが国のプライマリーバランスは赤字の状態が続いており，黒字化の取組みが行われてきたが，新型コロナ問題により，新規国債発行額は再び激増した。　(8)　f　入学試験が行われているように，能力による教育機会の格差は認められる。　g　現代社会で人間として生きていくにあたり，人々が共通に必要とする基礎的な教育のこと。　h　公立小中学校の授業料や教科書代は無料だが，給食や修学旅行などの費用が徴収されるように，すべての費用が無料というわけではない。　(9)　福祉六法とは，生活保護法，児童福祉法，身体障害者福祉法，知的障害者福祉法，老人福祉法，母子及び父子並びに寡婦福祉法の総称。また，児童福祉法，身体障害者福祉法，知的障害者福祉法，老人福祉法，母子及び父子並びに寡婦福祉法，社会福祉事業法，老人保健法，社会福祉・医療事業団法を福祉八法と呼ぶこともある。

【4】(1)

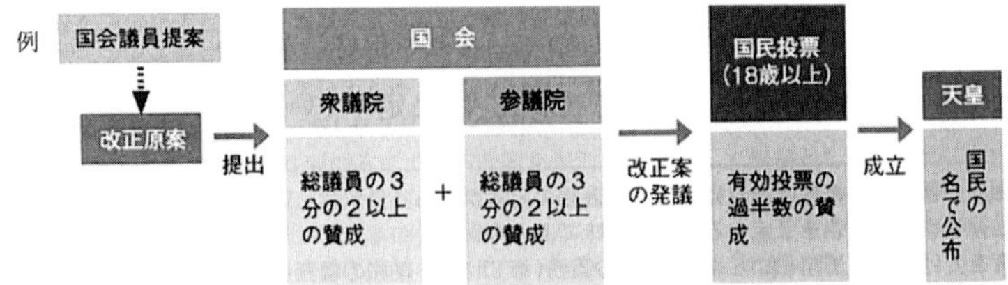

(2)　(ウ)　　(3)　所有権絶対の原則，過失責任の原則　　(4)　(エ)
(5)　(ウ)　　(6)　価格が需給関係によらず企業によって意識的に決定

されるようになるので，広告・宣伝・商品の差別化・販売方法などにより自社のシェア拡大と利益の確保を目指す，「非価格競争」が起こりやすくなる。　(7)　法曹三者が刑事裁判の前に，あらかじめ争点や論点を絞り込み，裁判の迅速化を図るため。　(8)　賦課方式

〈解説〉(1)　憲法改正原案は，衆議院であれば100人以上，参議院であれば50人以上の賛同により，提出できる。また，衆議院に先議権はなく，参議院に先に提出しても良い。憲法改正原案は憲法調査会での審議を経て本会議で議決が行われる。　(2)　A　アメリカ大統領には，法案(予算を含む)提出権がなく，教書で立法を促すことしかできない。ただし，議会が可決した法案への署名拒否権はある。　B　日本の内閣は衆議院解散を決定できる。また，衆議院の解散は内閣不信任決議が行われた場合には限られない。　(3)　所有権絶対の原則も公共の福祉による制約を受ける。また，過失責任の原則とは，故意や過失がない限り，損害賠償責任を負うことはないという原則のこと。だが，公害や欠陥製品における製造物責任においては，無過失責任制が導入されている。　(4)　憲法では，何人に対しても請願権を認めている。未成年者でも外国人でも請願は可能である。　(ア)　全面的にではないが，認められている。　(イ)　情報公開法は知る権利に関係する法律で，地方自治体のほうが先に情報公開条例を制定していた。　(ウ)　6か月間から100日間に短縮された。(5)　(ア)　1968年に制定された法律で，2004年に改正され，現在は消費者基本法となった。　(イ)　クーリングオフなどを定めた法律で，1976年に訪問販売法として制定された。(エ)　2009年の消費者庁設置とともに制定された法律である。

(6)　寡占市場では特にシェアの大きな企業がプライスリーダーとして価格を設定し，他企業がそれに追従する，管理価格が発生しやすい。また，管理価格は需給の変動に関係なく，利益が得られるように設定されるため，下がりにくい。これを価格の下方硬直性という。

(7)　裁判員は生業を持つ一般市民であり，長期間の拘束は不可能である。ゆえに，裁判を短期間で終わるものとする必要があり，公判前整理手続が導入された。裁判員裁判の開始前には，裁判官，検察官，弁

護人の法曹三者による公判前整理手続が必ず行われる。　(8)　賦課方式は，現役の勤労者が納めた保険料を高齢者の年金の財源とする方式のこと。インフレには強いが，少子高齢化に伴い保険料の上昇や年金額の減少の問題が生じる。これに対し，現役時に納めた保険料を退職後の年金の原資とする制度を，積立方式という。

【5】(1)　ウルグアイ＝ラウンド　　(2)　エスノセントリズム
(3)　秩序…NIEO　　会議名…国連資源特別総会　　(4)　実質事項は，常任理事国5カ国，非常任理事国10カ国のうち，すべての常任理事国を含む9理事国の賛成が必要であり，常任理事国のうち1国でも反対があれば，決議は成立しない。　　(5)　南北問題を検討し，貿易，援助，経済開発に関して南北交渉を行う国際連合の機関であり，当初のスローガンである「援助より貿易を」の実現を目指して設立された。
(6)　(ウ)　　(7)　人間の安全保障

〈解説〉(1)　ウルグアイ＝ラウンドは，1980年代から90年代にかけて行われた多角的貿易交渉のこと。この交渉での合意により，1995年にWTOが設立された。また，農産物の貿易自由化について話し合われたほか，知的財産権の保護やサービス貿易に関しても，協定の締結に至った。　(2)　エスノセントリズムは自文化優越主義や自民族中心主義などと訳される。他国の文化を野蛮なものと見下したり，自国の文化は他国の文化の起源になっているなどと主張したりする態度を意味する。　(3)　NIEOは新国際経済秩序の略。1974年の国連資源特別総会では，先進国主導の国際経済体制からの脱却を目指してNIEOの樹立に関する宣言が採択された。当時は，自国の天然資源は自国が自由に管理すべきとする資源ナショナリズムが高まっていた。　(4)　手続事項の決議には，常任理事国に拒否権は認められず，単に9か国以上の賛成で成立する。また，制裁決議などの実質事項の決議については，常任理事国に拒否権が認められているが，棄権は拒否権の発動とはみなされない。　(5)　UNCTADは国連貿易開発会議の略。国連総会の補助機関の一つである。1964年の第1回会議に提出されたプレビッシュ報告では，発展途上国の輸出品に対する関税率を特別に低くする特恵関税制度の採用などが提言された。　(6)　1990年代にユーゴスラビア紛争が勃発し，ボスニア・ヘルツェゴビナなどユーゴスラビアの連邦構成国は独立し，連邦は解体された。だが，わが国の自衛隊は派遣されていない。　(7)　通常，安全保障とは国家を侵略の危機から守ることを意味するが，人間の安全保障は，個々の人間を生存にとって脅威となるものから守ろうという考え方を指す。ゆえに，武力紛争の抑止だけでなく，人権や貧困，飢餓，疾病，環境などに関する取組みも，人間の安全保障には不可欠となる。

【6】(1)　①　A　広い視野　　B　主体的　　②　(1)　知識及び技能　(2)　思考力，判断力，表現力等　　(3)　学びに向かう力，人間性等
(2)　社会における権利相互の衝突とそれらに関わる裁判所の判断，契約における権利と義務との関係などを取り上げ，権利と権利の衝突を調整する原理として公共の福祉という考え方があることを理解できるようにする。公共の福祉に関しては，人権は侵すことのできない永久の権利であるものの，無制限に認められるわけではなく，他者の人権保障のために制約される場合があること，つまり，自分の人権だけではなく他者の人権も尊重する義務があることを理解できるようにする。

〈解説〉(1)　①　A 「広い視野」の意味は国際的な視野という空間的な広がりだけでなく，中学校までの社会科学習の成果を活用するという意味や，多面的・多角的に事象を捉え，考察することに関わる意味も含まれる。　B　高等学校学習指導要領の平成21年度版でも平成30年度版でも「主体的に社会の形成に参画しようとする態度」は課題とされている。　②　(1)　高等学校新学習指導要領では教育課程全体で育成を目指す資質・能力をより明確化し，「知識及び技能」，「思考力，判断力，表現力等」，「学びに向かう力，人間性等」という三つの柱として整理している。知識及び技能は理解しているか，できるかやそれらをどう使うかの習得を意味する。　(2)　社会的な見方・考え方を働

かせてこれらを育成することが求められている。　(3)　子供たちに平和で民主的な国家及び社会の形成者としての自覚を涵養することが求められている。　(2)　高等学校学習指導要領の大項目A「現代日本における政治・経済の諸課題」中項目「(1)現代日本の政治・経済」の内容である。権利相互の衝突と裁判所の判断，契約での権利と義務の関係などの具体的事例，権利の衝突を調整する原理として公共の福祉という考え方があること，公共の福祉の考え方では自分の人権だけでなく他者の人権も尊重する義務があることを簡潔に説明できると良い。

2021年度　実施問題

中学社会

【1】中華人民共和国(中国)，大韓民国(韓国)，ベトナム，フィリピンの4か国に関して，次の(1)～(6)に答えよ。

(1) 次の①～④の各文は，4か国についてそれぞれ述べている。各文に当てはまる国名をそれぞれ記せ。また，文中の(　a　)に当てはまる略称をアルファベットで，(　b　)～(　d　)に当てはまる語句をそれぞれ記せ。

① 1960年代から外国企業や外国資本を積極的に受け入れたこの国は，急速に工業化が進み，シンガポール，台湾，香港とともにアジア(　a　)とよばれている。

② タガログ語を元にした言語と英語が公用語であるこの国は，就業人口の約22%が第一次産業に従事し，宗教は約93%の人々が(　b　)教を信仰している。

③ 第二次世界大戦後もインドシナ戦争などにより大きな被害を受けたこの国は，1986年から市場原理を導入した(　c　)政策(刷新政策)を実施し，経済成長を果たした。

④ 1970年代末から対外開放政策が始まったこの国は，シェンチェンやアモイなどの(　d　)が設定され，急速な経済発展により，「世界の工場」とよばれている。

(2) 次の地図中には，南沙群島の領有をめぐる紛争地域が存在する。南沙群島の位置を地図中のA～Dから一つ選び，記号で記せ。また，この紛争地域に関係していない国を4か国の中から一つ記せ。

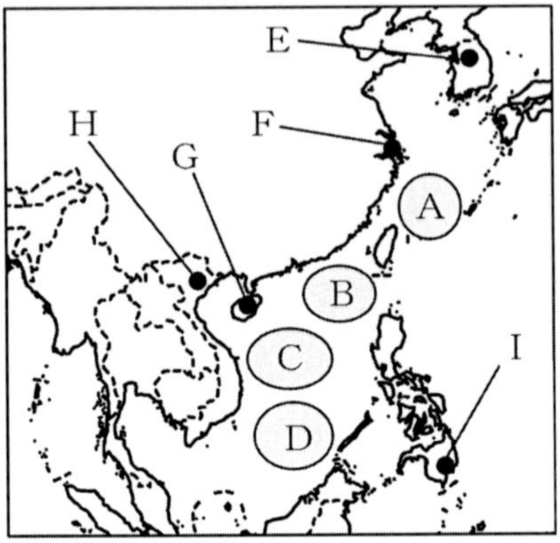

(3)　上の地図中のE～Iは，4か国の主要都市の位置を示している。次のア～オのうち，それらの都市の位置を示す記号と都市名との組み合わせが誤っているものを2つ選び，記号でそれぞれ記せ。

ア　E・ソウル　　イ　F・上海　　ウ　G・香港

エ　H・ハノイ　　オ　I・マニラ

(4)　次のア～エの表は，4か国の貿易における輸出入上位5品目とその金額(2017年)を示したものである。ア～エの表のうち，ベトナムにあたるものを一つ選び，記号で記せ。

ア

輸出		輸入	
機械類	233 323	機械類	143 364
自動車	61 383	原　油	59 603
船　舶	40 989	精密機械	20 858
石油製品	36 000	石油製品	16 377
プラスチック	27 823	鉄　鋼	15 890
総　計	573 627	総　計	478 469

イ

輸出		輸入	
機械類	41 619	機械類	36 340
精密機械	2 447	自動車	8 716
野菜・果実	2 407	石油製品	5 674
銅	1 964	鉄　鋼	4 428
船　舶	1 680	原　油	3 492
総　計	68 713	総　計	101 889

ウ

輸出		輸入	
機械類	979 752	機械類	627 780
衣　類	157 464	原　油	163 821
繊維品	109 595	精密機械	92 158
金属製品	85 832	自動車	79 100
自動車	73 699	鉄鉱石	76 500
総　計	2 263 371	総　計	1 843 793

エ

輸出		輸入	
機械類	86 560	機械類	86 613
衣類	25 037	繊維品	14 519
はきもの	15 218	プラスチック	10 968
魚介類	8 282	鉄　鋼	9 887
精密機械	7 303	石油製品	8 009
総　計	215 119	総　計	213 215

※単位：100万ドル　※総計：全品目の合計金額　　(『世界国勢図会 2019/20』より作成)

(5)　中国，韓国，ベトナム，フィリピンのすべての国家が加盟している地域的な国家連合の略称を，アルファベットで記せ。

(6)　中国では，沿海部を中心に工業が急速に発展した。このことにより，どんな問題が生じているか，経済と環境の視点から，簡潔にそれぞれ記せ。

(☆☆☆◎◎◎)

【2】北海道の自然と農牧業について，下の(1)～(4)に答えよ。

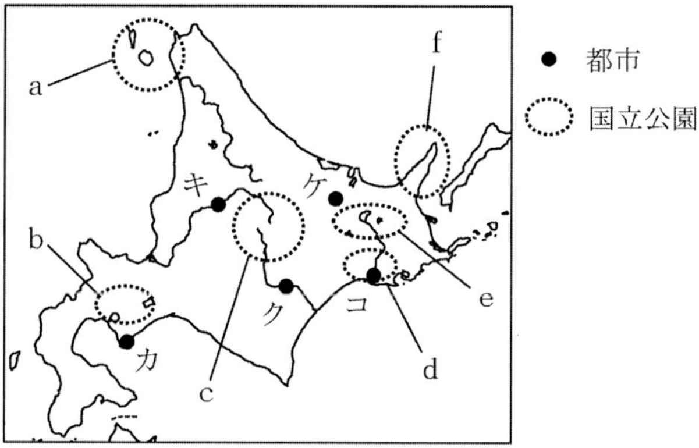

(1)　次の表は，札幌，旭川，釧路，稚内の月平均気温と月降水量を示したものである。旭川と釧路に当てはまるものを，表中のア～エからそれぞれ一つ選び，記号で記せ。また，旭川と釧路の位置を，地図中のカ～コからそれぞれ一つ選び，記号で記せ。

		1月	2月	3月	4月	5月	6月	7月	8月	9月	10月	11月	12月	全年
ア	気温	-4.7	-4.7	-1.0	4.4	8.8	12.7	16.8	19.6	16.8	11.1	3.6	-2.0	6.8
	降水量	84.3	60.7	50.3	49.0	67.6	53.0	90.6	116.0	123.5	134.1	120.9	112.8	1062.7
イ	気温	-7.5	-6.5	-1.8	5.6	11.8	16.5	20.2	21.1	15.9	9.2	1.9	-4.3	6.9
	降水量	69.6	51.3	54.0	47.6	64.8	63.6	108.7	133.5	130.9	104.3	117.2	96.6	1042.0
ウ	気温	-3.6	-3.1	0.6	7.1	12.4	16.7	20.5	22.3	18.1	11.8	4.9	-0.9	8.9
	降水量	113.6	94.0	77.8	56.8	53.1	46.8	81.0	123.8	135.2	108.7	104.1	111.7	1106.5
エ	気温	-5.4	-4.7	-0.9	3.7	8.1	11.7	15.3	18.0	16.0	10.6	4.3	-1.9	6.2
	降水量	43.2	22.6	58.2	75.8	111.9	107.7	127.7	130.8	155.6	94.6	64.0	50.8	1042.9

※気温：℃，降水量：mm

（『理科年表 2020』より作成）

(2)　北海道東部から東北地方にかけて発生する冷害の原因となる気団と風の名称を記せ。

(3)　北海道には広大な湿原と丹頂鶴を保護するため，ラムサール条約に登録されている国立公園がある。その国立公園の名称を記し，位置を地図中のa～fから一つ選び，記号で記せ。

(4)　次の①，②に答えよ。

①　十勝平野では，火山灰に覆われた広大な平野が広がり，土壌の飛散を防ぐための防風林に囲まれた広い方形の耕地で，小麦，てんさい，じゃがいも，豆類などの輪作や牧畜を行うヨーロッパ式の農業形態が見られる。このような輪作と牧畜を組み合わせた農業形態を何というか，記せ。

②　道内で最大の稲作地帯である石狩平野では，長い間，蛇行する石狩川が氾濫を繰り返した。また，気温も低いため，やせた酸性の土壌である泥炭地が広く分布していた。この泥炭地を豊かな農業地帯にするため，どのような方法で土地を改良したか。大規模な排水路の整備以外の方法で，簡潔に記せ。

(☆☆☆☆◎◎◎)

【3】次のA～Cの各文は，古代から近世までの日本と朝鮮半島の国々との関係を述べたものである。あとの(1)～(7)に答えよ。

A　7世紀の朝鮮半島では，現在の慶州を都とする(　a　)が勢力を増し，儒教や仏教などで倭国と関係の深かった(　b　)を，唐と結んで滅ぼした。倭国は(　b　)を救援・復興するため朝鮮半島に大軍を送ったが，①663年に唐と(　a　)の連合軍に敗れた。668年に，(　a　)は唐と結んで(　c　)を滅ぼし，その後朝鮮半島を統一した。

B　14世紀後半，北九州などの武士や商人，農民，漁民が，明や高麗の沿岸を襲う②倭寇が活発化した。その後，倭寇の侵入をくいとめた(　d　)が高麗をたおし，国名を朝鮮と改めた。第3代国王太宗の時代には銅製の活字が盛んに鋳造・使用され，第4代国王世宗の時代には，朝鮮語の文字である(　e　)が発明された。

C　16世紀末の豊臣秀吉による朝鮮侵略は，日本と朝鮮の間に不幸な結果を残した。17世紀のはじめ，徳川家康は朝鮮と講和を結び，将軍の代がわりごとに③使節団が日本へ派遣されることが慣例となった。(f)藩は，その実務を担当するとともに貿易を許され，朝鮮の釜山に商館をおき，朝鮮人参や木綿などを輸入した。

(1) Aの文中の(a)～(c)に当てはまる国名を，次のア～エから一つ選び，記号でそれぞれ記せ。なお，同じアルファベットには同じ国名が入るものとする。

ア 高句麗　イ 渤海　ウ 新羅　エ 百済

(2) Aの文中の下線部①の後に倭国が行った政策を，次のア～オから2つ選び，記号でそれぞれ記せ。

ア 唐との外交関係を樹立するために，犬上御田鍬を遣唐使として派遣した。

イ 初めて全国的な規模の戸籍を作成し，人々の氏や姓の基礎とした。

ウ 中大兄皇子と中臣鎌足が蘇我蝦夷・入鹿を倒し，権力を集中した。

エ 九州の太宰府の北に水城や大野城を築き，唐などの進攻に備えた。

オ 朝鮮への救援軍派遣に反対して，筑紫国造の磐井が反乱を起こした。

(3) Bの文中の(d)に当てはまる人物名を記せ。

(4) Bの文中の(e)に当てはまる語句を記せ。

(5) Bの文中の下線部②について，倭寇に悩まされた高麗は，日本に使者を送って倭寇の禁止を求めたが成功しなかった。その理由を，当時の日本の状況から簡潔に記せ。

(6) Cの文中の(f)に当てはまる藩の名を記せ。

(7) Cの文中の下線部③の使節団を何と呼ぶか，記せ。

(☆☆☆◎◎◎)

【4】次の文を読んで，下の(1)～(8)に答えよ。

19世紀後半までに①アフリカや東南アジアのほとんどの国が，列強の植民地にされた。19世紀末から，列強は他の列強と同盟を結び，植民地の再分割をめぐって戦争を行った。日露戦争では，日英同盟に対して，ロシアは(　A　)と同盟を結んでいた。②1914年にオーストリアの皇太子夫妻がセルビア人に暗殺されると，列強の対立は第一次世界大戦へと発展した。この戦争は長期化したが，その後，③アメリカの参戦やロシア革命などを経て終結に向かった。

大戦後のヨーロッパでは民主主義が進展し，ドイツではワイマール憲法によって20歳以上の男女の普通選挙権が認められた。また，各地の植民地で独立運動が活発化し，④ヨーロッパでは新興独立国が多数誕生した。中国ではヴェルサイユ条約調印反対を唱えて(　B　)運動が，朝鮮では(　C　)独立運動が起こった。インドではガンディーが非暴力・不服従運動を唱えた。戦後の戦勝国列強による国際秩序を，ヴェルサイユ体制，⑤ワシントン体制と呼ぶ。

1929年にニューヨーク株式取引所でおこった株価の大暴落をきっかけに世界恐慌となった。アメリカは恐慌対策としてニューディール政策をとり，イギリスやフランスは(　D　)経済をとった。その後，ドイツのポーランド侵攻により，イギリスとフランスがドイツに宣戦して，⑥第二次世界大戦が始まった。

(1)　文中の(　A　)～(　D　)に当てはまる語句をそれぞれ記せ。

(2)　文中の下線部①について，植民地にされずに独立を保った国の組み合わせとして正しいものを，次のア～エから一つ選び，記号で記せ。

ア　リビア，タイ　　　　　イ　エチオピア，タイ

ウ　リビア，フィリピン　　エ　エチオピア，フィリピン

(3)　文中の下線部②について，オーストリアの皇太子夫妻が暗殺され

た都市名を記せ。

(4) 文中の下線部③に関連する次の説明文の中で，誤っているものを(あ)～(う)から一つ選び，記号で記せ。また，訂正した語句を記せ。

> 米国大統領(あ)ウィルソンの提唱で国際連盟が誕生したが，米国は加盟しなかった。ロシアでは，(い)スターリンの指導でソビエト政府が誕生し，(う)ドイツと単独で講和をした。

(5) 文中の下線部④に関して，第一次世界大戦後の新興独立国ではないものを，次のア～エから一つ選び，記号で記せ。

ア ギリシャ　イ ポーランド　ウ フィンランド

エ ラトビア

(6) 文中の下線部⑤について説明した次のア～エのうち，誤っているものを一つ選び，記号で記せ。

ア 中国の主権を尊重するための条約が結ばれた。

イ 海軍の軍縮が決められた。

ウ 山東省のドイツの利権が日本に譲渡された。

エ 日英同盟が廃棄された。

(7) 文中の下線部⑥に関する次の出来事を，年代の古い順に並び替え，記号で記せ。

ア ミッドウェー海戦　イ 日ソ中立条約調印

ウ ポツダム宣言　エ イタリアの降伏

(8) 第二次世界大戦で敗れたドイツは，大戦後，連合国の占領下に置かれた。ドイツにおける，占領下の状況とその後の冷戦下の状況を簡潔に記せ。

(☆◎◎◎)

【5】次の図は，国と地方公共団体の組織を示したものである。あとの(1)～(6)に答えよ。

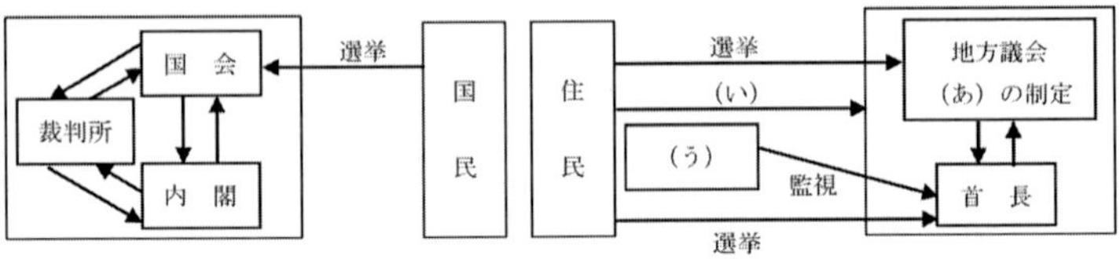

(1)　図中の(あ)について，地方議会によって制定される法を記せ。

(2)　図中の(い)について，地方公共団体の住民は，議会の解散を請求することができる。必要な署名数・請求先の組み合わせとして正しいものを，次のア～エから一つ選び，記号で記せ。

ア　有権者総数の50分の1以上・首長

イ　有権者総数の50分の1以上・監査委員

ウ　有権者総数の3分の1以上・首長

エ　有権者総数の3分の1以上・選挙管理委員会

(3)　図中の(う)について，行政に対する苦情や救済の申し立てを処理したり，行政を監視したりする人を何というか，記せ。

(4)　国会や地方議会は，国民や住民に関する法を制定することができる。それぞれについて述べた次のア～エの文のうち，正しいものを一つ選び，記号で記せ。

ア　国会では，法律案が衆議院と参議院で議決が異なった場合，両院協議会を開いても議決されなかったときには，衆議院の議決が国会の議決とされる。

イ　国会では，両議院の会議は公開とするが，出席議員の3分の2以上の多数で議決したときは，秘密会を開くことができる。

ウ　地方議会では，首長が議案を提出して地方議会が60日以内に議決しない場合は，否決されたものとされる。

エ　地方議会では，首長は予算の議決に異議があるとき再議を要求できるが，議会が出席議員の3分の1以上の多数の賛成で再議決すれば，その議決は確定する。

(5)　1994年に政党助成法が成立した背景として最も適切なものを，次のア～エから一つ選び，記号で記せ。

ア　投票率が低下したから。

イ　国会議員が世襲されるようになったから。

ウ　公約が守られていなかったから。

エ　政治家の汚職事件が発生したから。

(6)　内閣総理大臣と地方公共団体の首長の選出方法の違いについて，上の図から考えて，簡潔に記せ。

(☆☆☆◎◎◎)

【6】次の(1)～(5)に答えよ。

(1)　新しい金融の一つであるクラウドファンディングとは何か，簡潔に記せ。

(2)　現代の企業は，利潤を追求するだけでなく，法令の遵守や情報公開，消費者の安全，雇用の確保など，多様な役割と責任を果たすことが求められている。このことを何というか，その略称をアルファベットで記せ。

(3)　独占禁止法に基づいて，企業を監督する行政機関の名を記せ。

(4)　日本銀行が有価証券を金融市場で売買して，直接的に資金量の調節を図る金融政策を何というか，記せ。

(5)　世界のすべての人々の健康水準が維持できるよう，感染症の撲滅や保健制度の強化などに取り組む国際連合の専門機関の略称をアルファベットで記せ。

(☆☆☆◎◎◎)

【7】次の文は，中学校学習指導要領「社会」の「目標」である。あとの(1)～(4)に答えよ。

> ①社会的な見方・考え方を働かせ，課題を追究したり解決したりする活動を通して，広い視野に立ち，(　ア　)する国際社会に主体的に生きる平和で民主的な国家及び社会の形成者に必要な公民としての(　イ　)の基礎を次のとおり育成することを目指す。

(1)　我が国の国土と歴史，現代の政治，経済，国際関係等に関して理解するとともに，②調査や諸資料から様々な情報を効果的に調べまとめる技能を身に付けるようにする。

(2)　社会的事象の意味や意義，特色や相互の関連を多面的・多角的に考察したり，社会に見られる課題の解決に向けて選択・判断したりする力，思考・判断したことを(　ウ　)したり，それらを基に(　エ　)したりする力を養う。

(3)　社会的事象について，よりよい社会の実現を視野に課題を主体的に解決しようとする(　オ　)を養うとともに，多面的・多角的な考察や深い理解を通して涵養される我が国の国土や歴史に対する愛情，国民主権を担う公民として，自国を愛し，その平和と繁栄を図ることや，他国や他国の文化を尊重することの大切さについての(　カ　)などを深める。

(1)　文中の(　ア　)～(　カ　)に当てはまる語句をそれぞれ記せ。

(2)　文中の下線部①について，中学校学習指導要領解説「社会編」では，どのように説明しているか。「考察」「構想」の語句を用いて，簡潔に記せ。

(3)　文中の下線部②について，中学校学習指導要領解説「社会編」では，どのように指導することが大切であると説明しているか，簡潔に記せ。

(4)　各分野に配当する授業時数は何単位時間となったか，数字でそれぞれ記せ。

(☆☆☆☆◎◎◎◎)

地　理・歴　史

【共通問題】

【1】次の(1)～(10)の問いに答えよ。

(1) 人工の堤防により流路が固定されたため，土砂の堆積により，河床面が周囲の平野面より高くなった河川を何というか，記せ。

(2) 太平洋東部で数年に一度海面水温が高くなり，数か月間継続する現象で，その影響により，世界中で異常気象が起こりやすくなるとされている現象を何というか，記せ。

(3) 大量廃棄される家電製品の中にある，有用なレアメタルなどの資源を鉱山に見立てて何というか，記せ。

(4) 1813年，プロイセン・ロシア・オーストリア連合軍がナポレオン軍を破り，解放戦争の勝利を決定づけた戦いを何というか，記せ。

(5) アメリカ合衆国で1862年，公有地に5年間定住・耕作した者には，一定の土地を無償で与えることを定めた法を何というか，記せ。

(6) 1971年，国際基軸通貨であったドルと金の交換の停止を発表したアメリカ合衆国大統領は誰か，記せ。

(7) 894 年，遣唐大使に任命されたが，唐の衰退と航路の危険とを理由に派遣の停止を建議した人物は誰か，記せ。

(8) 1223年に南宋に渡って禅を学び，後に永平寺を開き曹洞宗を広めた人物は誰か，記せ。

(9) 1868年，公議世論の尊重と開国和親など新政府の国策の基本を示し，天皇が神々に誓約する形式で公布した新政府の基本方針を何というか，記せ。

(10) 1997年の気候変動枠組み条約の第3回締約国会議で採択された，温室効果ガスの排出削減目標を具体的に示した議定書を何というか，記せ。

(☆☆◎◎◎◎◎)

【日本史】

【1】次の(1)，(2)の問いに答えよ。ただし，それぞれ指定した字数で記せ。

(1)　勘合貿易について，主な輸出入品も含めて内容を説明せよ。…90字以内

(2)　第二次護憲運動について，その結果を含めて，内容を説明せよ。…115字以内

(☆☆☆◎◎◎◎)

【2】次のA～Eの文章を読んで，(1)～(9)の問いに答えよ。

A　中国では，3世紀初めに後漢が滅び，魏，呉，蜀の3国が並び立つ三国時代となった。史料Ⅰの中国の歴史書『三国志』の「魏書」東夷伝倭人条には，倭国の2世紀後半から3世紀半ばの様子が記されている。①倭国では2世紀の終わりごろに大きな争乱がおこり，なかなかおさまらなかったと記されている。

史料Ⅰ

> 倭人は帯方の東南大海の中に在り，山島に依りて国邑を為す。旧百余国，(　a　)の時朝見する者あり。今使訳通ずる所三十国。郡より倭に至るには，海岸に循ひて水行し，・・・邪馬壹国に至る。・・・
> 其の国，本亦男子を以て王と為す。住まること七，八十年。倭国乱れ，相攻伐して年を歴たり。乃ち共に一女子を立てて王と為す。名を卑弥呼と曰ふ。鬼道を事とし，能く衆を惑はす。年已に長大なるも，夫壻無し。男弟有り，佐けて国を治む。

B　1159年の平治の乱後，平清盛は(　ア　)上皇の信任を得て昇進し，1167年，武士として初めて太政大臣になった。その子重盛をはじめ一族の者も朝廷の高位高官にのぼり，権勢をほこった。史料Ⅱは，平氏の興亡を主題とした軍記物語であり，そこには平氏政権の②経

済的基盤についても記されている。

史料Ⅱ

> 六波羅殿の御一家の君達といひてしかば，花族も栄耀も面をむかへ肩をならぶる人なし。されば入道相国のこじうと，平大納言時忠卿ののたまひけるは，「此一門にあらざらむ人は皆人非人なるべし。」とぞのたまひける。かゝりしかば，いかなる人も相構へて其ゆかりにむすぼゝれむとぞしける。(中略)日本秋津嶋は纔かに六十六箇国，平家知行の国三十余箇国，既に半国にこえたり。其外庄園田畠いくらといふ数を知らず。綺羅充満して，堂上花の如し。軒騎群集して，門前市をなす。」

C　経済と文化の先進地であった上方を中心として，寛永文化を受け継ぎ，元禄文化が生まれた。美術・工芸では③尾形光琳らが作品を生み出した。儒学では大義名分論を重視する朱子学が重んじられ，また，山崎闇斎は，神道を儒教流に解釈した(　イ　)を説いた。

D　10代将軍徳川家治の時代には，側用人から昇進した老中の田沼意次が幕府の実権をにぎった。田沼意次は年貢率を引き上げて財政を再建することには限界があると考え，盛んになっていた商品生産と④その流通による経済活動の収益に財源を求めた。田沼意次の政策は，商人の力を利用しながら，幕府の財政を思い切って改善しようとするものであり，民間の⑤学問・文化などの多様な発展にも影響を与えた。

E　⑥明治14年の政変の際に，政府内で日本はドイツ欽定憲法にならうことが合意され，伊藤博文はヨーロッパ各国で憲法調査をおこない，ドイツのグナイストなどの学者から憲法理論を学んだ。帰国した伊藤を中心として本格的な憲法案の起草が開始され，1889年2月11日，⑦大日本帝国憲法が発布された。

(1)　文中の(　ア　)，(　イ　)に適する語句を，それぞれ記せ。

(2)　史料Ⅰ中の(　a　)に適する語句を，記せ。

(3)　文中の下線部①について，3世紀の倭では，どのようにして争乱をおさめて，国を治めたか，史料Ⅰから読み取り，答えよ。

(4)　文中の下線部②について，平氏の繁栄を支えた経済的基盤は何か，史料Ⅱから読み取り，答えよ。

(5)　文中の下線部③について，尾形光琳の作品として，正しいものを2つ選び，記号で記せ。

ア．紅白梅図屏風

イ．見返り美人図

ウ．色絵月梅図茶壺

エ．八橋蒔絵螺鈿硯箱

(6)　文中の下線部④について，田沼意次の政策はどのようなものであったか，説明せよ。その際，次の語句を必ず一度は使い，それぞれ最初に使用した箇所には下線を付せ。

仲間　　運上

(7)　文中の下線部⑤について，次の川柳は田沼意次が政治の実権をにぎっていた頃の世相を風刺したものである。この川柳が作成された背景を説明せよ。

「役人の子はにぎにぎをよく覚え」

(8)　文中の下線部⑥の時期の前後に起きた自由民権運動に関わる出来

事を，古いものから年代順に並びかえ，記号で記せ。

a.　自由党の結成

b.　民撰議院設立の建白書の提出

c.　愛国社の結成

d.　秩父事件

(9)　文中の下線部⑦について，次の史料Ⅲは大日本帝国憲法の一部である。次のア，イの問いに答えよ。

史料Ⅲ

第4条	天皇ハ国ノ元首ニシテ(　a　)権ヲ総攬シ此ノ憲法ノ条規ニ依リ之ヲ行フ
第5条	天皇ハ帝国議会ノ協賛ヲ以テ立法権ヲ行フ
第11条	天皇ハ陸海軍ヲ(　b　)ス
第29条	日本臣民ハ［　X　］ニ於テ言論著作印行集会及結社ノ自由ヲ有ス
第33条	帝国議会ハ(　c　)ノ両院ヲ以テ成立ス

ア　史料Ⅲ中の(　a　)～(　c　)に当てはまる語句を，それぞれ記せ。

イ　史料Ⅲ中の［　X　］に当てはまる内容を，答えよ。

(☆☆☆◎◎◎)

【3】次のA，Bの文章を読んで，(1)～(5)の問いに答えよ。

A　1937年7月に盧溝橋付近で日中両軍が衝突し，宣戦の布告が行われないまま戦火が拡大して，事実上の戦争状態となった。中国では，国民党と共産党の提携により第2次国共合作が成立し，(　ア　)が結成され，抵抗を続けた。①第1次近衛内閣は，1937年10月から国民の戦争協力をうながすため，国民精神総動員運動を展開し，1939年には国民徴用令によって，一般国民が軍需産業に動員されるようになった。

B　1945年に日本がポツダム宣言を受諾すると，マッカーサーを最高司令官とするアメリカ軍主体の連合国軍が日本に進駐してきた。占領政策の基本方針は，軍国主義の排除と民主化に置かれ，GHQは女性の解放，教育の民主化，経済の民主化などのいわゆる②五大改革を指令した。また，衆議院議員選挙法が改正され，③1946年4月，戦後初の総選挙がおこなわれた。

(1)　文中の(　ア　)に適する語句を，記せ。

(2)　文中の下線部①について，これらが展開された背景について，135字以内で説明せよ。その際，次の語句を必ず一度は使い，それぞれ最初に使用した箇所には下線を付せ。

軍事費	増税	赤字公債	国家総動員法

(3)　文中の下線部②について，経済の民主化の一環として，1947年に制定された巨大独占企業を分割するための法律を何というか，記せ。

(4)　文中の下線部③について，次のア，イの文を読み，それぞれの正誤を○×で記せ。

ア．女性参政権がはじめて認められ，39名の女性議員が誕生した。

イ．日本進歩党が第一党になり，幣原喜重郎が日本自由党の協力を得て幣原内閣を組織した。

(5)　次の表1は，日本の1930年，1940年，1950年，1960年，2010年の国勢調査人口におけるそれぞれ5年前との比較による，5年間の人口増減率を表したものである。表1中のア，イ，ウに当てはまる数値をa～cから選び，それぞれ記号で記せ。

表１　（「日本国勢図会 2019/2020」により作成）

	1930年	1940年	1950年	1960年	2010年
５年間の人口増減率(%)	7.9	ア	イ	4.6	ウ

a.　0.2　　b.　3.9　　c.　15.3

(☆☆☆◎◎◎)

【４】次の(1)，(2)の問いに答えよ。

(1)　高等学校学習指導要領(平成21年3月)「第2章　第2節　地理歴史　第1款　目標」について，次の文中の[　a　]，[　b　]に当てはまる語句をそれぞれ記せ。

> 我が国及び世界の形成の[　a　]と生活・文化の[　b　]についての理解と認識を深め，国際社会に主体的に生き平和で民主的な国家・社会を形成する日本国民として必要な自覚と資質を養う。

(2)　高等学校学習指導要領(平成21年3月)「第2章　第2節　地理歴史　第2款　各科目　第3　日本史A　2　内容　(3)　現代の日本と世界　ウ　現代からの探究」の内容の取扱いについて，その解説編(平成26年1月一部改訂)では，「現代の社会やその諸課題が歴史的に形成されたものであるという観点」から，「身の回りの社会的事象と関連させた適切な主題」を設定して探究し表現させていくことが示されている。次の2つの項目について，上記の観点に基づいて生徒が探究活動に取り組む場合，どのように探究させるか記せ。ただし，それぞれの項目について，設定する主題と探究させる内容を具体的に書くこと。

(項目)　①「食糧事情」の変化　　②「交通」の変化

(☆☆☆☆☆◎◎◎◎)

【世界史】

【1】次の(1)，(2)の問いに，それぞれ指定した字数で答えよ。

(1)　アケメネス朝[前550～前330]の成立から滅亡にかけて，説明せよ。…150字以内

(2)　ロカルノ条約[1925]について，意義を含めて，説明せよ。…100字以内

(☆☆☆◎◎◎)

【2】次のA～Dの文章を読んで，(1)～(7)の問いに答えよ。

A　755年，3節度使を兼任したイラン系ソグド人の(　ア　)らがおこした安史の乱後，唐では農民の一人ひとりに公平な税負担を求める租

庸調制が行き詰まり，780年，①新たな税法が施行された。しかし，銭納を原則とするこの税法によって農民は貨幣経済に組みこまれ，これまで国家の保護のもとにあった小農民の没落がすすみ，農民の反乱が相次いだ。②9世紀後半には，山東の塩の密売人らが率いる反乱がおこり，華中から華南にまで及ぶ農民の大反乱へと発展した。これにより，唐の権威は失われ，907年，節度使の(　イ　)が汴州を都として後梁を建て，唐帝国は滅亡した。

B　1066年，ノルマンディー公がイングランドを征服し，ウィリアム1世としてノルマン朝を建てた。ノルマン朝を継承し，(　ウ　)朝を創始したアンジュー伯ヘンリ2世も，大陸ではフランス王の封臣として広大な所領を有した。しかし，(　エ　)王のときに，フランスと戦って敗れ，大陸所領の大半を失った。(　エ　)王は戦費を諸侯や聖職者などに負担させようとしたため，彼らは特権の再確認を求めて結束し，1215年に(　オ　)を認めさせた。③諸侯たちは続く国王ヘンリ3世とも対立した。

C　1929年10月，ニューヨーク株式取引所での株価の大暴落から，アメリカ合衆国で大恐慌が始まり，その影響はたちまち各国に波及した。④合衆国大統領はフーヴァー＝モラトリアムを宣言したが，効果はなかった。アメリカ合衆国では，1932年の大統領選挙で民主党の(　カ　)が当選し，⑤ニューディールと呼ばれる経済復興政策を実施した。

D　ヨーロッパとは，ユーラシア大陸のウラル山脈より西の地域をさし，温暖だが年間降雨量の少ない(　キ　)気候の南ヨーロッパ，湿潤・温暖な西岸海洋性気候の西ヨーロッパなどにわけられる。西ヨーロッパは温暖な気候に恵まれ森林におおわれていたが，⑥12世紀頃から農耕が本格化し，森林が減少していった。

(1)　文中の(　ア　)～(　キ　)に適する語句を，それぞれ記せ。

(2)　文中の下線部①について，この税法を何というか，記せ。

(3)　文中の下線部②について，この反乱を何というか，記せ。

(4)　文中の下線部③に関連して，反国王派を率いて国王軍を破り，1265

年には国王に迫って，諸侯や聖職者の議会に州代表の騎士と都市代表を参加させた人物は誰か，記せ。

(5) 文中の下線部④について，この宣言はどのような内容か，簡潔に記せ。

(6) 文中の下線部⑤について，この政策として誤っているものを，次のa～dから1つ選び，記号を記せ。

a. 全国産業復興法(NIRA)によって，企業間の競争の制限を認めた。

b. 農業調整法(AAA)によって，農業の復興をはかった。

c. 独占禁止のためのシャーマン法が制定された。

d. テネシー川流域開発公社(TVA)が設立され，多くのダムがつくられた。

(7) 文中の下線部⑥について，この要因の1つとなった12世紀頃の農法について，説明せよ。

(☆☆◎◎◎)

【3】次のA，Bの文章を読んで，(1)～(8)の問いに答えよ。

A スペインは，コロンブスの探検以後，①アメリカ大陸への進出を本格化した。1533年にピサロがペルーの(　ア　)帝国を征服した。新しい領土にはエンコミエンダ制が導入され，先住民は大農園や鉱山などで酷使された。②16世紀半ばには銀山が発見され，製錬技術の進歩もあってアメリカ大陸では膨大な銀が生産された。

B 19世紀半ば以降，列強はアフリカ地域に関心を示し，③1884から1885年に，コンゴ地域の領有問題をめぐって開催された会議をきっかけに，アフリカ分割競争が激しくなった。

イギリスは，ケープ植民地首相(　イ　)の画策のもと，1899年に(　ウ　)戦争をしかけ，金やダイヤモンドを豊富に産出するオランダ系(　エ　)人のオレンジ自由国とトランスヴァール共和国を併合し，さらにイギリスは3C政策をすすめた。一方，フランスはサハラ砂漠の南辺に沿って西アフリカから東海岸にいたる横断政策をすすめた。1898年には，スーダンで交錯したイギリス・フランス両軍が対峙する(　オ　)事件がおこったが，フランスが譲歩して解決した。その後，両国は接近して，④1904年英仏協商を成立させた。

⑤20世紀初めにはアフリカでは2か国を除いて列強の植民地とされた。

(1)　文中の(　ア　)～(　オ　)に適する語句を，それぞれ記せ。

(2)　文中の下線部①に関連して，1521年にアステカ王国を滅ばしてヌエバ＝エスパーニャを建設した人物は誰か，記せ。

(3)　文中の下線部②について，1545年に発見されたアメリカ大陸最大の銀山は何か，記せ。

(4)　文中の下線部③について，アフリカ分割が激化するきっかけとなったベルリン会議を提唱した人物は誰か，記せ。

(5)　文中の下線部④について，この内容を簡潔に説明せよ。

(6)　文中の下線部⑤について，植民地にされなかった2か国について述べたⅠ・Ⅱの文を読み，Ⅰ・Ⅱに該当する国名を，それぞれ記せ。また，Ⅰ・Ⅱの国の位置を次の図のa～dから選び，それぞれ記号で記せ。

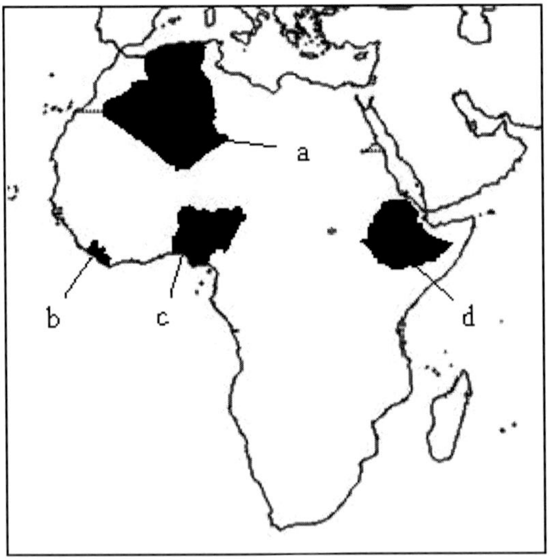

[　Ⅰ　]
1822年からアメリカ植民地協会が，合衆国の解放奴隷の送り込みを開始した。

[　Ⅱ　]
19　世紀末のイタリアの侵入を，フランスの支援をうけて排除し，独立を守った。

(7)　18世紀中頃，大西洋をとり囲む3つの地域間で三角貿易が行われた。この貿易について，図を用いて説明するとした場合，どのように図示するか，次の条件を満たしながら記せ。

(条件)

・地域名を入れること

・主な貿易品目を入れること

(8)　大航海時代の到来とともに始まった世界の一体化が，当時のヨーロッパ社会・経済に及ぼした影響について，説明せよ。その際，次の語句を必ず1度は使い，最初に使用した箇所に下線を付せ。

地中海　　価格革命

(☆☆◎◎◎)

【4】次の(1)，(2)の問いに答えよ。

(1)　高等学校学習指導要領(平成21年3月)「第2章　第2節　地理歴史　第1款　目標」について，次の文中の[　a　]，[　b　]に当てはまる語句をそれぞれ記せ。

我が国及び世界の形成の[　a　]と生活・文化の[　b　]についての理解と認識を深め，国際社会に主体的に生き平和で民主的な国家・社会を形成する日本国民として必要な自覚と資質を養う。

(2)　高等学校学習指導要領(平成21年3月)「第2章　第2節　地理歴史　第2款　各科目　第2　世界史B　2　内容　(5)　地球世界の到来」の扱いについて，その解説編(平成26年1月一部改訂)では，「歴史的観点に基づいて探究するように指導することが肝要である」とされ，その上で下記の4つの主題が例示されている。

その4つのうち，1つ主題を選んで生徒が探究する活動に取り組む場合，具体的にどのように探究させるか，記せ。

(主題)

①　工業化と現代人の生活

②　大衆社会と戦争

③　冷戦と核兵器

④　地域紛争と日本の貢献

(☆☆☆☆◎◎◎◎)

【地理】

【1】次の(1)，(2)の問い に答えよ。ただし，それぞれ指定した字数で答えよ。

(1)　OPEC(石油輸出国機構)の設立の経緯について，説明せよ。…140字以内

(2)　国家間の問題としての日本の領土問題について，説明せよ。…120字以内

(☆☆☆◎◎◎)

【2】次のA～Dの文章を読み，(1)～(7)の問いに答えよ。

A　①統計地図には，統計資料の内容に応じてさまざまな種類がある。例えば，交通量や貿易量など地域間の流れを示すには(　ア　)が適している。また，国土地理院が発行する②地形図はさまざまな地理情報が凝縮されていて，地域調査に利用されることが多い。

B　サバナ気候区は熱帯雨林気候区より高緯度側に分布し，③夏は雨の多い雨季となり，冬は乾燥した乾季となる。やせた土壌が多いが，

インドのデカン高原ではレグール，ブラジル高原では(　イ　)とよばれる玄武岩が風化した肥沃な土壌が広がる。これらの地域では，④さとうきび・綿花・コーヒーなどの商品作物が栽培されている。

C　銅鉱は環太平洋造山帯に多く，2015年現在，チリ1国で世界の約3分の1の銅を産出し，中国・ペルーがそれに次いでいる。アフリカでは大地溝帯に近いザンビアやコンゴ民主共和国で銅は多く産出され，この地域は(　ウ　)とよばれている。また，2016年現在，アルミニウムの生産国は，⑤電力が豊富で安価な中国・ロシア・カナダに多い。原料のボーキサイトは，熱帯やその周辺に多く，オーストラリア1国で世界の約3割を産出している。

D　大都市は中心地としての機能も高く，周辺部に位置する中小の衛星都市をその影響下におさめ，広大な都市圏を形成している。⑥発展途上国の大都市のいくつかでは，都市域の急速な拡大によって，さまざまな都市問題が発生している。都市への人口や産業の集中は，居住環境の悪化も引き起こしている。

(1)　文中の(　ア　)～(　ウ　)に適する語句を，それぞれ記せ。

(2)　文中の下線部①について，次のⅠ，Ⅱの問いに答えよ。

Ⅰ　下の図1の統計地図の種類は何か，記せ。

Ⅱ　下の図1の統計地図の種類は，本来，相対値をあらわすのに適しており，絶対値を扱う場合には，着色する面積の大きさによって印象が変わってしまうため，適していない。都道府県ごとの人口のような絶対値を扱う場合に，適している統計地図の種類は何か，記せ。

図1

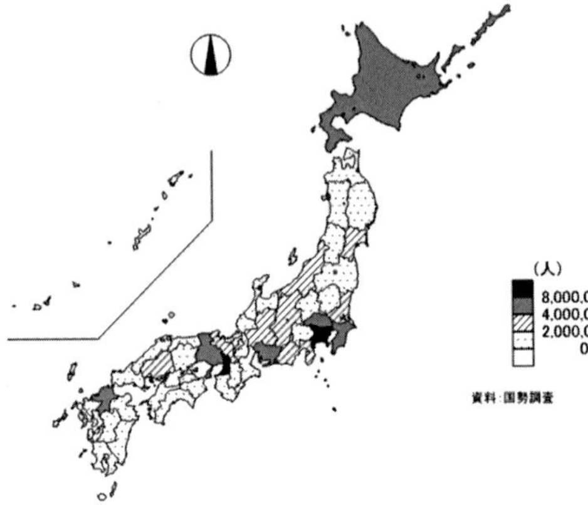

都道府県ごとの人口（2015年）　0　400km

(3)　文中の下線部②について，次の図は大正3年発行の新潟市の地形図(図2)と同じ場所の現在の地形図(図3)である。図3中のの地域で地震発生時に起こるおそれのある現象は何か，図2，図3から読み取り，考察したことを含めて，説明せよ。その際，次の語句を必ず1度は使い，最初に使用した箇所に下線を付せ。

砂層

図2

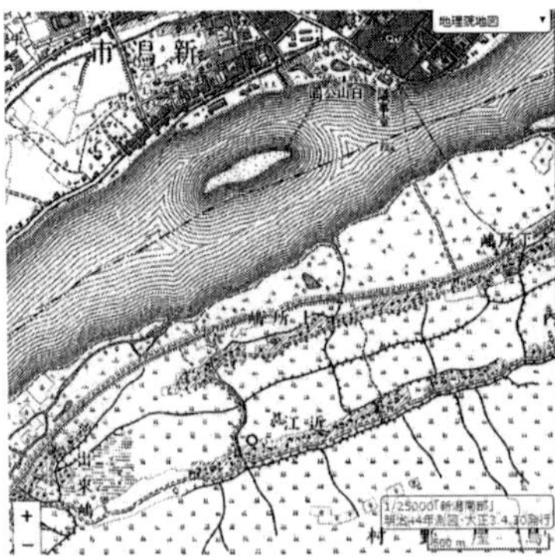

図3

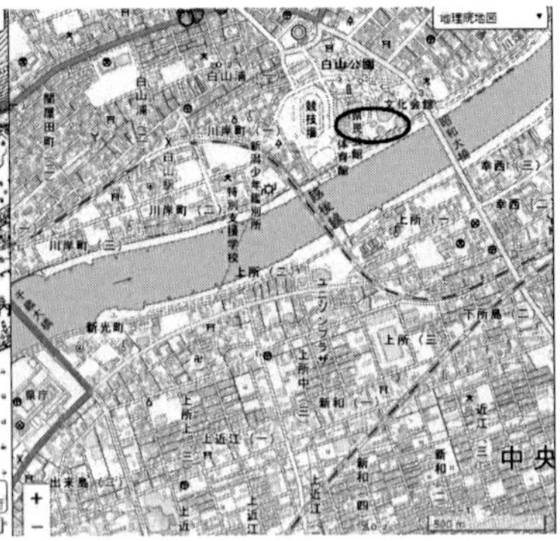

（「今昔マップ on the web」により作成）

(4) 文中の下線部③について，この雨季と乾季がある理由を説明せよ。

(5) 文中の下線部④について，次の表1中のア～ウは，さとうきび(2016年)・綿花(2014年)・コーヒー豆(2016年)のいずれかの生産量上位5か国とその割合を表している。aとbに当てはまる国名を，それぞれ記せ。

表1

ア		イ		ウ	
国名	割合(%)	国名	割合(%)	国名	割合(%)
a	23.7	ブラジル	40.7	ブラジル	32.7
中国	23.6	a	18.4	b	15.8
アメリカ	13.7	中国	6.5	コロンビア	8.1
パキスタン	9.1	タイ	4.6	インドネシア	6.9
ブラジル	5.4	パキスタン	3.5	エチオピア	5.1

(「2019 データブック　オブ・ザ・ワールド」により作成)

(6) 文中の下線部⑤について，次の図4中のa～cは，2015年の中国，ロシア，カナダのいずれかの発電量の内訳を表している。a～cに当てはまる国名をそれぞれ記せ。

図4

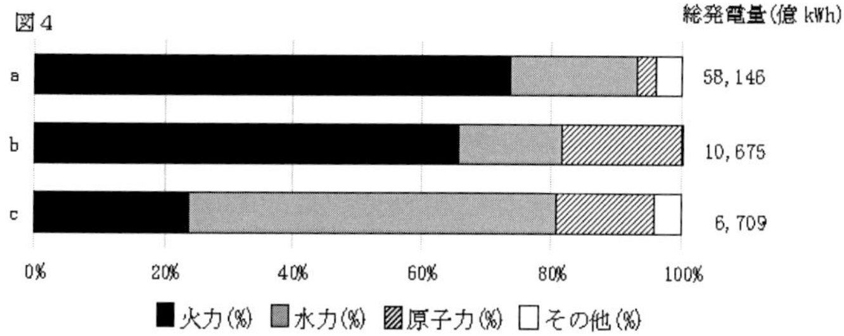

(「2019 データブック　オブ・ザ・ワールド」により作成)

(7) 文中の下線部⑥に関連して，下の表2と図5を見て，次のⅠ，Ⅱの問いに答えよ。

Ⅰ 表2はマニラとダッカの人口の推移を表している。表2を折れ線グラフで表せ。

Ⅱ 図5は，日本(2016年)，フィリピン(2015年)，バングラデシュ(2013年)の産業別人口の割合を示している。表2，図5を参考に，発展途上国の大都市では，何が要因になって，どのような都市問題が発生していると考えられるか，説明せよ。

表2　マニラとダッカの人口の推移（千人）

	1970年	1990年	2015年
マニラ	3,534	7,973	12,860
ダッカ	1,374	6,621	17,597

図5　産業別人口構成

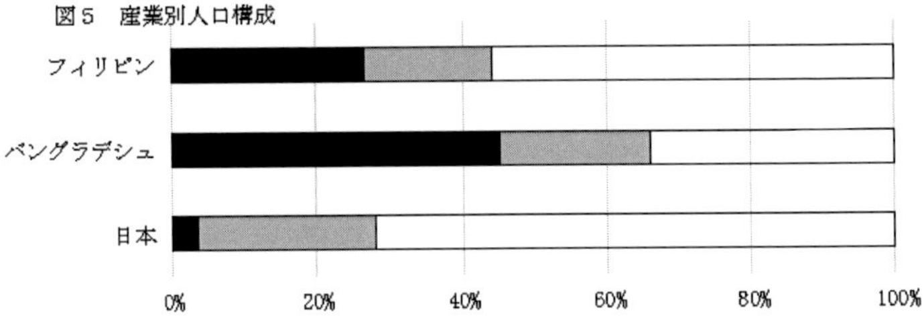

（「2019 データブックオブ・ザ・ワールド」により作成）

（☆☆☆◎◎◎）

【3】次のA，Bの文章を読み，(1)〜(6)の問いに答えよ。

A　第二次世界大戦後，1952年に西ドイツ(当時)・ベルギー・オランダ・ルクセンブルク・[X]・[Y]の計6か国が集まり，①ECSCを設立した。

1980年代に入ると，EC諸国は，統一市場の実現に向けて急速に動き出した。

1999年には，②大半のEU加盟国で金融機関での単一通貨ユーロによる決済が始まった。

1995年に発効した(　ア　)によって，EU加盟国を中心に国境管理を廃止し，人の移動の自由化に踏み切った。EU加盟国の多くは，国境管理の廃止によって移動の自由を実現したが，その結果，新たな問題に直面することになった。その一つが③移民労働者の問題で，入国許可を得ずに働きにくる労働者や不法入国を斡旋する業者への対策が重要な課題となっている。

B　1967年，マレーシア・シンガポール・フィリピン・タイ・(　イ　)の5か国はASEANを結成した。ASEANは経済・社会・文化の面での協力をめざして加盟国を増やし，東南アジアをまとめる地域連合に成長した。東南アジアの国々で輸出指向型工業化が本格化したのは1980年代に入ってからで，マレーシアは1981年に，日本や韓国の経済的成功をモデルに[　Z　]政策を提唱した。1986年からは社会主義体制のベトナムもドイモイ政策をかかげて，企業の自由な経済活動を認めるようになった。

(1)　文中の(　ア　)，(　イ　)に適する語句を，それぞれ記せ。

(2)　文中の[　X　]，[　Y　]に当てはまる国を，次の地図のa～eから2つ選び，記号で記せ。

地図

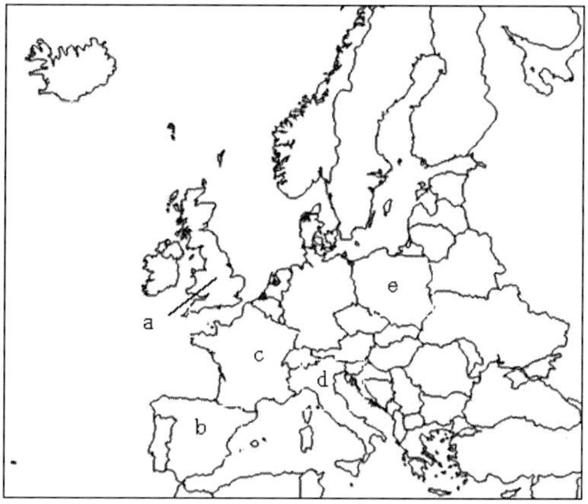

(3)　文中の下線部①について，ECSCが設立された目的を簡潔に説明せよ。

(4)　文中の下線部②について，2019年3月現在，EUに加盟しているが，統一通貨ユーロを導入していない国を，次のa～dから一つ選び，記号で記せ。

a.　フランス　b.　スペイン　c.　デンマーク　d.　フィンランド

(5)　文中の下線部③に関連して，次の表1中のア～ウは，ドイツ，フランス，イギリスのいずれかへの外国人流入人口(2015年)を表している。ドイツ，フランス，イギリスに当てはまるものを，表1中のア～ウから選び，それぞれ記号で記せ。

表1

ア		イ		ウ	
国名	人	国名	人	国名	人
ルーマニア	56,000	シリア	309,700	アルジェリア	22,400
中国	43,000	ルーマニア	221,400	モロッコ	18,400
ポーランド	40,000	ポーランド	190,800	イタリア	13,200
インド	36,000	ブルガリア	86,300	スペイン	12,400
イタリア	26,000	アフガニスタン	84,900	ポルトガル	11,600
合計（その他含む）	479,000	合計（その他含む）	2,016,200	合計（その他含む）	252,600

「2019 データブック　オブ・ザ・ワールド」により作成

(6)　文中の［　Z　］に当てはまる語句を答えよ。

(☆☆☆◎◎◎)

【4】高等学校学習指導要領(平成21年3月)「第2章　第2節　地理歴史」に関して，次の(1)～(3)の問いに答えよ。

(1)「第1款　目標」について，次の文中の[　a　]，[　b　]に当てはまる語句をそれぞれ記せ。

> 我が国及び世界の形成の[　a　]と生活・文化の[　b　]についての理解と認識を深め，国際社会に主体的に生き平和で民主的な国家・社会を形成する日本国民として必要な自覚と資質を養う。

(2)「第2款　各科目　第6　地理B　1　科目の性格と目標」の内容の扱いについて，その解説編(平成26年1月一部改訂)では，学習の過程を考慮して整理した「地理的な見方」と「地理的な考え方」が示されている。それぞれどのように示されているか，答えよ。

(3)「第2款　各科目　第6　地理B　2　内容　(3)現代世界の地誌的考察　ウ　現代世界と日本」の内容の扱いについて，その解説編(平成26年1月一部改訂)では，ウについては，この科目のまとめとして位置付けることとされ，「我が国が抱える地理的な諸課題を探究する活動」に関する学習指導の展開例が示されている。生徒に「自然災害」というテーマで「探究する活動」をさせる場合，あなたならどのような学習指導を展開するか，生徒が設定する課題を想定し，その課題に基づく学習指導の展開例を記せ。

(☆☆☆◎◎◎◎◎)

公民科

【1】次の(1)～(10)の問いに答えよ。

(1) アリストテレスがアテネ郊外に開いた学園を何というか，記せ。

(2) ブッダの悟った普遍的真理をあらわす四法印は，「一切皆苦」，「諸法無我」，「涅槃寂静」とあと一つは何か，記せ。

(3) 弟子との問答や書簡が収められている『伝習録』の中で，「知は行の始めであり，行は知の完成である」と説いた明代の儒学者は誰か，記せ。

(4) 『古事記』に描かれた神々の振る舞いや事跡に日本固有の道を見いだし，そうした古の道に私心無く従う「惟神(かんながら)」を求めた江戸時代の国学者は誰か，記せ。

(5) フランスの哲学者サルトルが使用した用語で，社会参加をあらわし，自己を社会に投げ込み，自己を社会の状況の中に拘束することをさす用語は何か，記せ。

(6) 1989年に国連環境計画の会議で採択された，有害廃棄物の輸出入や越境汚染を規制する条約は何か，記せ。

(7) 宗教やイデオロギーを理由に拘束されている人々の釈放，死刑の廃止などを国際世論に訴え，1977年にノーベル平和賞を受けた国際組織は何か，記せ。

(8) 2013年にインターネット等を利用する方法による選挙運動が解禁となるように改正された法律は何か，記せ。

(9) 現在の日本の金融政策において，政策金利として位置付けられている金利は何か，記せ。

(10)　発展途上国の生産者や労働者の生活改善や自立を目指し，発展途上国の原料や製品を適正な価格で継続的に購入することを何というか，記せ。

(☆☆☆◎◎◎)

【2】次の(1)，(2)の問いに答えよ。

(1)　経済連携協定(EPA)について，自由貿易協定(FTA)との違いに触れながら，説明せよ。

(2)　日本の国会において，両院協議会が必ず開催される場合を，三つの例をあげて説明せよ。

(☆☆☆◎◎◎)

【3】次の文章を読んで，(1)～(9)の問いに答えよ。

「日本国民は，正当に選挙された①国会における代表者を通じて行動し，われらとわれらの子孫のために，諸国民との協和による成果と，わが国全土にわたつて自由のもたらす恵沢を確保し，②政府の行為によつて再び戦争の惨禍が起ることのないやうにすることを決意し，ここに主権が国民に存することを宣言し，この憲法を確定する。」

「日本国民は，(　a　)を念願し，人間相互の関係を支配する崇高な理想を深く自覚するのであつて，平和を愛する諸国民の公正と信義に信頼して，われらの安全と生存を保持しようと決意した。われらは，③平和を維持し，専制と隷従，圧迫と偏狭を地上から永遠に除去しようと努めてゐる国際社会において，名誉ある地位を占めたいと思ふ。われらは，全世界の国民が，ひとしく恐怖と欠乏から免かれ，平和のうちに(　b　)を有することを確認する。」

これらは日本国憲法前文からの抜粋である。日本国憲法は，その前文で「主権が国民に存すること」を宣言するなど，明治憲法とは違った原則にもとづく新しい憲法であった。

日本国憲法において基本的人権は，「すべて国民は，個人として尊重される」(第13条)という理念をその中核とし，人が人である以上普遍的に必要とされると理解されており，第11条ではその(　c　)性も明らかにしている。また，第97条では基本的人権は，「人類の[　A　]の努力の成果」であるともうたっている。このように人権は，(　c　)のものであるが，第12条で定めているように，「国民の(　d　)によつて，これを保持しなければならない」のである。

基本的人権の保障は，広範な④自由権を認め，さらに，20世紀的権利といわれる⑤社会権をも規定している。また，日本国憲法は「すべて国民は法の下に平等であつて，人種，信条，性別，社会的身分又は門地により，政治的，経済的又は社会的関係において，差別されない」(第14条1項)として，法の下の平等を定め，不合理な差別を禁止し，人権保障をより確実にするために⑥裁判所に(　e　)を認めている。さらに，貴族制度の禁止(第14条2項)，両性の平等(第24条)，参政権の平等(第15条3項，第44条)，教育の機会均等(第26条)など，平等の原則を保障している。しかし，⑦現実には様々な差別問題が生じており，なお一層の平等の実現に向けた取り組みが求められている。

(1)　文中の(　a　)～(　e　)に当てはまる語句を，それぞれ記せ。

(2)　文中の[　A　]に当てはまる文を，記せ。

(3)　下線部①に関連して，日本の国会について述べた説明として正しいものを，次の(ア)～(エ)からすべて選び，記号で記せ。

(ア)　参議院の緊急集会での議決事項は，次の国会開会後10日以内に発効される。

(イ)　国会議員には不逮捕特権があり，任期中は現行犯の場合を除き逮捕されない。

(ウ)　衆議院が可決した予算案を，参議院が30日以内に議決しないとき，衆議院の議決が国会の議決となる。

(エ)　両議院は国政調査権を持ち，おのおの証人の出頭・証言・記録の提出を求めることができる。

(4)　下線部②に関連して，現在の先進資本主義国に見られる政府が「大きな政府」と呼ばれる理由を，説明せよ。

(5)　下線部③に関連して，防衛装備移転三原則で移転を禁止する場合の内容として誤っているものを，次の(ア)～(エ)からすべて選び，記号で記せ。

(ア)　当該移転が国際連合安全保障理事会の決議に基づく義務に違反する場合

(イ)　当該移転が日本の締結した条約，その他の国際約束に基づく義務に違反する場合

(ウ)　紛争当事国への移転となる場合

(エ)　共産圏諸国への移転となる場合

(6)　下線部④について，自由権とはどのような権利か，説明せよ。また，日本国憲法において，その内容によって分けられている三つの自由権を，記せ。

(7)　下線部⑤に関連して，憲法第25条の規定は，国民が国に対して何らかの給付を請求できる権利を保障したものでなく，国のとるべき政策上の方針を定めたものにすぎないという考え方を何というか，記せ。

(8)　下線部⑥に関連して，日本の裁判員制度について，次の(ア)，(イ)の問いに答えよ。

(ア)　日本に裁判員制度が導入された理由を，「市民」という語句を用いて一つ記せ。

(イ)　日本の裁判員制度とアメリカの陪審制の違いを，説明せよ。

(9)　下線部⑦に関連して，1997年に制定されたアイヌ民族の誇りを尊重する社会の実現を目指す法律は何か，記せ。

(☆☆☆◎◎◎)

【4】次の文章を読んで，(1)～(7)の問いに答えよ。

一国の①経済力を示す指標に，GDP(国内総生産)がある。これは1年間に国内で生産された生産物の価格から，中間生産物の価格を差し引いて得られたものである。GDPが高いときは，それだけ生産活動が活発だと考えられる。また，各国の豊かさを比較する際などには，これが使われることがある。

経済活動の規模が拡大することを経済成長という。どれだけ経済規模が拡大したのかは，GDPの対前年増加率で示され，これを②経済成長率という。ただし，GDPの名目額は物価が上がっただけでも増えてしまう。そこで物価変動の影響を除いた実質GDPを計算し，これを用いて③実質経済成長率を求めている。

現代の経済では，経済成長が単調に進むことはない。経済成長率が高いときも低いときもある。ときには，マイナスの成長率を記録するときもある。④好況・後退・不況・回復の四つの局面が一つの周期になって，経済活動の水準が上下する現象を景気変動(景気循環)と呼ぶ。

このように⑤資本主義経済は，景気変動を繰り返しながら営まれているが，激しい景気変動は，国民生活に好ましくない影響を与える。このため，政府や中央銀行の行う⑥財政政策や⑦金融政策など，各種の政策をうまく組み合わせたポリシー・ミックスが求められている。

(1) 下線部①について，GDP(国内総生産)から国民所得を算出するまでを，GDP，GNP，NNP，NIの四つの指標を用いて，簡単な図と語句で表せ。

(2) 下線部②について，経済成長率を求める計算式を，記せ。

(3) 下線部③について，ある国の前年の名目GDPが500兆円，本年の名目GDPが572兆円，前年を基準とした物価上昇率を10%とした場合の，本年の実質経済成長率を求めよ。

(4) 下線部④に関連して，次の(ア)，(イ)の問いに答えよ。

(ア) 景気循環のパターンの一つである「ジュグラーの波」について，説明せよ。

(イ) 日本の高度経済成長が終わる契機となった，国際経済に影響を与えた二つの出来事を，記せ。

(5) 下線部⑤に関連して，主著『世界を不幸にしたグローバリズムの正体』で，いきすぎた市場原理主義が世界の人々の格差を広げたとして，アメリカやIMFのグローバリゼーションを批判したアメリカの経済学者は誰か，記せ。

(6) 下線部⑥に関連して，次のA～Cの正誤の組合せとして正しいものを，下の(ア)～(エ)から一つ選び，記号で記せ。

A　政府は，不況期には公共投資を増加させ，増税を行うことで，有効需要を拡大し，景気を刺激する。

B　低成長期に入った1970年代後半から発行された日本の特例公債(赤字国債)は，現在まで毎年発行されている。

C　間接税は，低所得者ほど所得との比較で相対的に負担割合が高くなる逆進課税になる傾向を持つ。

(ア)　A－正　　B－誤　　C－誤

(イ)　A－正　　B－正　　C－誤

(ウ)　A－誤　　B－誤　　C－正

(エ)　A－誤　　B－正　　C－正

(7)　下線部⑦について，1996年に実施された金融の抜本的改革は「日本版金融ビッグバン」とよばれた。その際にかかげられた，三つの原則をすべて記せ。

(☆☆☆◎◎◎)

【5】次のA，Bの文章を読んで，(1)～(6)の問いに答えよ。

A　冷戦下，核抑止論にもとづき熾烈な核軍拡競争が引き起こされた。核抑止は，合理的な①安全保障のしくみに見えるが，実は，誤算や誤解による偶発的な核戦争を引き起こしうる。例えば，1962年に起こった(　a　)では，米ソが核戦争の一歩手前に近づいた。その結果，米ソ両国政府は，偶発的核戦争を避けるために首脳間で直接対話ができるようにした。1963年に米英ソによる部分的核実験禁止条約が締結されると，それ以降は核軍縮へと方向を変え，冷戦を終結させることで核抑止の不安定さからの脱却を図っていった。

1996年7月，(　b　)は国連総会に対し「核兵器による威嚇または使用は一般的に国際法に反する」との勧告的意見を示した。その一方で，冷戦終結後も世界には大量の核兵器が保有されており，②核兵器の保有が国際的地位を高めるという考え方や，核抑止を重視する考え方が根強く残っているのも事実である。このような傾向を抑制するためには，1996年に国連総会で採択されたが，現在でも未発効である(　c　)への参加を，より強く各国に呼びかける必要がある。また，核兵器だけでなく生物・化学兵器のような大量破壊兵器や，無差別に人を殺戮する兵器なども強く規制していく必要もある。

B　2015年9月の国連③持続可能な開発サミットにおいて，2000年に定められた，④南北問題を解決するためのミレニアム開発目標の後継として，(　d　)が先進国を含めた国際社会の共通目標として定められた。これは，2030年までにあらゆる種類の貧困を終焉させるという目標など，17の目標と169のターゲットで構成されている。

この目標が定められた背景に，南北問題の解決には(　e　)の増額が必要だという説が，国際社会で再確認されたことがあげられる。(　e　)の目標として，国連や⑤経済協力開発機構はGNIの0.7%を割りあてることとしているが，北欧諸国を除いてこの目標は達成されていない。発展途上国の経済的自立と持続可能な発展のための望ましい先進国の協力の在り方について，今後も考えていく必要がある。

(1)　文中の(　a　)，(　b　)には当てはまる語句を，(　c　)～(　e　)には当てはまるアルファベットの略語を，それぞれ記せ。

(2)　下線部①に関連して，国家間協調の実現について，次の表を使ったゲームで考える。このゲームでは，A国とB国の代表が，互いに相談できない状況で，「協調」か「非協調」のいずれか一方を，1回のみ同時に選択する。その結果として，両国は表中に示された点数を得ることができる。この際両国は，自国の得る点数の最大化だけを目指すものとする。このゲームの表から読み取れる「安全保障のジレンマ」について，説明せよ。

		B国	
		協調	非協調
A国	協調	A国に4点 B国に4点	A国に1点 B国に5点
	非協調	A国に5点 B国に1点	A国に2点 B国に2点

(3)　下線部②に関連して，1998年に地下核実験を実施した二か国を，

記せ。

(4)　下線部③に関連して，COP21で京都議定書に代わる2020年以降の地球温暖化対策の新たなルール，パリ協定が採択された。京都議定書とパリ協定の違いを，「先進国」と「発展途上国」の二つの語句を用いて，説明せよ。

(5)　下線部④に関連して，1964年第1回のUNCTADで事務局長が行った基調報告を何というか，記せ。

(6)　下線部⑤の下部組織で，加盟国による発展途上国援助を調整し，促進する機関を何というか，アルファベットの略語で記せ。

(☆☆☆◎◎◎)

【6】次の(1)，(2)の問いに答えよ。

(1)　次の文は，高等学校学習指導要領(平成21年3月)「政治・経済」の目標である。高等学校学習指導要領解説公民編(平成26年1月一部改訂)では，この目標は五つの「部分」から構成されていると示されているが，それぞれの「部分」の内容について，下の①～④の問いに答えよ。

> $_{a}$広い視野に立って，$_{b}$民主主義の本質に関する理解を深めさせ，現代における政治，経済，国際関係などについて客観的に理解させるとともに，それらに関する$_{c}$諸課題について主体的に考察させ，公正な判断力を養い，[　　]として必要な能力と態度を育てる。

①　下線部aの「部分」が意味していると示されている，二つの「育てること」とは何か，記せ。

②　下線部bの「部分」を理解させる際，何と関連させるように示されているか，記せ。

③　下線部cの「部分」で，養うべき力として示されているのは，「公正に判断する能力」ともう一つは何か，記せ。

④　文中の[　　]に適する語句を，記せ。

(2) 高等学校学習指導要領解説公民編(平成26年1月一部改訂)「政治・経済」の内容とその取扱いでは，「現代社会の特質」について，国民世論の形成がマスメディアによって大きな影響を受けていることや，政党政治や選挙，国民の政治意識や政治行動の特徴などの具体的事例を取り上げることによって，政治への関心を高め，主権者としての主体的な政治参加の在り方へと考察が深まるように工夫することが大切であると示されている。これをふまえて，具体的にどのような事例を取り上げ，どのようにして関心を高めるか，説明せよ。

(☆☆☆☆☆◎◎◎)

解答・解説

中学社会

【1】(1) ① 大韓民国　② フィリピン　③ ベトナム
④ 中華人民共和国　a NIES　b キリスト(教)　c ドイモイ
d 経済特区　(2) 位置…D　国名…大韓民国
(3) ウ，オ　(4) エ　(5) APEC　(6) 経済…沿海の都市部と内陸の農村部との間で人々の収入の格差(経済格差)が広がった。
環境…工場からの排煙や廃水を原因とする大気汚染や水質汚濁などの環境問題が発生した。

〈解説〉(1) ① 大韓民国は，シンガポール，台湾，香港とともにアジアNIES(Newly Industrializing Economies：新興工業経済地域)とよばれている。その急成長は，首都ソウルを流れる川の名から「漢江の奇跡」といわれる。 ② フィリピンは，かつてスペイン領で，その後アメリカの植民地となったため，言語はタガログ語と英語が使われ，宗教はキリスト教(カトリック)が多い。スペイン語，プロテスタントではないことに注意。　③　ベトナムは第二次世界大戦後の対仏独立戦争以降，アメリカが介入した南北統一戦争の終結まで，長年，戦火の下にあった。結果，南北は統一されて社会主義国となったが，経済は疲弊していた。鄧小平主導の中国の改革開放路線，ゴルバチョフによるソ連のペレストロイカといった流れのなか，ベトナムは経済活性化のためにドイモイ政策を唱え，市場経済を導入している。　④　中国の経済特区は，1979年より沿岸部に5カ所(当初は4カ所)設定され，積極的に外資を誘致した。BRICSの一員として影響力が増してきたが，近年はアメリカとの貿易摩擦など，問題も生じている。　(2)　南沙諸島，別名スプラトリー諸島は南シナ海の中南部にあり，中国，フィリピン，ベトナム，マレーシア，ブルネイ，台湾が帰属を巡って対立している。Aは東シナ海，B～Dが南シナ海にあたるが，ブルネイも関係していることから位置を推測しよう。大韓民国は関与していない。　(3)　Gは中国の海南島，経済特区の1つ。Iはフィリピン南部の島，ミンダナオ島のダヴァオ。首都マニラは北部のルソン島にある。ベトナムの首都ハノイは，南部のホーチミン(旧サイゴン)と間違えないように気をつけたい。　(4)　輸出入の総計で他を大きく引き離しているウが中国。続いて総計の大きいアは韓国であるが，輸出品目の上位に船舶があるのが特徴といえる。工業化という面でみると，残るベトナムとフィリピンのどちらが進んでいるかは難しいところだが，輸出入品目に関しては，フィリピンは農林業が盛んで，輸出品目に野菜・果実があることが特徴。バナナ，さとうきびなどを輸出している。一方，ベトナムは石炭，原油，天然ガスの産出もあり，集約型工業である衣類，はきものの外資系工場の進出も多い。また，近年はエビの養殖も盛んである。両者は，こういった特徴的な品目で判断したい。　(5)　アジア太平洋経済協力(APEC：Asia Pacific Economic Cooperation)は，1989年にオーストラリアの主導で発足，日本，アメリカ，カナダほか，中国，ロシアなど19カ国2地域が参加しており，年1回，会合が開かれている。事務局はシンガポールにおかれている。　(6)　経済的には，内陸部との経済格差の問題がある。そのため，中国は西部大開発として，鉄道敷設，資源の開発，電源開発など，内陸部の発展のための政策を進めている。また，沿海部においても，急速な発展により人口が急増し，都市の過密，工場や交通による大気汚染などの諸問題が生じている。

【2】(1) (表，位置の順) 旭川…イ，キ　釧路…エ，コ　(2) 気団…オホーツク海　風…やませ　(3) 名称…釧路湿原(国立公園)　位置…d　(4) ① 混合農業　② 客土を行った。

〈解説〉(1) カは室蘭，キは旭川，クは十勝，ケは北見，コは釧路。札幌は石狩平野に，稚内は最北端に近い位置にあり，地図上には示されていない。アとエはいずれも夏の平均気温が低く，年間の推移も似ているが，エの方が夏の降水量が多いことから，太平洋からの南東季節風の影響を受ける釧路，アが稚内。イは気温の年較差が28.6度と最も大きいことから，内陸性気候の旭川。7，8月の平均気温が高いウが札幌。　(2) オホーツク海気団は低温・多湿で，勢力が強いと冷湿な地方風，やませが吹く。稲の発育期に重なり，冷害をもたらすことも多く，そのために品種改良も進められてきた。なお，気団には，夏に強まる小笠原気団，冬に勢力の強いシベリア気団と，春秋の揚子江気団がある。　(3) ラムサール条約は，水鳥と湿地を保護することを目的に制定された国際条約で，名称は条約が採択されたイランの都市ラムサールにちなんでいる。日本では，dの釧路湿原のほか，尾瀬，谷津干潟など52カ所が登録されている。aは利尻礼文サロベツ，bは支笏洞爺，cは大雪山，eは阿寒摩周，fは知床の各国立公園。　(4) ① 十勝平野は，緯度が高く，日本の本州などで見られる集約的稲作や畑作農業を実施するよりもヨーロッパ型農業の方が適している。夏作物，冬作物，そして牧畜を行う形態を混合農業という。　② 以前，石狩平野は泥炭地の広がる大湿原であり，この土地を活用するためには，開拓者が住み，稲作ができるようにする必要があった。そこで，排水作業を行うとともに，近隣の山地や丘陵から土砂を運び，土壌を変換していく客土事業が大規模に行われた。同時に稲の品種改良も進み，現在のような米の一大産地となった。

【3】(1) a ウ b エ c ア (2) イ，エ (3) 李成桂 (4) ハングル (5) 日本国内では，南北朝の内乱が続いていたから。 (6) 対馬 (7) 朝鮮通信使

〈解説〉(1) 新羅は，日本・高句麗の圧力に苦しみながらも着実にその地歩を固め，562年加羅(加耶)を滅ぼし，ついで唐と結び，660年に百済を倒し，663年には日本を白村江の戦いで破った。668年，高句麗を倒し，676年，半島に統一的支配を確立した。 (2) アは630年，ウは645年，オは527年のことである。 (3) 李成桂は，朝鮮王朝の初代国王である。もとは高麗の武将で，高麗王を廃し，1392年新王朝を建て，翌年国号を朝鮮とした。儒教を国教とし，首都を漢陽に移した。

(4) ハングルとは，朝鮮固有の文字である。1443年，李朝第4代世宗の命でつくられ，1446年「訓民正音」の名で公布された。 (5) 倭寇の被害を受けた高麗は，日本への倭寇の禁圧の要求を繰り返し行うが，14世紀前半から末の日本は南北朝の争乱の中で，その要求に対応することはできなかった。 (6) 対馬藩は，鎖国下の近世日本が正式な外交関係をもった唯一の独立国朝鮮との外交貿易を独占的に担った。

(7) 朝鮮通信使とは，江戸時代，将軍の代替りごとに朝鮮国王から派遣された祝賀使節のことである。一行は正使のほか約400名という大規模なもので，幕府は将軍継嗣の儀礼と示威の立場からこれを厚遇した。1607年が第1回で，以後1811年まで12回を数えた。

【4】(1) A フランス B 五・四 C 三・一 D ブロック (2) イ (3) サラエボ (4) 記号…(い) 語句…レーニン (5) ア (6) ウ (7) イ→ア→エ→ ウ (8) 占領下では，4か国(アメリカ，イギリス，フランス，ソ連)に分割占領され，その後の冷戦下では，東西2国(西ドイツ，東ドイツ)に分裂した。

〈解説〉(1) A 当時のロシアは，1881年にオーストリア・ドイツと新三帝同盟を結ぶが1887年に失効。1887年にドイツと再保障条約を結ぶが1890年に失効。その後，1894年にフランスと露仏同盟を締結。1907年

にイギリスと英露協商を締結している。故に1904年の日露戦争時点での同盟国はフランスである。　B　五・四運動は，1919年にパリ講和会議で二十一カ条の廃棄要求が拒否された不満から，北京大学の学生らが中心となって起こった排日運動である。なお，中国で5月に発生した運動には，1925年の上海で起こった五・三〇運動もある。
C　三・一独立運動は，1918年1月にウッドロー＝ウィルソン大統領が発表した平和原則十四カ条のなかの民族自決の影響下，1919年3月に孫秉煕らが中心となって日本からの朝鮮独立を宣言した事件。独立運動は朝鮮全土に広がったが，日本側からの激しい弾圧をうけた。
D　ブロック経済は，本国と植民地，自治領や従属国によって形成される排他的な経済体制である。1929年の世界恐慌の発生に際しては，イギリスによるスターリング＝ブロック，アメリカ合衆国によるドル＝ブロックやフランスによるフラン＝ブロック(金ブロック)などが形成された。　(2)　リビアは，イタリア＝トルコ戦争の翌年1912年に結ばれたローザンヌ条約によってイタリアの植民地となり，第二次世界大戦後の英仏共同統治を経て1951年に独立したので誤りである。フィリピンは，1898年の米西戦争の結果，パリ条約によってアメリカ合衆国の植民地となり，1934年のフィリピン独立法で10年後の独立を認められたが，第二次世界大戦時の日本による占領を経て1946年に独立したので誤りである。　(3)　サラエボ事件は，オーストリア＝ハンガリー帝国の皇位継承者フランツ＝フェルディナント大公夫妻が，1914年6月28日に視察先であるボスニアの州都サラエボで，セルビア人青年ガブリロ＝プリンツィプに暗殺された事件。事件の背後にセルビア政府がいると断定したオーストリアは，7月28日にセルビアに宣戦を布告し，第一次世界大戦が勃発した。　(4)　ソビエト政府を成立させたロシア革命の指導者はレーニン。スターリンは，ジョージア(グルジア)出身で，1917年のロシア革命後に民族人民委員に就任。1922年にはソ連共産党書記長に就任して，1924年のレーニン死後の権力闘争に勝利した。第二次世界大戦時にソ連を指導し，1953年に死去。なお，(あ)のウッドロー＝ウィルソン大統領は，1918年1月に発表した平和原則十四カ条の中で国際平和機構の成立を唱え，1920年1月に42カ国の原加盟国で国際連盟が発足した。しかし，上院の反対によりアメリカ合衆国はこれに不参加。国際連盟は1946年4月国際連合設立に伴い解散。(う)のドイツとソビエト政府は1918年3月のブレスト＝リトフスク条約で単独講和した。　(5)　ギリシャは，英仏露の支援をうけて1821～1829年のギリシャ独立戦争をオスマン帝国と戦い，1829年のアドリアノープル条約で独立を達成し，1830年のロンドン議定書で国際的に独立が承認されている。　(6)　ウは，日本に譲渡ではなく日本から中華民国に譲渡されたので誤りである。第一次世界大戦初期の1914年11月に青島を含むドイツ租借地を占領した日本は，1915年5月に二十一カ条の要求を中華民国に承認させて山東省の旧ドイツ権益を引き継いだ。しかし，中華民国側の強い反発から，1922年にワシントン会議の場において英米の調停を経て，山東半島の旧ドイツ権益は日本から中華民国に返還された。なお，アは九カ国条約，イはワシントン海軍軍備制限条約，エは四カ国条約の内容。どれも，ワシントン会議において締結された条約である。　(7)　アのミッドウェー海戦は1942年6月。イの日ソ中立条約調印は1941年4月。ウのポツダム宣言は1945年7月。エのイタリアの降伏は1943年9月。なお，ポツダム宣言は米英中3国(後にソ連も参加)によって発表されるが，ポツダム会談は米英ソの3国で行われた。　(8)　第二次世界大戦後のドイツは4国による分割占領下に置かれた。4国は英米仏ソである。しかし，1947年3月のトルーマン＝ドクトリンの発表などによって，西側諸国の英米仏と東側のソ連との間に冷戦が生じた。1948年6月にドイツの西側占領地域で通貨改革が実施されると，ソ連は反発してベルリン封鎖を実施した。1949年5月にベルリン封鎖は解除されるが，分断は決定的となり，同月末に西側占領地域はドイツ連邦共和国(西ドイツ)として独立した。ソ連占領地域も10月にドイツ民主共和国(東ドイツ)として独立した。

【5】(1)　条例　　(2)　エ　　(3)　行政監察官(オンブズマン，オンブズパーソン)　　(4)　イ　　(5)　エ　　(6)　内閣総理大臣は国会が指名

し，地方公共団体の首長は住民の選挙によって選ばれる。

〈解説〉(1)　日本国憲法第94条によって，地方公共団体の条例制定権は保障されている。なお，条例案の提出権は議員だけでなく，首長にも認められている。また，条例は議会の議決によって制定されるが，首長には議会が可決した条例案などにつき再議に付す権限がある。

(2)　議会の解散請求のほか，首長や議員などの解職請求にも，原則として有権者の3分の1以上の署名の添付を要する。ただし，有権者の人数が一定以上の地方公共団体では，この条件は緩和される。また，議会の解散請求や首長・議員の解職請求は選挙管理委員会に対して行い，住民投票でその是非が決する。　(3)　オンブズマンはスウェーデンが発祥の制度であり，日本語では「行政監察官」と訳されている。わが国では，神奈川県川崎市で設置されたのが初の例。また，近年では市民運動として「市民オンブズマン」を名乗り，行政や企業を監視する取り組みもみられる。　(4)　国会には秘密会を開く権能がある(日本国憲法第57条)。なお，アは予算や条約の承認などに関する記述。法律案に関しては，両院協議会の開催を要せず，衆議院における出席議員の3分の2以上の賛成多数による再可決で，法律案は成立する。ウのような制度はない。エは，3分の1以上ではなく，3分の2以上の賛成による再可決を要する。　(5)　政党助成法は1994年に政治改革関連法の一つとして制定された法律。同法の制定により，一定の要件を満たした政党は国庫から助成金を受けることができる。また，同時期に政治資金規正法も改正され，政治家個人への企業・団体献金が禁止された。さらに，政治家への献金は，資金管理団体などを通じた個人献金以外は禁止されるに至った。　(6)　地方公共団体の首長と議員は直接選挙で選出されることが日本国憲法第93条第2項によって定められている。なお，議会は首長に対する不信任議決権を有しており，可決の場合には首長は議会を解散できる(通知受領後10日以内)。ゆえに，わが国の地方公共団体の首長と議会の関係には議院内閣制的な要素もある。

【6】(1)　多くの人々から，インターネットを通じて，ベンチャー企業の開発や社会運動などの資金を集める方法。　(2)　CSR　(3)　公正取引委員会　(4)　公開市場操作(オペレーション)　(5)　WHO

〈解説〉(1)　現在は，様々なクラウドファンディングサイトがあり，インターネットを介して不特定多数の人々から資金を募ることも容易となっている。また，インターネットを介して不特定多数の人々に業務の委託などを行うことを，クラウドソーシングという。　(2)　CSRとは「企業の社会的責任(Corporate Social Responsibility)」の略。社会の持続的発展なくして企業の繁栄はない。ゆえに，現代企業にはコンプライアンス(法令遵守)の徹底のほか，フィランソロピー(社会貢献活動)などが求められている。また，CSRに熱心な企業を選んで投資することをSRI(Socially Responsible Investment：社会的責任投資)という。(3)　公正取引委員会(公取委)は，独占禁止法を実施するために設置されている内閣府の外局。中立性，専門性を要する分野の行政事務のために設置されている合議制の行政機関のことを行政委員会といい，公正取引委員会もその一つである。　(4)　公開市場操作のうち，金融緩和策として日銀が有価証券を市中銀行から買い取る操作を資金供給オペ(買いオペ)，金融引き締め策として日銀が有価証券を市中銀行に売却する操作を資金吸収オペ(売りオペ)という。公開市場操作は，現在の日銀の主要な金融政策の手段となっている。　(5)　WHO(World Health Organization：世界保健機関)は国連の専門機関の一つ。なお，国連の専門機関とは，経済・社会・文化・教育・保健などの分野において国際協力を推進するための機関で，国連の経済社会理事会と協定を締結し，国連と連携して活動を行っている。UNESCO(United Nations Educational, Scientific and Cultural Organization：国連教育科学文化機関)やIMF(International Monetary Fund：国際通貨基金)，ILO(International Labour Organization：国際労働機関)などもその例。

【7】(1)　ア　グローバル化　イ　資質・能力　ウ　説明　エ　議論　オ　態度　カ　自覚　(2)　社会的事象等の意味や意

義，特色や相互の関連を考察したり，社会に見られる課題を把握して，その解決に向けて構想したりする際の「視点や方法(考え方)」である。
(3) 繰り返し活用し，その習熟を図るように指導することが大切である。 (4) 地理的分野…115(単位時間) 歴史的分野…135(単位時間) 公民的分野…100(単位時間)

〈解説〉(1) 中学校学習指導要領(平成29年告示)では，各教科の目標は，柱書および育成すべき「資質・能力」の3つの柱に対応する形で整理された。引用部分は，冒頭が柱書，(1)が「知識及び技能」に関する目標，(2)が「思考力，判断力，表現力等」に関する目標，(3)が「学びに向かう力，人間性等」に関する目標であることを念頭に，空欄を補充する。空欄ウとエは，特に表現力に関わる目標であり，考察，構想したことを，資料等を適切に用いて論理的に示したり，それを根拠に自分の意見や考え方を伝え合い，自分や他者の意見や考え方を発展させたり，合意形成に向かおうとしたりする力であるとされている。
(2)「社会的な見方・考え方」の説明は解答の通りであるが，中学校学習指導要領(平成29年告示)解説「社会編」では，社会的な見方・考え方を働かせることは，「社会科，地理歴史科，公民科としての本質的な学びを促し，深い学びを実現するための思考力，判断力の育成はもとより，生きて働く知識の習得に不可欠であること，主体的に学習に取り組む態度にも作用することを踏まえると，資質・能力全体に関わるものであると考えられる」とされている。また，「社会的な見方・考え方」とは，「社会的事象の地理的な見方・考え方」(地理的分野)，「社会的事象の歴史的な見方・考え方」(歴史的分野)，「現代社会の見方・考え方」(公民的分野)の総称であるとされていることから，各分野の「見方・考え方」についても説明できるように確認しておきたい。
(3) 中学校学習指導要領(平成29年告示)解説「社会編」においては，こうした技能は，単元など内容や時間のまとまりごとに全てを身に付けようとするものではなく，繰り返し活用してその習熟を図る必要があるとされている。その理由は，資料の特性等とともに，情報を収集する手段やその内容に応じて様々な技能や留意点が存在するからである。　(4)　中学校学習指導要領(平成29年告示)解説「社会編」では，地理的分野を第1，2学年で115単位時間，歴史的分野を第1，2学年で95単位時間，第3学年の最初に40単位時間，その後公民的分野を第3学年で100単位時間履修させることを原則としている。すなわち，第1，2学年で地理的分野，歴史的分野を並行して扱い，第3学年は歴史的分野の後，公民的分野を扱うことになる。

地　理・歴　史

【共通問題】

【1】(1)　天井川　(2)　エルニーニョ現象　(3)　都市鉱山　(4)　ライプツィヒの戦い　(5)　ホームステッド法　(6)　ニクソン　(7)　菅原道真　(8)　道元　(9)　五箇条の誓文　(10)　京都議定書

〈解説〉(1)　氾濫原や扇状地扇央で，河川の氾濫を防ぐために河道を堤防で固定すると，固定された河道に砂礫が堆積し，河床が高くなる。これにより再び洪水の危険性が高まり，さらに堤防をかさ上げするという繰り返しが生じ，周囲の平野面よりも河床が高い天井川が形成される。　(2)　エルニーニョ現象発生時には，アメリカ西部で多雨，東南アジア，オーストラリア，アフリカ南部で高温少雨となる傾向がみられるなど，広範囲に異常気象をもたらす。日本では，夏は太平洋高気圧の張り出しが弱く，冬は西高東低の冬型の気圧配置が弱まるため，冷夏暖冬となる傾向がある。エルニーニョ現象に対し，太平洋東部で数年に一度，海水温が低下する現象をラニーニャ現象といい，このとき南北アメリカ大陸西岸で低温，ブラジル北部やオーストラリアで多雨となる傾向がある。日本では，夏は太平洋高気圧が強く張り出し，冬は冬型の気圧配置が強まるため，暑夏寒冬となる傾向がある。
(3)　レアメタルとは，ニッケル，チタンといった埋蔵量が少なく希少性の高い金属で，先端技術産業の発展により需要が増えたことから価格が高騰した。そこで，廃棄される先端技術製品に使われているレアメタルを回収・再利用することで，これらの希少資源を確保できることから，近年そうした廃棄物中のレアメタルが都市鉱山と称されて注目されている。 (4) 1812年，ナポレオンがロシア遠征に失敗すると，プロイセン・オーストリア・ロシアなどの同盟軍は解放戦争に立ち上がり，翌1813年にライプツィヒでフランス軍を破った。これによりナポレオンはフランスに撤退し，翌年には同盟軍のパリ入城を許して皇帝を退位，エルバ島へ流された。ライプツィヒの戦いは諸国民戦争ともよばれる。 (5) 南北戦争中の1862年，連邦政府は西部の支持を得るために，国有地を貸与して5年間耕作すれば無償でその土地を与えるというホームステッド法を制定した。これにより西部への入植が増加し，西部開拓が進行した。 (6) 1960年代後半からアメリカ合衆国の国際収支は，ベトナム戦争の戦費や，日本や西ドイツなどの対米輸出増加によって悪化し，1971年にはニクソン大統領がドル防衛策として金ドル交換停止と10%の輸入課徴金の導入を発表した(ドル＝ショック)。これと同年のニクソン大統領の中華人民共和国訪問宣言(訪中は翌年)とをあわせて，ニクソン＝ショックと称する。 (7) 894年，遣唐大使に任じられた菅原道真は，唐の衰退等を理由にこの遣唐使の派遣中止を提案した。道真の建議は遣唐使の永続的な廃止を意図したものではないとされるが，結局このときの派遣中止以降，遣唐使は途絶した。 (8) 道元は1223年に入宋し，日本に曹洞禅をもたらした。帰国後は京都で活動するも延暦寺など権門寺院から弾圧され，越前(福井県)に永平寺を開いた。主著に『正法眼蔵』がある。臨済宗の開祖とされる栄西と混同しないように注意したい。 (9) 五箇条の誓文は戊辰戦争中の1868年3月に発布された明治政府の基本方針である。由利公正が起草し，福岡孝弟，木戸孝允が修正した。その要点は公議世論の尊重と開国和親である。 (10) 京都議定書は，気候変動枠組み条約に基づいて1997年に制定された，2020年までの先進国の温室効果ガス排出削減目標を示した議定書である。2015年には後継となるパリ協定が定められ，2020年以降の参加国の温室効果ガス排出削減目標が示された。

【日本史】

【1】(1)　15～16世紀に行われた明から発給された勘合を用いた朝貢形式の貿易であり，日本からは刀剣，槍などの武具や銅，硫黄などの鉱物が輸出され，明からは銅銭，生糸などを輸入した。(82字)

(2)　1924年に，護憲三派が中心となり，清浦内閣打倒，普通選挙断行，政党内閣の実現，貴族院・枢密院改革などを掲げて起こした運動である。総選挙の勝利で護憲三派による加藤高明内閣が成立し，1925年には普通選挙法を成立させた。(105字)

〈解説〉(1)　勘合貿易とは，室町～戦国時代に日本と明との間で，勘合符を使って行われた公認の貿易のことである。遣明船には，幕府の船のほかにも，細川・大内・山名などの守護大名船，天竜寺や相国寺などの大寺社船があり，1404～1547年の間に17回，84隻が派遣された。おもな輸出品は刀剣・硫黄・扇で，輸入品は銅銭・書画・生糸・絹織物・薬などであった。戦国時代には，細川・大内両氏によって勘合符の争奪が起こり，1523年，寧波で武力衝突が発生した。この問題では「主な輸出入品も含めて」という指示があるので，そこを中心に90字以内におさめて記述すればよい。　(2)　第二次護憲運動とは，1924年，憲政会・政友会・革新倶楽部の3派により展開された運動である。大正末期の1924年に貴族院を主体とする清浦奎吾内閣が成立すると，この3派は，普通選挙法実施，貴族院改革，行政財政整理を国民に訴えて総選挙に大勝し，護憲三派内閣を樹立した。首相に憲政会総裁加藤高明，ほかに高橋是清(政友会)，犬養毅(革新倶楽部)らが各派から入閣した。男子普通選挙法の制定，貴族院の部分的改革，財政緊縮，陸軍4個師団の削減などの行政整理は公約どおりに実行された。

【2】(1)　ア　後白河　　イ　垂加神道　　(2)　漢　　(3)　諸国は共同で邪馬台国の女王卑弥呼を立てた。卑弥呼は巫女として神の意志を聞くことにたけていたらしく，その呪術的権威を背景に政治をおこなっ

た。　(4)　30か国あまりの知行国と数多くの荘園や田畠
(5)　ア・エ　(6)　都市や農村の商人・職人の仲間を株仲間として広く公認し，運上や冥加など営業税の増収をめざした。　(7)　特権を得ようとする商人から役人への賄賂が横行している事情を風刺している。　(8)　b→c→a→d　(9)　ア　a　統治　b　統帥　c　貴族院衆議院　イ　法律の範囲内

〈解説〉(1)　ア　後白河天皇は，天皇即位3年余で二条天皇に譲位し，上皇として院政を開始。途中，平清盛による中断はあるものの，二条・六条・高倉・安徳・後鳥羽天皇の5代にわたって，30余年間院政を行った。源平の対立を利用し，鎌倉幕府の成立に至るまで王朝権力を維持した。　イ　垂加神道は，江戸の初期に山崎闇斎によって創唱された神道説。朱子学の居敬窮理の説を根本に吉田神道，伊勢神道などを集大成したもので，神人合一観が特徴である。　(2)　漢は，前202年，高祖劉邦が建国した中国古代の王朝である。王莽が建国した新(後8～23年)による中断があり，長安を都とする前漢と洛陽を都とする後漢とに分かれる。　(3)　邪馬台国は，『三国志』の魏志倭人伝に記載される，3世紀ごろ日本にあった国である。もともと男王が治めていたが，内乱の後，女王卑弥呼が共立され，北九州を含む30数カ国を支配した。卑弥呼の死後，男王が立ったが治まらず，宗女の壹与が立って治まったとされる。　(4)　平氏政権の経済的基盤としては，多くの知行国と500余の荘園，日宋貿易などがあるが，ここでは「史料Ⅱから読み取り」という指示があるので，史料にある「平家知行の国三十余箇国，既に半国にこえたり。其外庄園田畠いくらといふ数を知らず。」の部分から必要なところを書けばよい。　(5)　イは浮世絵をはじめた菱川師宣の作品である。ウは京焼の祖といわれる野々村仁清の作品である。
(6)　田沼時代の政策は，これまでの緊縮財政策ではなく，商人資本を積極的に利用したところが特徴といえる。運上・冥加金収入を目的に同業者組合である株仲間を奨励し，南鐐二朱銀といった新貨幣の鋳造も行った。また，農業面でも，下総印旛沼や手賀沼の開拓，商品農産物栽培の奨励などを行っている。　(7)「にぎにぎ」とは，赤ちゃんが

手を握ったり開いたりする動作を示す語だが，また賄賂を受け取るという意味にも使用される語である。賄賂政治が横行した田沼時代を揶揄する川柳である。　(8)　aは1881年，bは1874年，cは1875年，dは1884年。なお，明治14(1881)年の政変とは，国会開設問題をめぐり，イギリス式の政党政治を目指す参議大隈重信らがプロイセン式の立憲政治を推す伊藤博文らによって政府から追放された事件である。
(9)　大日本帝国憲法は，明治天皇によって制定公布された欽定憲法であり，明治憲法ともいわれる。伊藤博文を中心にヨーロッパにおいて憲法に関する調査を実施し，井上毅・伊東巳代治らがプロイセン憲法を模範として起草。枢密院の審議を経て1889年2月11日に発布された。問題で問われている部分は，いずれも重要な部分である。

【3】(1)　抗日民族統一戦線　　(2)　日中戦争の拡大につれ，軍事費は年々増加し，相次ぐ増税をもたらし，それでも膨大な歳出はまかなえず，多額の赤字公債が発行され，インフレーションが進行した。1938年には国家総動員法が制定され，政府は議会の承認なしに，戦争遂行に必要な物資や労働力を動員する権限を与えられた。(131字)
(3)　過度経済力集中排除法　　(4)　ア　○　　イ　×　　(5)　ア　b　イ　c　　ウ　a

〈解説〉(1)　中国共産党は，1935年の八・一宣言で，満州事変後に強まった日本の中国侵略に対して抗日民族統一戦線を提唱した。国民党においても，1936年の西安事件を契機に内戦停止，一致抗日の声は強まり，1937年7月，盧溝橋事件によって日中戦争が開始されると抗日民族統一戦線が結成され，再び国共合作が成立した。　(2)　1937年，盧溝橋事件によって日中戦争が勃発し，戦争の継続で急増し続ける軍事費は増税ではまかなえず，多額の国債を発行したために激しい物価の上昇を招いた。当初は戦争不拡大方針であった近衛内閣は軍部の圧力におされ，1938年に成立した国家総動員法に基づいて，価格等統制令，賃金統制令，国民徴用令などを公布し，国家総力戦体制をめざした。
(3)　過度経済力集中排除法とは，財閥解体の一環としてGHQの指示により1947年に公布・施行された法律で，独占禁止法と並ぶ経済民主化政策の一つである。持株会社整理委員会によって，戦前・戦時中に巨大化した企業の分割・再編成が実施された。対象企業は，初めは325社であったが，アメリカの対日政策の転換から次第に緩和され，実際に分割されたのは11社で，不徹底に終わった。　(4)　イは誤り。戦後最初の総選挙(第22回衆議院議員総選挙)は1946年4月10日に実施され，鳩山一郎率いる自由党が第一党となった。この選挙で初めて，39人の女性議員が誕生した。なお，選挙直後にGHQによる鳩山の公職追放があり，鳩山から自由党総裁を引き継いだ吉田茂が進歩党との連立内閣を組織することとなった。　(5)　人口増減率とは，任意の地域において，一定期間内に増減した人口の割合のことである。本問のポイントは，1940年代後半(イの時期)に第1次ベビーブームが起こり，日本の人口が急激に増えていることである。この世代が「団塊の世代」とよばれる世代である。なお，アの時期は，日中戦争は始まっていたが第二次世界大戦(太平洋戦争)直前の時期であり，人口の増加も見られる。ウの時期が選択肢中で最も低い数字に該当することは，現在の少子化問題を踏まえるとすぐに判断できる。

【4】(1)　a　歴史的過程　　b　地域的特色　　(2)　①　主題…日本の戦後の食糧事情はどう変わってきたのか　　内容…日本の戦後の食生活の変化と食糧管理制度や減反などの農業政策，コメの自由化などの貿易自由化が，日本の農業に影響を与えたことで，食料自給率など日本の戦後の食糧事情がどう変わってきたのか探究させる。　②　主題…個人の空間意識はどう変化してきたか　　内容…新幹線や航空機，高速道路による高速交通ネットワークの整備が進んだことによる移動時間の短縮が，国民の生活意識にどのように影響を与えたか探究させる。

〈解説〉(1)　平成21年告示の高等学校学習指導要領からの出題である。
a「我が国及び世界の形成の歴史的過程についての理解と認識を深め」るとは，歴史(世界史と日本史)の学習内容を示したものであり，歴史的思考力の育成に関わるものとされる。　b「我が国及び世界の生活・文化の地域的特色についての理解と認識を深め」るとは，地理の学習内容を示したもので，地理的な見方・考え方の育成に関わるものとされる。また，後段の「国際社会に主体的に生き…日本国民として必要な自覚と資質を養う。」とは，地理歴史科がその学習を通じて目指す最終的なねらいを示したものである。なお，平成30年告示の高等学校学習指導要領における地理歴史科の目標では，知識及び技能に関わる目標として「現代世界の地域的特色と日本及び世界の歴史の展開に関して理解する」ことが掲げられている。新学習指導要領への移行を踏まえ，教科・科目の目標については，新しい学習指導要領も参照されたい。　(2)　日本史Aの「2　内容　(3)　現代の日本と世界　ウ　現代からの探究」は，同科目の学習のまとめとして位置付けられており，これまでの学習で培われた知識や資料活用の技能を用いて，現在の課題について生徒が自らの考えをまとめ表現する活動を通して，歴史的な見方や考え方を身に付けさせることをねらいとしている。また，「内容の取扱い」において，資料を活用して歴史を考察したりその結果を表現したりする技能を高めることとされている。これらのねらいや学習過程の性格を意識して，主題と探究させる内容を構想する必要がある。　①　高等学校学習指導要領解説　地理歴史編(平成26年1月　一部改訂)では，探究させる主題の具体例として「日本の食糧事情はどう変わってきたか」が示されており，模範解答で示された内容のほかに，学校給食の普及などによる食生活の変化や，減反などの農業政策と貿易自由化，食糧自給とのかかわりなどが探究内容として挙げられている。模範解答の内容は主に戦後の社会経済に関するものであるが，実際に探究させる際には，食料自給率の変化のグラフや食卓に並べられる料理の変化を示す写真など，多様な資料から生徒に探究させることを意識したい。　②　同じく高等学校学習指導要領解説　地理歴史編(平成26年1月　一部改訂)において「個人の空間意識はどう変化してきたか」という主題が具体例として示されていることに基づく出題である。生徒の身の回りの社会的事象を取り上げるという観点では，模範解答に示された内容のほか，例えば「交通の発達によって山梨県の人々の暮らしや産業にどのような変化があったか」などの主題を設定し，中央線の開通，特急の整備，中央自動車道の開通などによる影響を多面的・多角的に考察させることなどが考えられる。なお，県庁所在地甲府市は2019年が開府500年にあたり，鉄道の発達の歴史を含む，市や山梨の歴史を振り返る展示や書籍刊行が積極的に行われている。かかる自治体の歴史に関する動向も参考にして，生徒が自分のこととして探究できる事例を設定したい。

【世界史】

【1】(1)　キュロス2世のときにメディアを滅ぼし，独立した。次のカンビュセス2世がエジプトを征服し，オリエントを統一した。ダレイオス1世の時代にはインダス川流域からエーゲ海沿岸に及ぶ広大な世界帝国となった。ペルシア戦争の失敗や反乱があいつぎ，前4世紀アレクサンドロスの遠征軍により滅ぼされた。(140字)　　(2)　イギリス，ドイツ，フランスなど7か国が結んだ集団安全保障条約である。ドイツ西部国境の現状維持と不可侵，ラインラントの非武装など一群の条約を結んだ。この条約でヨーロッパの集団安全保障体制が成立した。(98字)

〈解説〉(1)　前550年にキュロス2世により建国され，メディアを滅ぼして独立した。前538年にはバビロンを占領し，前525年に第2代国王カンビュセス2世がエジプトを征服して，オリエント世界を統一した。第3代国王ダレイオス2世はインダス川からエーゲ海沿岸に及ぶ地域を支配し，異民族に寛容な統治を行った。しかし，ギリシア諸ポリスとのペルシア戦争での敗北や，権力闘争や内乱により国力を落とした。前330年にマケドニアのアレクサンドロス大王の東方遠征によって滅亡。　(2)　ロカルノ条約は1925年10月にスイスのロカルノで仮調印され，12月にロンドンで本調印された一連の集団安全保障条約の総称である。イギリス・フランス・ドイツ・イタリア・ベルギー・ポーランド・チェコスロヴァキアが調印した。ドイツの西部国境の現状維持と不可侵やラインラントの非武装を内容とするライン条約と仲裁裁判条約，相互援助条約などから構成される。また，解答には意義も求められているので，集団安全保障体制の確立によるヨーロッパの緊張緩和やドイツの国際社会への復帰などに触れればよい。

【2】(1)　ア　安禄山　　イ　朱全忠　　ウ　プランタジネット　エ　ジョン　　オ　マグナ＝カルタ　　カ　フランクリン＝ローズヴェルト　　キ　地中海性　　(2)　両税法　　(3)　黄巣の乱　(4)　シモン＝ド＝モンフォール　　(5)　賠償・戦債支払いの1年間停止　　(6)　c　　(7)　春耕地・秋耕地・休耕地にわけて3年間周期の輪作をする農法

〈解説〉(1)　ア　安禄山は，唐の玄宗の信任を得て，平盧，范陽と河東の3節度使を兼ねた。宰相の楊国忠との権力争いに敗北して，755年に安史の乱を起こした。洛陽を占拠し大燕皇帝を自称したが，757年に後継者問題から息子の安慶緒に殺害された。　イ　朱全忠は，朱温が本名。875年に生じた黄巣の乱に反乱軍の一人として参加するが，882年に唐に帰順して朱全忠に改名するとともに，汴州の宣武節度使に任じられた。901年に梁王に封じられるが，907年に唐帝(哀帝)を廃して，朱晃に改名し後梁を建国した。　ウ　プランタジネット朝は，1154年にノルマン朝第4代国王スティーヴンが後継者不在のまま亡くなると，第3代国王ヘンリ1世の孫である，フランス西部のアンジュー伯アンリがイギリス王ヘンリ2世として即位し開いた。　エ　ジョンは第3代国王で，フランス王フィリップ2世と争って敗れ，1204年までにフランス内の領土の大半を喪失した。また，カンタベリ大司教の任命を巡って，1209年に教皇インノケンティウス3世に破門された。1213年に全領土を教皇に献上して，改めて封土として受け取った。　オ　ジョン王は，フランスとの対立による戦費調達のために重税を課したことで貴族たちの反発を招き，1215年にマグナ＝カルタの承認に追い込まれた。マグナ＝カルタは63条から構成され，国王の専断による課税の禁止や貴族・都市などが有した封建的特権の確認などを内容とする。

カ　フランクリン＝ローズヴェルトは民主党出身の第32代アメリカ合衆国大統領。1929年に始まった世界恐慌に苦しむアメリカで，ニューディールとよばれる経済統制強化と公共事業を通じた一連の政策で景気の回復に，また，善隣外交とよばれるラテンアメリカ諸国との関係改善によって，市場の確保にも努めた。第二次世界大戦末期に病没。
キ　地中海性気候は温帯気候の一つであり，温暖で冬季に降水量が増える。地中海沿岸を中心としたヨーロッパに特徴的な気候であるが，アメリカ合衆国のカリフォルニア，チリ中部や南アフリカのケープタウン周辺などにも分布する。柑橘類やブドウなどの栽培に適している。
(2)　両税法は，均田制，租庸調制の崩壊した唐において，780年に徳宗の宰相である楊炎の献策によって導入された。明代までの税制の基本形式となる。農民による土地の所有を認め，夏(6月)と秋(11月)の2回に渡って徴税した。納税は，資産に応じた銭納と耕地面積に応じた穀物納付で行われた。　(3)　875年に，塩密売商人であった黄巣が起こした乱。880年に唐の都である長安を占領して大斉を建国したが，884年に李克用によって鎮圧された。　(4)　シモン＝ド＝モンフォールはレスター伯で，プランタジネット朝第4代国王ヘンリ3世の姉妹エレノアの夫。ジョン王の後を継いだヘンリ3世がマグナ＝カルタを無視した政治を推進したため，1258年に諸侯らと反乱を起こし，国王を捕虜とした。1265年に，他階層の支持を取り付けるために，大貴族・高位聖職者・騎士・都市代表を招いた議会を招集したが，同年，国王側の反撃によって敗死した。　(5)　1931年6月にフーヴァー大統領が発した，1年間の政府間債務の支払い猶予。とくにドイツの賠償支払い猶予による金融恐慌の阻止を目的としていたが機能せず，金融恐慌はイギリスへと波及して，9月に金本位制を停止し国際的な金融恐慌となった。　(6)　シャーマン法は1890年の制定。アメリカで最初の全国規模の反トラスト法で，州間または国外との商業を制限する結合・謀議の禁止と商業独占の禁止が規定された。ロックフェラーが設立したスタンダード石油会社を解散に追い込んだが，1894年5月に発生した鉄道ストであるプルマン＝ストライキも州間商業を妨げるとしてシャーマン法によって弾圧対象とされた。　(7)　三圃制について説明すればよい。三圃制は，耕地を秋耕地・春耕地・休耕地に分けて3年で一周する農法である。秋耕地には小麦，春耕地には大麦やカラス麦が植えられた。休耕地は放牧場として利用され，家畜のフンによる地力の回復が図られた。効率的な農法による集村化の進行，耕地面積の拡大とそれに伴う開墾によって森林面積の減少を引き起こした。

【3】(1)　ア　インカ　　イ　セシル＝ローズ　　ウ　南アフリカ　エ　ブール　　オ　ファショダ　　(2)　コルテス　　(3)　ポトシ銀山　(4)　ビスマルク　　(5)　エジプトにおけるイギリスの支配的地位と，モロッコにおけるフランスの支配的地位を認め合った。　　(6)　国名…Ⅰ　リベリア共和国　　Ⅱ　エチオピア帝国　　位置…Ⅰ　b　Ⅱ　d

(7)

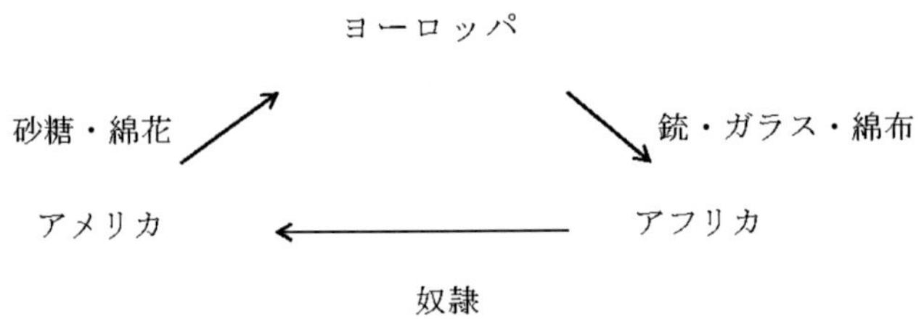

(8)　ヨーロッパ商業は世界的広がりをもつようになり，商品の種類・取引額が拡大し，ヨーロッパにおける遠隔地貿易の中心地は地中海から大西洋にのぞむ国々に移動した。また，アメリカの銀山から大量の銀が流入し，ヨーロッパの物価は上昇した。この物価騰貴は価格革命と呼ばれ，固定地代の収入で生活する領主は打撃をうけた。

〈解説〉(1)　ア　インカ帝国は，15～16世紀，クスコを都としてコロンビア南部からチリに至る領土を4地域に分けて支配した。そのためインカ人は自領を「4つの地方」を意味するタワンティン＝スウユと称した。文字を所有せず，キープと呼ばれる縄の結び目を使って情報を交換した。1533年に征服者(コンキスタドール)のピサロによって滅ぼされた。　イ　セシル＝ローズは，ダイヤモンド採掘や金鉱業で成功し，1890年にケープ植民地の首相に就任した。北部への領土拡張政策を推進してローデシアを建てたが，1895年のトランスヴァール共和国転覆計画に失敗して失脚した。なお，ドイツ紙のインタヴューでの発言「社会問題解決のためには帝国主義者にならなければならない」は，レーニンの『帝国主義』にも引用されている。　ウ　南アフリカ戦争は，金鉱やダイヤモンド鉱山が発見されたオレンジ自由国とトランスヴァール共和国の確保を狙って，1899年に植民地相ジョゼフ＝チェンバレンが主導するイギリスによって引き起こされた。ゲリラ戦術による抵抗に苦戦したが，勝利したイギリスは1902年に両国を併合した。エ　ブール人は，オランダなどのヨーロッパ諸国からケープ植民地に入植した移民の末裔に対する蔑称。1815年のウィーン議定書でケープ植民地がイギリス領となると，その支配を嫌ったブール人が，グレートトレックと呼ばれる北方への移住を行った。この移住や，ブール人国家に対するイギリスの侵略戦争である南アフリカ戦争などの経験を通じて，ブール人は民族意識を強めて，アフリカーナーと自称し始めた。　オ　ファショダ事件は，1898年にスーダンのファショダで，アフリカ縦断政策を推進するイギリスと，アフリカ横断政策を推進するフランスが遭遇した事件である。イスラーム教徒によるマフディーの反乱を鎮圧したイギリス軍が，マルシャン指揮下のフランス小部隊と遭遇，対峙し，戦争勃発の危機が生じたが，フランス外相デルカッセの指示でフランスが譲歩した。この事件によりスーダンのエジプト・イギリス領化が決定した。なお，同時期に長江流域で東西に勢力圏を維持するイギリスと，雲南省から四川省を介して南北に鉄道利権の獲得を目指すフランスが中国でも対立している。　(2)　コルテスは，スペインの下級貴族出身の「征服者」(コンキスタドール)の一人。1521年にアステカ王国の首都テノチティトランを征服した。1523年にヌエバ＝エスパーニャ副王領総督となるが，王室と対立して失脚。

(3)　1545年，ボリビアにおいてスペイン人によりセロ＝リコ銀山が発見された。このセロ＝リコ銀山の鉱山町としてポトシが発展したことから，ポトシ銀山とよばれる。ミタ制という先住民の徴用制のもとで莫大な量の銀を生産した。ポトシ銀山などで産出された銀が大量にヨーロッパに流入したことで，価格革命が引き起こされた。　(4)　ビスマルクはユンカー出身で，1862年にプロイセン首相に就任した。ドイツ統一後のドイツ帝国初代宰相。フランスを孤立させて，列強の勢力均衡に基づくビスマルク体制を築いた。アフリカ分割を巡る列強の利害対立の調整を図るために，ビスマルク主催で1884年にベルリン会議(ベルリン＝コンゴ会議)が開催され，コンゴ自由国の承認や先占権などアフリカ分割の原則が決定された。　(5)　1904年の英仏協商は，エジプトにおけるイギリスの支配権をフランスが認め，モロッコにおけるフランスの支配権をイギリスが認める内容である。アフリカにおいてイギリスは縦断政策を，フランスは横断政策を推進して対立していた。しかし，ドイツに対抗するために，アフリカの権益範囲を規定して両国は和解した。タイの独立も確認された。　(6)　Ⅰ　解放された黒人奴隷やその子孫を国外へ移民させる目的で1816年にアメリカ植民協会が結成され，アフリカへの帰還事業が組織的に実施された。受け入れ先として1822年にリベリア植民地が建設され，イベリア植民地は1847年にリベリア共和国として独立した。リベリア共和国はアフリカ西岸に位置し(b)，首都はモンロビア。なお，リベリア共和国では，2006年に選挙によって選ばれたアフリカ大陸で最初の女性大統領としてサーリーフが就任。彼女は2011年にノーベル平和賞を受賞している。Ⅱ　エチオピア帝国は，アフリカ東北部に位置し(d)，首都はアジスアベバ。古くは，長きにわたりアクスム王国が栄え，紅海やインド洋などを通じて交易を行っていた。ソロモン朝エチオピア帝国は皇帝メネリク2世のもと，フランスの援助を受けて，1896年にアドワの戦いにおいてイタリア軍を殲滅した。独立を維持したのみならず，東南部オガデン地方を併合して，イタリアのエリトリア領有を認めるなど，帝国主義的な拡張政策も推進した。なお，アジスアベバには1963年にアフリカ統一機構(OAU)の本部が設置され，2002年にアフリカ連合(AU)に改組後も本部が置かれている。図のaはフランス植民地のアルジェリア，cはイギリス植民地のナイジェリアである。　(7)　大西洋三角貿易は，3地域の貿易関係を示す円を描けばよい。3地域はアフリカ，アメリカ大陸，ヨーロッパである。貿易品目はアフリカから奴隷がアメリカ大陸に輸出された。ここから時計回りに矢印を描き，アメリカ大陸から，砂糖，綿花，タバコやコーヒーがヨーロッパに，ヨーロッパからは，銃，綿布や雑貨が奴隷の対価としてアフリカに輸出された。(8)　問題文が要求する「世界の一体化が，当時のヨーロッパ社会・経済に及ぼした影響」は漠然としているように思われるが，問題文に挙げられている指定語句の地中海と価格革命から，商業革命と価格革命について述べればよいとわかる。商業革命は，地中海を舞台とした東方(レヴァント)貿易が衰退して，貿易の中心が大西洋貿易を担う大西洋沿岸諸国に移動した変化。価格革命は，アメリカ大陸から流入した大量の銀によって生じた，ヨーロッパにおける物価騰貴。金利が低下して商工業が活発化する一方で，金融業を営んでいたアウクスブルクのフッガー家や固定された貨幣地代に依存していた荘園領主層は没落した。

【4】(1)　a　歴史的過程　　b　地域的特色　　(2)　①　第二次産業革命以後の大量生産・大量消費が現代人に快適な生活をもたらす一方，資源・エネルギーの問題や地球環境の悪化など様々な課題を引き起こしたことについて探究させる。　②　当時の国際政治，国際経済と欧米諸国や日本の社会状況を対比させながら，戦争に突き進むことになった背景や原因を探究させる。　③　科学技術の進歩を背景とした大量破壊兵器の開発競争が，国際的対立の激化の中で，人類の生存にどのような影響を与えることになったかについて探究させる。
④　地域紛争の原因や背景の多様性や地域紛争の解決に向けての日本の貢献について探究させる。

〈解説〉(1)　平成21年告示の高等学校学習指導要領からの出題である。解説と併せて，地理歴史科の目標について深く理解しておくことが求められる。　a「我が国及び世界の形成の歴史的過程についての理解と認識を深め」るとは，歴史(世界史と日本史)の学習内容を示したものであり，歴史的思考力の育成に関わるものとされる。　b「我が国及び世界の生活・文化の地域的特色」についての理解と認識を深め」るとは，地理の学習内容を示したもので，地理的な見方・考え方の育成に関わるものとされる。また，後段の「国際社会に主体的に生き…日本国民として必要な自覚と資質を養う」とは，地理歴史科がその学習を通じて目指す最終的なねらいを示したものとされている。なお，平成30年告示の高等学校学習指導要領における地理歴史科の目標では，知識及び技能に関わる目標として「現代世界の地域的特色と日本及び世界の歴史の展開に関して理解する」ことが掲げられている。新学習指導要領への移行を踏まえ，教科・科目の目標については，新しい学習指導要領も参照されたい。　(2)「第2章　第2節　地理歴史　第2款　各科目　第2　世界史B　2　内容　(5)　地球世界の到来」の扱いについて，その解説編(平成26年1月一部改訂)に示された例示に関する出題である。世界史Bにおける，生徒による主題の設定とそれに基づく学習活動・探究活動のねらいは，生徒の主体的な探究を通して，それらの問題を歴史的観点から考察させることにある。そのため，指導するに当たっては，探究のための適切な時間を確保するとともに，生徒の主体的な活動を積極的に取り入れる学習形態や指導方法を工夫するなどして，歴史的思考力を養うようにし，言語活動の充実を図るようにすることが求められる。以上のことを踏まえ，解答に当たっては，選択した主題に対して具体的な探究について記すことができるようにしたい。

【地理】

【1】(1)　産油国は石油資源に恵まれていたが，当初は開発や精製する技術をもたず，メジャーから限られた利権料を受け取るだけで利益の大部分を先進国に持ち去られていた。これに対し，自国の資源を経済的自立と発展に結びつけようという資源ナショナリズムの動きが高まり，産油国はOPECを結成した。(132字)　　(2)　国後島・択捉島・歯

舞諸島・色丹島の北方領土は，1945年にソ連によって占領され，現在もロシアによる占拠が続いている。竹島は1954年には韓国が占拠し，領有権を主張している。北方領土，竹島は日本固有の領土であり，それぞれ返還を求めている。(112字)

〈解説〉(1) OPEC(Organization of the Petroleum Exporting Countries)設立の1960年当時，油田は西アジアに偏在しており，欧米のオイルメジャーが我先に油田を掘り当て，採掘権を安く取得してその利益を搾取していた。それに対し，産油国がいわばカルテルともいえるOPECを設立することによって，自国の資源による利益を自国にもたらそうという資源ナショナリズムの機運が高まった。その後，アラブ諸国の利益を優先するために1968年OAPEC(Organization of Arab Petroleum Exporting Countries：アラブ石油輸出国機構)が結成され，1973年の第4次中東戦争に際しては原油の大幅減産と親イスラエル国への禁輸，OPECとして原油価格の引き上げなどを行ったことから，第1次オイルショックが発生した。以降，北海油田に始まり，ロシア，アメリカの油田掘削のほかシェールオイルの開発・増産も進み，現在，その発言力は低下しつつある。 (2) 120字で北方領土，竹島について述べるには，最低限の事項のみでよいだろう。なお，尖閣諸島は日本固有の領土であり，日本の立場としては「領土問題は存在しない」ため，本問には記述する必要はない。日本とロシアの間には依然として平和条約がなく，早期の締結が望まれる。

【2】(1) ア 流線図 イ テラローシャ ウ カッパーベルト (2) Ⅰ 階級区分図 Ⅱ 図形表現図 (3) ○の地域は旧河道跡であり，水分を多く含んだ軟弱な砂層であると考えられ，地震などのゆれを受け続けると，液状化現象が発生するおそれがある。 (4) 夏は熱帯収束帯の影響で雨季となり，冬には亜熱帯高圧帯の影響で乾季となる。 (5) a インド b ベトナム (6) a 中国 b ロシア c カナダ

(7)　I　(グラフ)

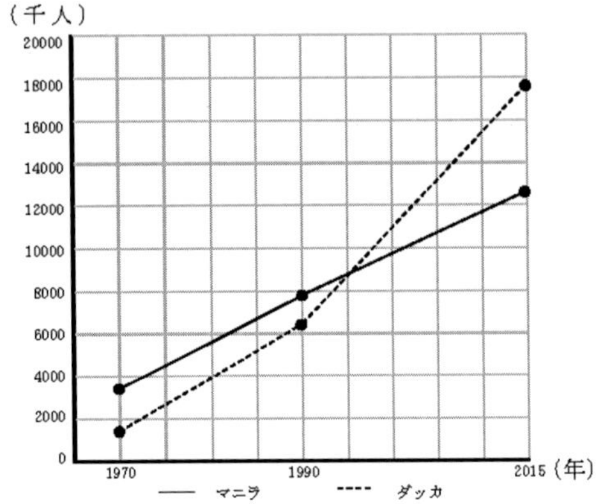

II　(説明)農村から都市に向けての人口移動が著しい。発展途上国の大都市では，人口の増加により，自動車の数が増え，交通渋滞の発生や排ガスによる大気汚染の問題などが考えられる。また，農村から押し出されてきた農民やその家族が都市に出てきて，スラムを形成することもある。

〈解説〉(1)　アの統計地図には，ドットマップやメッシュマップ，等値線図，階級区分図，流線図などがある。流線図は，物資や人の移動を太さの異なる矢印で表すことによって，その量と方向を表すことができる。イについて，土壌には，気候に影響される成帯土壌と，地域的に分布する間帯土壌がある。前者には，熱帯のラトソル，温帯の褐色森林土，亜寒帯のポドゾルなどがあり，後者にはブラジル高原のテラローシャのほか，地中海沿岸のテラロッサ，ヨーロッパ中東部や黄河流域のレスなどがある。テラロッサは「赤い土」，テラローシャは「紫色の土」の意味で，間違えやすいので要注意。ウについて，コンゴ民主共和国はかつてザイールといい，同国南部からザンビア中部にまたがる銅の産地をカッパーベルトという。この銅を運搬するためにザンビアとタンザニアを結ぶタンザン鉄道が敷設された。また，大陸西岸に向かっては，コンゴ民主共和国とアンゴラの都市ベンゲラと結ぶベンゲラ鉄道ができた。 (2) I 図1は，人口200万人刻みで模様あるいは色を決めておいて，都道府県ごとに該当する人口の模様あるいは色で塗り分けているため，階級区分図の手法である。これによって東京都とその周辺，大阪府とその周辺の県などの人口が多いことがわかるが，同時に，面積が広い北海道も人口が多い(人口密度が高い)ように見えてしまうのが欠点である。 II 前問で述べたとおり，面積の大小で実数が錯覚して見えるため，普通の地図を使用することは不適切である。人口の多い少ないはこの図法ではなく，図形表現図を活用したい。たとえば，棒グラフのようなもので実数を表すなどである。 (3) 図2と図3を比べると，大正3年から現在までの間に堤防を建設して河道を固定し，印のついた地域は，かつては河川だったことがわかる。また，図2に中州が形成されていることから，川の流れは比較的緩やかで，川岸や川底には上流から運搬されてきた砂礫が堆積しており，地盤としては弱いことが推測される。そういった土地では，地震による液状化現象が起こりやすい。埋め立て地などでは特に注意が必要な災害の1つである。 (4) サバナ気候は，太陽の回帰に伴い，赤道低圧帯と中緯度高圧帯の影響を受ける時期が入れ替わる地域で見られる。前者の影響で降雨が多くなって雨季となり，後者の影響で乾季となる。気温の年較差は小さいが，大きな樹木は育たず，長草草原(＝サバナ)が広がる。 (5) 設問文にもあるとおり，インドのデカン高原はレグール土が広がり，綿花栽培に適している地域である。綿花は，乾燥帯のパキスタンでも灌漑によって多く栽培されているのが特徴で，表のアに当てはまる。ブラジルで40％を占めるイは，バイオエタノール原料としての利用が進むさとうきび。ブラジルに次いでインドの生産量も多い。ウのコーヒー豆はエチオピア原産。熱帯で，標高がある程度高く，寒暖差がある地域が栽培に向き，地域による銘柄がある。主要産地の1つコロンビアを抜いて近年はベトナムが2位に定着している。 (6) 中国とロシアはいずれも火力発電の割合が高いが，原子力発電の違いからa中国，bロシアと判断する。なお，ロシアの火力発電は天然ガスが中心，中国は石炭が中心である。水力発電の割合が高いcはカナダ。　(7)　I　方眼のみが与えられているので，単位に気をつけてグラフを書くことが大切である。縦軸は2,000人ごとが適切であるが，横軸は調査データの年度の間隔が不均一なため，2015年を右端にして5年刻みにするのがよい。1970年を縦軸の上に取らないように注意。なお，通常は10年，20年刻みでグラフを作るほうがよい。また，データの開きが大きい場合は，途中を破線にすることも考えられる。　II　1970年から1990年にかけて，マニラでは人口が2.3倍，2015年にかけて1.6倍と急増。ダッカでは同時期に4.8倍，2.7倍となっている。産業別人口構成における以前との比較ができないため推測となるが，先進国である日本との比較から，今後も第1次産業人口の割合が減り，農漁村から都市へ人口が移動することが予想される。農業の機械化，農漁村での人あまり，都市での高賃金の職を求めて，などが主要因。結果として，都市ではスラム化，インフラの未整備，交通渋滞などの都市問題が想定される。

【3】(1)　ア　シェンゲン協定　　イ　インドネシア　　(2)　c，d
(3)　石炭や鉄鋼などの戦略物資を共有することにより，軍事的対立の回避を目的とした。　　(4)　c　　(5)　ドイツ…イ　　フランス…ウ　イギリス…ア　　(6)　ルックイースト

〈解説〉(1)　アのシェンゲン協定により，現在のEU加盟国の中で協定に加盟している国の間(シェンゲン領域)では，基本的にパスポートなし，検問なしで自由に行き来ができるようになった。ユーロの導入とともに，ヨーロッパ市場統合が完成された。なお，離脱前のイギリス，アイルランドほか，キプロス，ブルガリア，ルーマニア，クロアチアは非加盟。一方で，EUには非加盟だが協定には参加しているスイスやアイスランドなどの例外もある。イについて，ASEAN東南アジア諸国連合は，冷戦期の1967年，インドネシア他5カ国で結成された。現在は10カ国で構成されている。域内の経済発展と安定を目指す姿勢から，人件費の安さに惹かれて先進国からの工場移転が増加，輸出指向型工業が発展して，農産物輸出やモノカルチャー経済から脱しつつある。

(2) EU，ヨーロッパ連合の前身は，ベルギー，オランダ，ルクセンブルクの3カ国による1948年発足のベネルクス関税同盟。続いて当時の西ドイツ，イタリア，フランスが加わってECSC(欧州石炭鉄鋼共同体)が結成された。 (3) ECSCの設立目的は，エネルギー資源と領土を奪い合うかつての戦禍を繰り返さないためとされているが，その後，EEC(ヨーロッパ経済共同体)，EURATOM(ヨーロッパ原子力共同体)が結成され，EC(ヨーロッパ共同体)結成への大きな一歩となった。

(4) cのデンマークの通貨は，デンマーククローネである。イギリスは当初よりユーロを導入しておらず，2020年1月，EUを正式に離脱した。現在のEU加盟国は27であるが，そのうち，ユーロを導入していない，すなわち，自国の通貨を使用している国は8カ国で，デンマーク，スウェーデンの他，旧東欧諸国に多い。 (5) 植民地であった国の国民が旧宗主国の言語を習得しているのは負の遺産ともいえるが，そのことが，移民としての渡航先を決定する大きな要因ともなっている。インドはイギリスの植民地。インドの含まれるアがイギリスと考えられる。アルジェリア，モロッコなど北アフリカはフランス領だったことから，ウはフランスである。桁違いに流入数の多いイのドイツは，戦後，労働人口が少なかったこともあり，政策的に多くの移民労働者を受け入れてきた。しかし，近年では自国民との軋轢も多く，移民流入には消極的となっている。 (6) マレーシアの政策では，ルックイースト政策とブミプトラ政策が重要。ブミプトラ政策は，教育や就職，金融面で，政治経済の実権を握る華僑に対してマレー系住民を優遇し，その経済的地位を向上させようとする政策。ベトナムのドイモイ政策と併せて押さえておきたい。

【4】(1) a 歴史的過程 b 地域的特色 (2)「地理的な見方」とは，日本や世界にみられる諸事象を位置や空間的な広がりとのかかわりで地理的事象として見いだすことである。「地理的な考え方」とは，それらの事象を地域という枠組みの中で考察することである。

(3) 生徒が設定する課題：地震災害に強い国土づくりを考える 地震

災害に対する備えについて問題点を整理・分析を行わせる。その際，班別に資料収集や整理・分析をさせたり，話し合わせたりするなどの工夫を行う。生徒のあげた意見を基に，学級全体で地震災害への備えについて，討論させ，仮説として整理させる。日本や諸外国の取組を，生徒自身がもっている資料や，図書館やインターネットから入手した資料などを基に調査させ，仮説の妥当性を確認させる。発表に向けて，地震災害に対する備えについての問題点の整理とともに，「地震災害に強い国土づくりを考える」という課題についての生徒の何らかの展望が提言という形で示されるようにする。

〈解説〉(1)　平成21年告示の高等学校学習指導要領からの出題である。解説と合わせ，地理歴史科の目標について深く理解しておくことが求められる。aの我が国及び世界の「形成の歴史的過程」についての理解と認識を深めるとは，歴史(世界史と日本史)の学習内容を示したものであり，歴史的思考力の育成に関わるものとされる。bの我が国及び世界の「生活・文化の地域的特色」についての理解と認識を深めるとは，地理の学習内容を示したもので，地理的な見方・考え方の育成に関わるものとされる。また，後段の「国際社会に主体的に生き…日本国民として必要な自覚と資質を養う。」とは，地理歴史科がその学習を通じて目指す最終的なねらいを示したものとされている。なお，平成30年告示の高等学校学習指導要領における地理歴史科の目標では，知識及び技能に関わる目標として「現代世界の地域的特色と日本及び世界の歴史の展開について理解する」ことが掲げられている。新学習指導要領への移行を踏まえ，教科・科目の目標については，新しい学習指導要領も参照されたい。　(2)「地理的な見方」と「地理的な考え方」の示すものは解答にある通りであるが，両者は相互に関係があり，本来は「地理的な見方や考え方」として一体的にとらえるものである。学習指導要領において，問題とされた部分の前段に示されている「現代世界の地理的認識を養う」が「地理B」で育成を目指している能力のうちの内容的な面を示しているのに対し，「地理的な見方や考え方を培い」は方法的な面にかかわるとされている。

(3)「(3) 現代世界の地誌的考察 ウ 現代世界と日本」の内容の扱いについて，解説編では，「我が国が抱える地理的な諸課題を探究する活動」とは，「見いだされた地理的な諸課題について，生徒が主体的にその原因などを考察することである。」としている。さらに「探究する活動」を「生徒が探究しながら調査を通して収集した知識や情報をまとめ，それを図表化するなどして資料を作成することと，それに基づいて自らの解釈も加えて発表し意見交換をしたり，論述したりする言語活動，さらに学習成果を社会に提言するなど社会参画を目指すことを視野に入れた一連の主体的な学習活動」と説明している。この主体的な活動を通して，生徒の市民性を育てることが求められる。このことを踏まえ，「自然災害」など，設定したテーマに沿って「探究する活動」を組み込んだ学習指導の展開例，生徒が設定する課題を記述できるようにしたい。

公　民　科

【1】(1) リュケイオン　(2) 諸行無常　(3) 王陽明　(4) 本居宣長　(5) アンガージュマン　(6) バーゼル条約　(7) アムネスティ・インターナショナル　(8) 公職選挙法　(9) 無担保コール翌日物金利　(10) フェアトレード

〈解説〉(1) リュケイオンは，フランス語で「高校」を意味するリセの語源である。なお，アリストテレスの師であるプラトンは，アカデミーの語源であるアカデメイアという学園を開いている。 (2) 諸行無常とは，この世に永遠不変のものはないという意味。諸法無我や涅槃寂静とともに三法印と称され，仏教の根本教義とされている。これに一切皆苦を加えて，四法印することもある。 (3) 王陽明は陽明学の祖。知行合一や心即理や修養論として居敬窮理を説く朱子学が体制側に受け入れられやすかったのに対し，陽明学は反体制的な傾向のある思想となっていった。 (4) 本居宣長は仏教や儒学を漢心として否定する一方で，日本人固有の精神としての大和心を重視した。また，『古事記』に登場する神々に，「よくもあしくも生まれたるままの心」である「まごころ」に通じる，日本固有の道としての惟神の道を見出した。　(5)　サルトルは，「人間の実存は本質に先立つ」として，アンガージュマンによって自己の本質を自由に作り上げることができる存在とした。ただし，自己の選択のすべての責任を負っていることから，「人間は自由の刑に処せられている」とも論じた。　(6)　2019年の締約国会議では，汚れた廃プラスチックを規制対象とする条約改正案が日本などによって提出され，採択された。　(7)　アムネスティ・インターナショナルは，死刑廃止運動や「良心の囚人」と呼ばれている，政治信条や宗教，人種の違いなどを理由に投獄されている人々の釈放運動など，国際的人権問題に取り組んでいるNGO(非政府組織)。国連経済社会理事会との協議資格を持っている。　(8)　公職選挙法は，選挙制度や選挙違反などについて定めた法律。かつて，インターネットを用いた選挙運動は禁止されていたが，2013年に解禁された。ただし，一般の有権者による電子メールを用いた投票依頼は，なりすましが現れる危険があることから，現在もなお禁止されている。　(9)　コール市場とは，金融機関の間で短期資金を融通し合う金融市場。無担保コール翌日物の金利は，このコール市場で適用される金利の一つ。1990年代のゼロ金利政策も，この金利を0%近くに誘導する政策であった。　(10)　フェアトレードとは途上国の輸出品を先進国が適正な価格で継続して輸入しようという運動のこと。途上国の生産者に対する公正な賃金や労働条件を保証した適正な価格で継続して購入することで，生産者の自立，生活改善を図ることを目的としている。

【2】(1)　自由貿易協定の目指す貿易の自由化だけでなく，労働力の移動，知的財産権の保護，投資など，幅広い分野での連携を目指す協定。
(2)　予算の議決・内閣総理大臣の指名・条約の承認の際，衆参両院の議決が異なった場合に必ず開かれる。

〈解説〉(1)　日本は2002年にシンガポールと初めて締結して以降，中南米や東南アジアを中心に多くの国・地域とEPAを締結してきた。2018年にはEUともEPAを締結(2019年2月発効)するに至っている。また，EPAの締結によって，インドネシア，フィリピンなど，東南アジアの一部の国々から看護師，介護士候補の受け入れも行っている。

(2) 両院協議会は衆参両院から10名ずつが出席して行われる。予算，条約，総理大臣の指名で衆参が異なった議決をした場合に開催されるが，両院協議会でも意見が一致しない場合，衆議院の議決が国会の議決となる。なお，法律案に関しては，衆参で議決が異なっても，両院協議会の開催は必要とされていない。

【3】(1) a 恒久の平和 b 生存する権利 c 永久不可侵 d 不断の努力 e 法令審査権 (2) 多年にわたる自由獲得 (3) (ウ)・(エ) (4) 国がすすんで財政や経済などの諸政策を行い，国民福祉を充実させていく機能を持っているから (5) (エ)

(6) 国家権力の不当な介入や干渉を排除し，個人の自由を保障する権利。精神の自由・身体の自由・経済の自由の3つに分けられている。

(7) プログラム規定説 (8) (ア) 一般市民の感覚を，刑事裁判に反映させるため (イ) 陪審制は有罪・無罪の判断を一般市民だけで行い，量刑判断は行わないのに対し，裁判員制度は量刑判断まで裁判官とともに一般市民が行う (9) アイヌ文化振興法

〈解説〉(1) aの平和主義は，国民主権，基本的人権の尊重と並ぶ，日本国憲法の基本原理。bについて，前文のこの文言などから，平和的生存権が主張されている。cの永久不可侵は，第97条にも「侵すことのできない永久の権利」とある。dについては，第12条では，人権の濫用が禁止されるとともに，公共の福祉のためにこれを利用する責任があるともされている。eの法令審査権について，最高裁は終審として法令審査を行う権限を持つため，「憲法の番人」の異名を持つ。

(2) 人権保障は，フランス革命などの闘争を通じて，市民が勝ち取ったものである。日本国憲法も，こうした歴史的経緯を踏まえて制定された憲法であるといえる。 (3) (ア) 次の国会開会後10日以内に衆

議院が同意しない場合，失効する。　(イ)　日本国憲法では「国会会期中」の不逮捕特権を認めているが，国会閉会中は逮捕が可能である。また，会期中であっても所属する議院の許諾があった場合，逮捕は可能。　(ウ)　条約締結の承認に関しても同様。内閣総理大臣の指名においては10日以内である。　(エ)　国政調査権は衆参両院が対等に持つ権限。　(4)　景気対策や福祉など，現代国家に求められる役割は多岐にわたる。その一方で，行政機関は大きな許認可権を持つに至って市場の自由競争を圧迫し，社会福祉関連費など財政支出の肥大化により財政赤字や国民の負担増といった問題も抱えている。ゆえに，「小さな政府」を求める新自由主義が台頭した。　(5)　2014年に策定された防衛装備移転三原則には，共産圏向けの武器輸出禁止に関する言及はない。　(6)　自由の概念は「国家からの自由」「国家への自由」「国家による自由」に分類されるが，自由権は「国家からの自由」に該当する権利である。なお，「国家への自由」は参政権，「国家による自由」は社会権が該当する。　(7)　体裁は人権を保障するものでありながらも，実際は政府の政策目標を示したに過ぎない規定を，プログラム規定という。プログラム規定説とは，日本国憲法第25条の生存権などがプログラム規定と解釈する説。朝日訴訟や堀木訴訟の最高裁判決は，このプログラム規定説の立場から，原告の訴えを退けたと理解されている。　(8)　(ア)　裁判員制度は，一般市民の感覚を裁判に取り入れることがねらいだが，導入にあたっては，裁判を一般市民にもわかりやすくする工夫が求められた。　(イ)　アメリカなどで導入されている陪審員制とは異なり，裁判員制度では，量刑にも裁判員が参加する。(9)　アイヌ文化振興法は北海道旧土人保護法に代って1997年に制定された法律。さらに，2019年にはアイヌ文化振興法に代わるアイヌ新法(アイヌの人々の誇りが尊重される社会を実現するための施策の推進に関する法律)が制定され，アイヌが先住民族であることが初めて法令に明記された。

【4】(1)

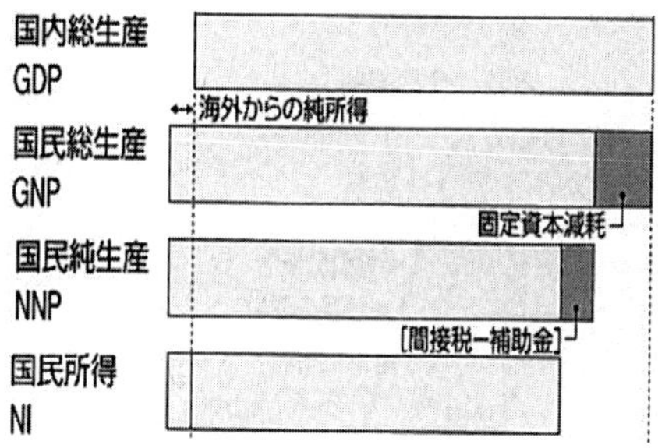

(2) $\dfrac{\text{本年度のGDP}-\text{前年度のGDP}}{\text{前年度のGDP}}\times 100$　(3) 4%

(4) (ア) フランスの経済学者ジュグラーが発見し，設備投資の盛衰を原因とする約7～10年周期の経済循環　(イ) ニクソン・ショック，第一次石油危機　(5) スティグリッツ　(6) (ウ)　(7) フリー，フェア，グローバル

〈解説〉(1) GDPは国内のみの付加価値の数字であるため，これに海外からの純所得を加えたものがGNPである。固定資本減耗分は，企業会計における減価償却費のこと。生産活動による固定資本(機械など)の価値の減少分のことである。GDPやGNPが粗付加価値の合計であるのに対し，NNPは固定資本減耗分を差し引いた純付加価値の合計である。また，NNPから純間接税(間接税－補助金)を差し引くことで，狭義のNI(国民所得)が計算される。 (2) GDPには，物価変動の影響を含む名目GDPと，物価変動の影響を除いた実質GDPがある。ゆえに，経済成長率にも名目経済成長率と実質経済成長率がある。なお，この物価の変動による影響を除くために用いられている物価指数を，GDPデフレーターという。 (3) 本年の実質GDPを求める必要があるが，前年を基準とした物価上昇率が10%となっていることから，572兆×100÷110の計算式で求めることができる。計算すれば520兆円となる。前年を基準としているのだから，前年の実質GDPは名目GDPに等しい。あとは，(2)の計算式に数値を代入すれば，実質経済成長率を求めることができる。 (4) (ア) 景気の波には，約40か月周期で在庫投資の盛

衰が原因とされるキチンの波，約20年周期で建設投資の盛衰が原因とされるクズネッツの波，約50年周期で技術革新が原因とされるコンドラチェフの波がある。　(イ)　ニクソン・ショックとは，1971年にアメリカのニクソン大統領が米ドルと金の兌換の停止を発表した出来事。これでブレトン・ウッズ体制は崩壊した。また，第一次石油危機は1973年の第四次中東戦争勃発により，中東の産油国が石油の減産，価格引上げを実施したことに伴う国際経済の大混乱のこと。　(5)　スティグリッツは現代アメリカを代表する経済学者の一人。「情報の非対称性」に関する研究でノーベル経済学賞を受賞している。
(6)　A　不況期には人々の可処分所得が減るため，景気刺激策として減税が行われる。　B　赤字国債は，バブル景気後の1991～1993年度には発行されなかった。　C　間接税では，所得の多寡に関わらず，同率の税が発生するため，所得に対する負担割合は相対的に高くなる。
(7)　このイギリスで行われた金融ビッグバンにならい，1990年代半ばから日本版ビッグバンとして「フリー・フェア・グローバル」な金融市場を目指す大規模な改革が実施された。

【5】(1)　a　キューバ危機　　b　国際司法裁判所　　c　CTBT
d　SDGs　　e　ODA　　(2)　両国がともに協調を選択すれば，合計点数は最高の8点となるが，自国が協調を選択しても，相手国が非協調の場合1点しか得られないため，相手の行動が予測できない状況では協調を選択できず，ともに非協調を選択することになってしまう。自国の利益の最大化を目指すと，結果的に協調した安全保障政策がとれなくなってしまうというジレンマ　　(3)　インド，パキスタン
(4)　京都議定書が先進国のみの参加だったのに対し，パリ協定は発展途上国を含む国々が参加する協定　　(5)　プレビッシュ報告
(6)　DAC
〈解説〉(1)　aは，社会主義国であるキューバにソ連がミサイル基地を建設したことに端を発する，米ソ核戦争の危機。bは国連の主要機関の一つで，領土問題などの国際紛争を平和的に解決するために設置され

ている。cのCTBTは「包括的核実験禁止条約(Comprehensive Nuclear-Test-Ban Treaty)」の略称。CTBTの発効には，核保有国や核保有疑惑国など特定の44カ国の批准が必要とされるが，アメリカや中国，インド，北朝鮮などが未批准のため，発効していない。dのSDGsは「持続可能な開発目標(Sustainable Development Goals)」の略称。2030年までの達成を目指している。eのODAは「政府開発援助(Official Development Assistance)」の略称。　(2)　相互不信がある状況では，A国とB国はいずれも「非協調」を選択し，軍拡競争や偶発的な軍事衝突が起こりやすくなる。ゆえに，信頼醸成措置(CBM)として，各国の軍事関係者の相互交流などの取り組みが行われている。　(3)　インドとパキスタンは隣国同士で長らく敵対的関係にあるが，1998年に両国とも地下核実験を実施し，その後に核兵器の保有を宣言するに至った。なお，両国とも核拡散禁止条約には加盟したことがない。　(4)　京都議定書では，先進国のみが数値目標付きで温室効果ガス排出量の削減義務を負った。パリ協定では，途上国も含め，各加盟国は目標を策定，提出する義務を負っている。　(5)　UNCTADは南北問題を議論するために設立された国連総会の補助機関である。その第1回で提出されたプレビッシュ報告では，途上国の輸出品を先進国は低関税で輸入するという，特恵関税制度の導入などの提言が行われた。　(6)　DACには，OECDに加盟する36カ国中29カ国とEUが加盟している。各国のODA実績の取りまとめや公表などの活動を実施している。

【6】(1)　①　多角的・多面的に考察しようとする態度，国際的な視野　②　中学校社会科公民的分野の学習　③　健全な批判力　④　良識ある公民　(2)　例えば，選挙について，実際の選挙の時期に模擬投票を行ってみる。事前に各社新聞や選挙公報などを使い，各政党の主張をワークシートにまとめ各自で整理させる。また，各政党のマニフェストを取り上げグループ討議を行い，関心のある政策や疑問点などを挙げどのような点を重視するか意見を出し合う。その後，実際の投票所を再現した教室などで模擬投票を行う。実際の選挙の当選人確

定後に開票し，模擬投票の結果と実際の選挙結果を分析し，自分自身の選挙への関心の高まりをまとめる。　など

〈解説〉(1)　ここでは新学習指導要領ではなく，現行のものであることに注意。　(2)　問題では，政治への関心を高め，主権者としての主体的な政治参加へと生徒の意識を向けさせるような指導の工夫が求められている。指導例としては，公式解答に示される模擬投票や各政党の政策への評価分析のほか，国民世論の形成や一人ひとりの意思決定の重要性に焦点を当てた指導の工夫も考えられる。

2020年度　実施問題

中学社会

【１】次の(1)～(3)に答えよ。

(1)　次の「鉱産資源の生産量上位国(2015年)」を示した表を見て，①～③に答えよ。

（　Ⅰ　）	%
オーストラリア	27.1
中国	21.7
ブラジル	12.4
マレーシア	11.7

（　Ⅱ　）	%
中国	47.2
オーストラリア	13.2
アメリカ合衆国	7.4
ペルー	6.4

（　Ⅲ　）	%
メキシコ	21.4
ペルー	15.3
中国	12.3
オーストラリア	5.7

ダイヤモンド	%
（　A　）	32.9
ボツワナ	16.3
コンゴ民主共和国	12.6
（　C　）	10.7

銅鉱	%
（　B　）	30.2
中国	9.0
ペルー	8.9
アメリカ合衆国	7.2

鉄鉱石	%
（　C　）	34.7
ブラジル	18.4
中国	16.6
インド	6.9

（『世界国勢図会 2018/19』より作成）

①　表中のⅠ～Ⅲの鉱産資源名を，次のア～ウから一つずつ選び，記号で記せ。

ア．銀鉱　　イ．鉛鉱　　ウ．ボーキサイト

②　表中の空欄A～Cに当てはまる国名を，次のア～ウから一つずつ選び，記号で記せ。ただし，同じ記号には同じ答えが入るものとする。

ア．チリ　　イ．オーストラリア　　ウ．ロシア

③　発展途上国に多くみられ，少数の一次産品の生産と輸出にのみ経済を大きく依存する経済構造を何というか，記せ。

(2)　次の「発電エネルギー源別割合(2015年)」を示したグラフを見て，①～③に答えよ。

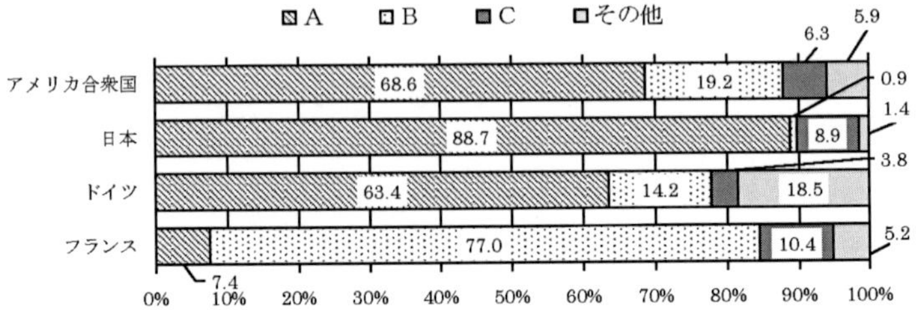

(『世界国勢図会 2018/19』より作成)

① A～Cに当てはまる発電エネルギー源の名称をそれぞれ記せ。

② その他に当てはまる再生可能エネルギーのうち，ドイツで最も発電量の割合の大きいものを，次のア～ウから一つ選び，記号で記せ。

ア．太陽光　　イ．風力　　ウ．地熱

③ 日本は，グラフ中の4か国の中でも発電エネルギー源Aの割合が高くなっている。このことの問題点は何か，経済と環境への影響の視点からそれぞれ記せ。

(3) 次の文を読み，下線部(ア)，(イ)の略称を，アルファベットでそれぞれ記せ。

> 「2030年までに飢餓を撲滅する」－これは2015年に国連で合意した「(ア)持続可能な開発目標」の達成すべき17ゴールの一つである。(イ)国連食糧農業機関によると，世界にはすべての人が食べるのに十分な食料があるにも関わらず，2016年推計で8億1500万人が飢餓に苦しんでいることが報告された。
>
> (『世界国勢図会　2018/19』より作成)

(☆☆☆◎◎◎◎)

【2】次の(1)～(3)に答えよ。

(1) 次の「本州における県名と県庁所在地名が異なる県に関する表」を見て，①～④に答えよ。

県	面積 (km²) 2017年	人口 (千人) 2017年	米の生産量 (t) 2017年	輸送用機械出荷額 (億円) 2015年
石川	4 186	1 147	131 300	1 528
宮城	7 282	2 323	354 700	4 795
X	6 362	1 960	77 300	34 700
Y	6 408	1 957	294 200	16 300
茨城	6 097	2 892	358 900	5 900
山梨	4 465	823	27 200	951
A	15 275	1 255	265 400	5 487
埼玉	3 798	7 310	156 100	19 344
B	8 401	5 503	183 400	11 750
C	6 708	685	90 800	826
三重	5 774	1 800	131 500	23 526
D	5 173	7 525	140 800	255 034
滋賀	4 017	1 413	163 900	9 692
E	2 416	9 159	15 700	40 846

(『日本国勢図会 2018/19』より作成)

① 表中のXとYは，栃木か群馬のどちらかである。群馬はX，Yのどちらになるか，記号で記せ。

② 茨城，山梨，三重，滋賀のうち，海岸線をもたない県の県庁所在地名をすべて記せ。

③ 表中のA～Eに当てはまる県の略地図を，次のア～オから一つずつ選び，記号で記せ。

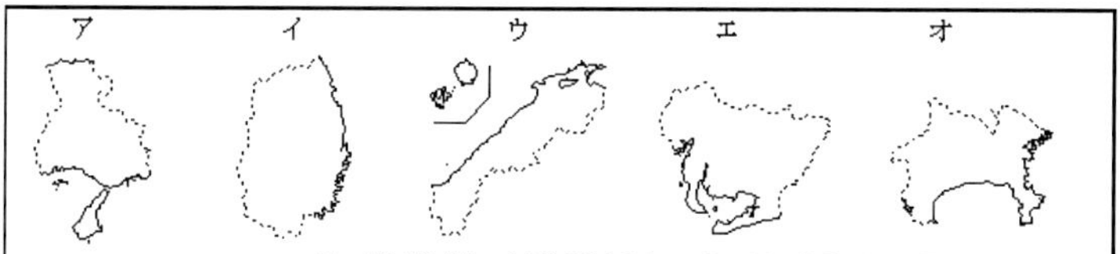

註 実線は海岸線，点線は県境を示している。また，縮尺，方位は同じとは限らない。

④ 次のグラフは，金沢，仙台，津の気候に関するグラフである。仙台に当てはまるグラフを一つ選び，記号で記せ。また，そのグラフを選んだ理由を，他の2つのグラフと比較して簡潔に記せ。

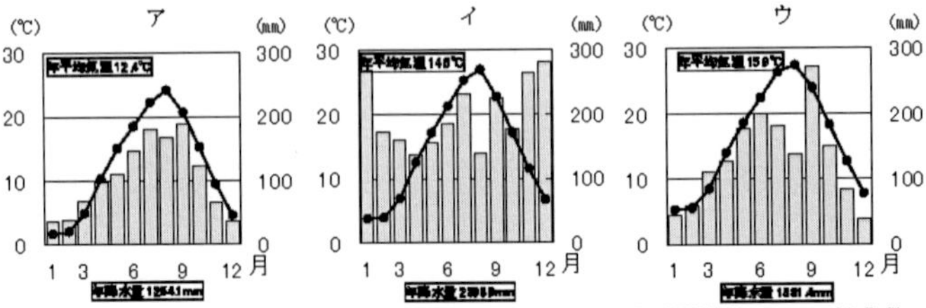

(『日本国勢図会 2018/19』より作成)

(2)　次の写真は，東北三大祭りの一つで，東北地方のある県で8月上旬に行われる祭りの様子である。この祭りが行われる県名を記せ。

また，東北三大祭りは，ほぼ同時期に行われるが，その理由を，東北地方の産業の特色に触れて簡潔に記せ。

(3)　リニア中央新幹線は，東京－名古屋間の2027年開業を目指している。リニア中央新幹線のルートにあたる予定の山脈名を2つ記せ。

(☆☆◎◎◎)

【3】次の文を読み，下の(1)～(3)に答えよ。

ルネサンスは14世紀にイタリアの都市(　A　)で始まり，ヨーロッパ各地に広がった。16世紀には，(a)レオナルド＝ダ＝ヴィンチ，(b)ミケランジェロ，(c)ラファエロの3巨匠が活躍した。また，技術や科学の分野でも大きく発展した。特に，火薬・羅針盤・(B)活版印刷術は，ルネサンスの時代に改良され，その後の世界の進展に多大な影響を及ぼしている。

(1)　文中の空欄Aに当てはまる都市名を記せ。

(2)　文中の下線(a)～(c)の人物の作品を，次のア～エからそれぞれ選び，記号で記せ。

ア イ ウ エ

(3) 文中の下線部(B)について，改良した人物名を記せ。

また，その改良は，後のヨーロッパ世界にどのような影響を及ぼしたのか，簡潔に記せ。

(☆☆☆◎◎◎)

【4】次の(1)，(2)に答えよ。

(1) 次のⅠ～Ⅳの文を読み，①～⑦に答えよ。

Ⅰ 古代には，畿内と九州北部とを結ぶ瀬戸内海は多くの船が行き来し，物資輸送の重要な舞台であった。(ア)平安時代中ごろに地方の治安が悪化すると海賊が横行し，藤原純友が九州の(　A　)を襲う事件なども起こった。

Ⅱ 鎌倉時代から(イ)室町時代にかけては，国内経済の発展にともない，海運も発展をとげ，瀬戸内海は輸送の大動脈となった。海上交通が発達すると，各地の流通・交通の拠点として港町が繁栄し，(ウ)戦国時代には，日明貿易で栄え，宣教師ヴィレラによって「東洋のベニス」と紹介された(　B　)のように，自治を行うものもあらわれた。

Ⅲ 江戸時代の初めには朱印船貿易がさかんに行われていた。(エ)鎖国が完成すると，海上交通は沿岸に限定され，大阪や江戸と全国を結ぶ沿岸航路が整備された。大阪と東北・北陸地方を結ぶ西廻り航路では，長州藩の(　C　)などが港町としてにぎわった。

Ⅳ　日本の産業革命は，(オ)日清戦争のころ，製糸業や紡績業などの軽工業を中心に始まり，日露戦争のころには重工業にも及んだ。さらに，(カ)日本の産業は，第一次世界大戦を経ることで大きく発展した。産業の近代化にともない，貿易規模は拡大し，瀬戸内海を基点とする遠洋航路も開かれた。とりわけ(　D　)港では，インドからの綿花の輸入や，中国や朝鮮への綿糸の輸出がさかんに行われた。

①　文中の空欄A～Dにあてはまる場所を，次の地図のa～iから一つずつ選び，記号で記せ。

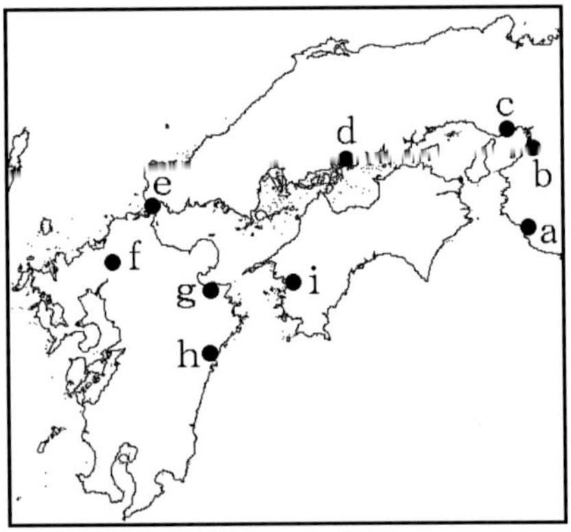

②　下線部(ア)に関連して，8世紀後半の桓武天皇の時代に国司の監視強化のために置かれた役職名を記せ。

③　下線部(イ)に関連して，次の史料の空欄に当てはまる語句を記せ。

(前略)　一天下の(　　)蜂起す。徳政と号し，酒屋，土倉，寺院等を破却せしめ，雑物等恣にこれを取り，借銭等悉これを破る。官領これを成敗す。凡そ亡国の基，これに過ぐべからず。日本開白以来，(後略)　　　(『大乗院日記目録』)

④　下線部(ウ)に関連して，京都でも富裕な商工業者が自治組織をつくり，応仁の乱で荒れた町を復興して祇園祭を再開したが，この富裕な商工業者たちを何というか，記せ。

⑤　下線部(エ)に関連して，鎖国が完成した後も幕府は貿易をおこなっていたが，これについて述べた文として誤っているものを，次のa～dから一つ選び，記号で記せ。

a．田沼意次は，鉱山の開発により金や銀の生産を増やし，これらを輸出して貿易の拡大を図った。

b．徳川吉宗は，キリスト教と関係のない洋書の輸入を認め，青木昆陽に蘭学を学ばせた。

c．新井白石は，長崎貿易を制限して金や銀の流出を防ぐなど，財政の立て直しを図った。

d．老中松平定信の時，幕府はロシアを中心とする外国からの危機への対応として，江戸湾と蝦夷地の海防の強化を諸藩に命じた。

⑥　下線部(オ)に関連して，このころ日英同盟が結ばれるなどイギリスと日本の関係が深まるが，イギリスはなぜ日本に接近したのか，簡潔に記せ。

⑦　下線部(カ)に関連して，次のⅠ，Ⅱに答えよ。

Ⅰ　第一次世界大戦中の1917年に参戦国で起こり，日本の労働運動が活発化する一因となったできごとは何か，記せ。

Ⅱ『国体』の変革や私有財産制度の否認を目的とする結社の組織者と参加者を処罰すると定めた，1925年に制定された法律は何か，記せ。

(2)　次の文を読み，あとの①～④に答えよ。

> 政府・日銀は2024年度前半に日本銀行券を一新させる。(ア)<u>1万円札</u>の図柄は第一国立銀行など数多くの企業を設立した実業家の(イ)<u>渋沢栄一</u>，五千円札は津田塾大学創始者で女子英語教育指導に注力した津田梅子，千円札は感染症予防や細菌学の発展に貢献した(　A　)となる。
>
> (平成31年4月9日付「日本経済新聞」等をもとに作成)

① 文中の空欄Aに当てはまる人物名を記せ。

② 下線部(ア)について，裏面の図柄には東京駅舎が使用されるが，この東京駅で1930年に狙撃された首相はだれか，人物名を記せ。

③ 下線部(イ)の渋沢栄一は，1931年に亡くなったが，この年に関東軍が中国東北部を武力占領した事件を何というか，記せ。

④ ③の事件から日本の降伏までの間に起きたできごとを，次から3つ選び，年代の古い順に並びかえ，記号で記せ。

ア．日ソ中立条約の調印　　イ．国際連盟からの脱退

ウ．世界恐慌　　　　　　　エ．日独伊三国同盟の成立

(☆☆☆◎◎◎)

【5】次の(1)～(3)に答えよ。

(1) 次の①～④に答えよ。

① 17～18世紀にかけてヨーロッパ各国で唱えられた「王権神授説」とはどのような説か，簡潔に記せ。

② ①の「王権神授説」を批判し，『市民政府二論』を著したイギリスの思想家を記せ。

③ 20世紀前半にドイツで制定され，生存権・労働権などの社会権を保障した憲法名を記せ。

④ 日本国憲法が保障する労働三権の中で，いかなる公務員にも認められていない権利を記せ。

(2) 次の文を読み，あとの①～③に答えよ。

日本経済は，1950年代後半から高度成長の時代に入った。(ア)1960年に発表された計画は，経済発展を加速する契機となり，高度経済成長期(1955～1973年)は，年平均で約(　A　)%の高い実質経済成長率を記録した。

しかし，1970年代に入ると，経済成長は減速しはじめた。(イ)第一次石油危機では狂乱物価とよばれる物価上昇を引きおこし，1974年度には戦後初のマイナス成長を記録したが，その後，省エネルギーに努め，日本経済は安定的な成長をみせ

るようになった。

1980年代前半になると，先進各国との間に種々の貿易摩擦が生じた。1985年のプラザ合意以降の(　B　)誘導により，政府は内需主導型経済への構造転換を目指した。また，1980年代半ばから90年代初めにかけては，投機の行き過ぎから株価や地価が本来の価値からかけ離れて異常に高騰し，その後急落するという，いわゆる「(　C　)経済」の発生と崩壊がおこった。

① 文中の空欄A～Cに当てはまる数値・語句を，次のア～キから一つずつ選び，記号で記せ。

ア．5　イ．10　ウ．20　エ．ドル安
オ．ドル高　カ．いざなぎ　キ．バブル

② 下線部(ア)について，池田内閣によって策定されたこの計画名を記せ。

③ 下線部(イ)について，第一次石油危機以後，スタグフレーションとよばれる現象がみられた。スタグフレーションとは何か，簡潔に記せ。

(3) 次の①～③に答えよ。

① 日本の社会保障制度の柱は，社会福祉，公的扶助，公衆衛生，もう一つは何か，記せ。

② 合計特殊出生率とはどのような指標か，簡潔に記せ。また，厚生労働省が発表した2017年の日本の合計特殊出生率を，次のア～エから選び，記号で記せ。

ア．1.91　イ．1.75　ウ．1.43　エ．1.26

③ ワークシェアリングとは何か，簡潔に記せ。

(☆☆◎◎◎)

地理・歴史

【世界史・地理共通問題】

【1】次の(1)～(10)の問いに答えよ。

(1) 華南・ルソン島・ジャワ島や日本の中国山地などに多く，山間部の傾斜地を階段状にした水田を何というか，記せ。

(2) 世界有数の穀倉地帯で，ウクライナからロシア南部に広がっている肥沃な黒色土を何というか，記せ。

(3) マレーシア政府がとってきた，教育や就職の面でマレー系国民を優遇して農業以外の分野に進出できるよう配慮する政策を何というか，記せ。

(4) 縄文人がいだいていたと考えられる，あらゆる自然現象や自然物に霊魂が存在すると信じる観念を何というか，記せ。

(5) 平治の乱後，最有力の武士団の棟梁となり，1167年に武士としてはじめて太政大臣にのぼりつめた人物は誰か，記せ。

(6) 1808年，幕府の命令により樺太を探査し，島であることを確認したのは誰か，記せ。

(7) 1905年，日本全権小村寿太郎とロシア全権ウィッテの間で結ばれた日露戦争の講和条約を何というか，記せ。

(8) 中王国時代の末のエジプトに，馬と戦車をもって侵入したシリア諸民族の混成集団を何というか，記せ。

(9) 1534年にスペインのイグナティウス＝ロヨラらによって設立された旧教派の新教団を何というか，記せ。

(10) 1959年にキューバ革命を指導し，アメリカ合衆国資本と結んだバティスタ政権を倒して，同年に首相に就任した人物は誰か，記せ。

(☆☆☆◎◎◎)

【世界史】

【1】次の(1)，(2)について，それぞれ指定した字数で内容を説明せよ。

(1) アクティウムの海戦〔前31年〕・・・90字以内

(2) モンロー教書(宣言)〔1823年〕・・・120字以内

(☆☆☆◎◎◎)

【2】次の(A)～(D)の文章中の(　ア　)～(　ク　)に適する語句を記し，(1)～(4)の問いに答えよ。

(A)

前202年，(　ア　)が新都長安を建設して漢王朝を建てた。(　ア　)は秦の制度の多くを受け継いだが，秦の急激な統一政策の失敗を教訓として，郡県制と封建制を併用する(　イ　)を採用した。前2世紀後半の武帝の治世には，朝鮮半島やベトナム北部を征服して郡を設置し，①匈奴と戦って西域を勢力下におさめ，東西交易も促進した。

(B)

東南アジアでは，前1000年以降，稲作がおこなわれるようになり，ベトナム北部を中心に青銅器などの金属器を使用する(　ウ　)文化が生まれた。大陸部では，インドシナ半島南部を中心に，はやくからインド商人の往来があった。その影響を受け，1世紀ごろメコン川下流域に(　エ　)が成立し，海上交易で栄えたが，7世紀にクメール人の②カンボジアに滅ぼされた。2世紀末にベトナム中部に成立したチャム人の(　オ　)もインド文化の影響を受け，南シナ海の交易拠点として繁栄した。

(C)

エジプトより西の北アフリカでは，ベルベル人のイスラーム教への改宗がすすみ，スンナ派の改革運動が活発になった。この運動を背景に，モロッコのマラケシュを首都として11世紀に成立したのが(　カ　)朝である。このころイベリア半島では，後ウマイヤ朝が滅んで小王国が分立して，③キリスト教徒の南進がすすんでいた。

(D)

朝鮮半島では，4世紀から(　キ　)・百済・高句麗が並びたつ三国時代となった。7世紀には(　キ　)が唐とむすんで百済，ついで高句麗を滅ぼした。また中国東北地方には7世紀末，大祚栄がツングース系民族と高句麗の人々を率いて(　ク　)を建国したが，④10世紀前半，遼に滅ぼされた。

(1)　文章中の下線部①について，大月氏と同盟して匈奴を挟撃するために，前139年に武帝の命で西域に派遣された人物は誰か，記せ。

(2)　文章中の下線部②について，カンボジアの地に12世紀に建てられた次の写真のヒンドゥー教寺院(のちに仏教寺院)を何というか，記せ。

(3)　文章中の下線部③について，イスラーム勢力からイベリア半島の奪回をはかったキリスト教徒による国土再征服運動をスペイン語で何というか，カタカナで記せ。

(4)　文章中の下線部④の時期におきた出来事として適当なものを，次のa～dから一つ選び，記号を記せ。

a.　朱全忠により唐が滅ぼされた。

b.　アッバース朝が開かれた。

c.　ピサロによりインカ帝国が滅ぼされた。

d.　ピピンによりカロリング朝が開かれた。

(☆☆☆◎◎◎)

【3】次の(A)～(D)の文章中の(　ア　)～(　カ　)に適する語句を記し，(1)～(4)の問いに答えよ。

(A)

1875年，イギリスの(　ア　)首相はスエズ運河会社の株を買収して運河の経営権をにぎり，ロシア＝トルコ戦争にも干渉して，インドへの道を確保した。1880年代にエジプトを支配下においたイギリスは，植民地相(　イ　)のもとで南アフリカ植民地が拡大され，さらに帝国の結束を固めるため，①自国からの移民が中心の植民地には自治権を与える政策も推進された。

(B)

ドイツ帝国の初代宰相となった(　ウ　)は，まずカトリック教会の社会的影響力を低下させようと試みた。ついで社会主義勢力を弱体化させるために，1878年に皇帝狙撃事件を口実に(　エ　)を制定し，同時に社会保険制度を整え，労働者の歓心を得て，彼らに国家への帰属心をいだかせようとした。また外交では，[　②　]が最優先され，三帝同盟と三国同盟の結成に続いて，ロシアとの再保障条約などを結び，(　ウ　)体制を築いていった。

(C)

アメリカ合衆国の(　オ　)大統領は，1898年にアメリカ＝スペイン戦争をおこし，プエルトリコを獲得してカリブ海進出の足場を固め，太平洋地域ではフィリピン諸島とグアム島を獲得した。また1899年には中国市場への進出をねらって③門戸開放宣言を出した。

(D)

ロシアでは，20世紀初頭，それまで平穏であった農村で，④農奴解放後も地主への従属が続くことに抗議する激しい農民運動があらわれ，工場労働者のストライキもおこった。知識人や社会主義者のなかからも，専制体制の転換を求める声が高まり，マルクス主義を掲げるロシア社会民主労働党やナロードニキの流れをくむ(　カ　)(通称エス＝エル)が結成された。

(1)　文章中の下線部①の政策により1867年に最初の自治領となったのはどこか，記せ。

(2)　文章中の[　②　]にあてはまる適当な文を，60字以内で簡潔に記せ。その際，次の語句を必ず一度は使い，最初に使用した箇所に下線を付せ。

普仏戦争　　フランス

(3)　文章中の下線部③について，この宣言を出したアメリカの国務長官は誰か，記せ。

(4)　文章中の下線部④に関連して，1861年に農奴解放令を出した皇帝は誰か，記せ。

(☆☆☆◎◎◎)

【4】11世紀後半に勃発した聖職叙任権闘争の経緯と結果について説明せよ。その際，次の語句を必ず一度は使い，最初に使用した箇所に下線を付せ。

聖職売買　　グレゴリウス7世　　破門　　ヴォルムス協約

(☆☆☆◎◎◎)

【5】高等学校学習指導要領(平成21年3月)「第2章　第2節　地理歴史　第2款　各科目」に関する(1)，(2)の問いに答えよ。

(1)　次の文は，「第2　世界史B」の「1　目標」である。文中の[　　]に当てはまる語句を記せ。

世界の歴史の大きな枠組みと展開を諸資料に基づき地理的条件や日本の歴史と関連付けながら理解させ，文化の多様性・複合性と現代世界の特質を広い視野から考察させることによって，[　　]を培い，国際社会に主体的に生きる日本国民としての自覚と資質を養う。

(2)　次の文は，「第2　世界史B」の「2　内容」の「(1)　世界史への扉」の一部である。文中の[　a　]，[　b　]に当てはまる語句をそれぞれ記せ。

> (1) 世界史への扉
> [a]と人類のかかわり，日本の歴史と世界の歴史のつながり，[b]にみる世界の歴史にかかわる適切な主題を設定し考察する活動を通して，地理と歴史への関心を高め，世界史学習の意義に気付かせる。

(☆☆☆◎◎◎)

【地理】

【1】次の(1)，(2)について，それぞれ指定した字数で内容を説明せよ。

(1) モノカルチャー経済…50字以内

(2) スプロール現象…50字以内

(☆☆☆◎◎)

【2】次の(A)～(F)の文章を読み，(1)～(12)の問いに答えよ。

(A) ①大地形の形成や世界各地で生じている地殻変動・火山活動などは，プレートの相対運動によって生じた内的営力が原動力であると考えられ，このような考え方を②プレートテクトニクスという。

(B) ③気候のようすを示すものとして，気温・風・降水量・湿度などの気候要素があり，気候要素は緯度・④標高・海陸分布・地形・⑤海流・海岸からの距離などの気候因子の影響を受けている。

(C) 気候の影響を強く受けた土壌は⑥成帯土壌とよばれて，分布はケッペンの気候区分と似ている。これに対して，局地的分布であるが，気候帯や植生よりも母岩の影響を強く受けた性質を持っている土壌を[⑦]土壌という。

(D) 国土地理院が発行する地図には，縮尺が大きなものから順に国土基本図，地形図，地勢図，地方図などがある。このうち日本全土を網羅する⑧地形図は，縮尺が2万5千分の1と5万分の1である。前者は空中写真や現地測量をもとにした[⑨]であり，後者は前者を利用した編集図である。

(E)　地球環境の保全には国際的な協力が必要であり，1972年にはストックホルムで⑩環境問題全般についての最初の大規模な国際会議である国連人間環境会議が開かれた。また，同年に環境に関する国際的な協力の推進と調整を行うために，[　⑪　](UNEP)が設立された。

(F)　モンスーンの影響を受けて降水量が多く，夏に高温になる東南アジアから中国南部の沖積平野などでは，一面に水田が開かれ，灌漑も発達し，集約的稲作農業が行われている。また，ここでは世界の⑫米の約90%が生産されている。

(1)　下線部①に関連して，次の文章は安定陸塊について説明している。文中の空欄には同じ語句が入る。空欄にあてはまる語句を記せ。

> 安定陸塊には，先カンブリア時代の岩石が地表にあらわれている楯状地と，おもに古生代以降にできた岩石におおわれている[　　]がある。[　　]は北アメリカの中央平原・中央シベリア高原・東ヨーロッパ平原などにみられる。

(2)　下線部②について，アイスランドには多くの火山とともに次の写真のようにギャオと呼ばれる大地の裂け目が見られる。この理由をプレートテクトニクスを用いて簡潔に説明せよ。

(3)　下線部③に関連して，次の表と地図を見て下のⅠ，Ⅱの問いに答えなさい。

表

		1月	2月	3月	4月	5月	6月	7月	8月	9月	10月	11月	12月	全年
X	気温（℃）	25.0	24.8	23.5	21.1	18.3	15.6	14.8	15.6	18.2	20.5	22.3	24.0	20.3
	降水量（mm）	109.4	139.8	109.7	102.1	115.3	64.7	46.0	41.2	34.2	83.2	87.0	132.9	1065.5
Y	気温（℃）	14.1	14.8	17.3	21.6	24.5	27.4	28.0	28.2	26.6	24.0	19.2	15.1	21.7
	降水量（mm）	7.1	4.3	6.9	1.2	0.4	0.0	0.0	0.3	0.0	0.1	6.4	7.9	34.6
Z	気温（℃）	26.6	27.2	27.6	28.0	28.4	28.4	27.9	27.8	27.7	27.7	27.0	26.6	27.6
	降水量（mm）	246.3	114.1	173.8	151.5	167.4	136.1	155.8	154.0	163.1	156.2	265.9	314.8	2199.0

（「理科年表 2018 平成30年」より）

地図

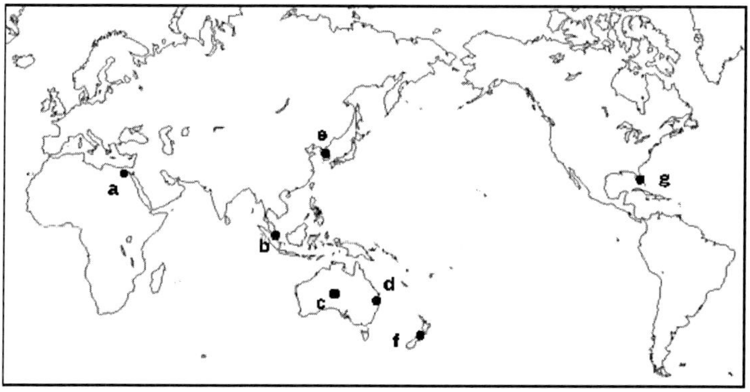

Ⅰ　表はある3つの都市X，Y，Zの気温と降水量をそれぞれ示したものである。3つの都市X，Y，Zの気候名をケッペンの気候区分に基づいて記せ。

Ⅱ　地図中のa～gはアリススプリングズ，ウェリントン，カイロ，シンガポール，ソウル，ブリズベン，マイアミのいずれかの都市の位置を表している。表中の3つの都市X，Y，Zが該当するのはどれか，a～gからそれぞれ選び，記号で記せ。

(4)　下線部④について，標高が変化することで気温も変化する。次図中のイ地点(標高500m)の気温が10℃の場合，ア地点(標高1500m)の気温は何℃になるか，少数第1位まで答えよ。ただし，気温の逓減率は0.55℃/100mとする。

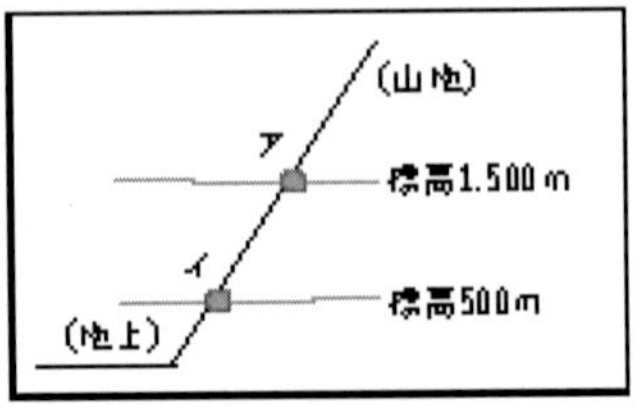

(5)　下線部⑤に関連して，ペルー海流やベンゲラ海流の影響を受ける南緯およそ20°から30°の間のチリ北部やアフリカ大陸南西部沿岸には，ある共通した自然景観が見られる。この景観の名称を記し，このような景観の形成にペルー海流やベンゲラ海流がどのように影響しているか，簡潔に説明せよ。

(6)　下線部⑥に関連して，低緯度の高温で湿潤な熱帯地域に広がっている，鉄分などが多く残る赤色土を何というか，記せ。

(7)　空欄[　⑦　]に入る語句は何か，記せ。

(8)　下線部⑧に関する次の文を読み,①，②から正しい語句をそれぞれ選び，記号で記せ。

地形図について，等高線から縮尺を判断するとき，①(ア　主曲線　　イ　計曲線)が20mごとである場合，地形図は②(ア　5万分の1　　イ　2万5千分の1)となる。

(9)　空欄⑨に入る語句は何か，記せ。

(10)　下線部⑩に関連して述べている文として内容が誤っているものを，次のア～エから一つ選び，記号を記せ。

ア　国境を越えて広がる大気汚染に対して，長距離越境大気汚染条約が結ばれた。

イ　地球温暖化の原因は温室効果ガスが増加していることにあるといわれている。

ウ　現在，農業と林業を複合的に経営するアグロフォレストリーが試みられている。

エ　アマゾン川流域の南側のサヘル地域では，急激な砂漠化が進んでいる。

(11) 空欄[⑪]に入る語句は何か，記せ。

(12) 下線部⑫について，米の流通の特色を次の表を参考に，小麦と比較して簡潔に説明せよ。

米の生産量の多い主な国（2014）

国名	世界に占める割合	生産量
中国	27.9 %	20651 t
インド	21.2 %	15720 t
インドネシア	9.6 %	7085 t
バングラデシュ	7.1 %	5233 t
ベトナム	6.1 %	4497 t

米の輸出量の多い主な国（2013）

国名	世界に占める割合	輸出量
インド	30.4 %	1130 t
タイ	18.3 %	679 t
ベトナム	10.6 %	394 t
パキスタン	10.3 %	382 t
アメリカ	8.6 %	318 t

小麦の生産量の多い主な国（2014）

国名	世界に占める割合	生産量
中国	17.3 %	12621 t
インド	13.1 %	9585 t
ロシア	8.2 %	5971 t
アメリカ	7.6 %	5515 t
フランス	5.3 %	3895 t

小麦の輸出量の多い主な国（2013）

国名	世界に占める割合	輸出量
アメリカ	20.4 %	3320 t
カナダ	12.2 %	1981 t
フランス	12.1 %	1964 t
オーストラリア	11.1 %	1800 t
ロシア	8.5 %	1380 t

（2018データブックオブ・ザ・ワールドなどより作成）

(☆☆☆◎◎)

【3】次の(A)～(C)の文章を読み，(1)～(6)の問いに答えよ。

(A) 人口の増加には，出生数と死亡数の差によって生じる自然増加と，大都市への人口移動や，国境を越えた人口移動によって生じる[①]とがある。先進国と発展途上国は，人口の増加傾向や年齢構成の点で異なっている。ある国や地域の人口構成は，年齢段階・男女別にグラフ化した②人口ピラミッドによって理解できる。

(B) 1960年代後半以降，[③]では工業化による経済成長が著しく，1970年代の発展は「漢江の奇跡」とよばれた。その結果，④アジアNIEsとよばれる新興工業経済地域の一つにあげられるようになった。

(C) ⑤宗教の分布と民族紛争の分布を比較すると，異なる宗教が境を接する地域で紛争が多い。たとえば，イギリスの植民地だった南アジアでは，1947年にヒンドゥー教中心のインドとイスラーム教中心のパキスタンの二つに分離・独立したが，現在も[⑥]地方の帰属をめぐって紛争が続いている。

(1)　空欄[　①　]に入る語句は何か，記せ。

(2)　下線部②について，先進国では出生率と死亡率が低下することにより，多産多死から多産少死の時代を経て，少産少死へと変化した。この間，人口ピラミッドの型はどのように変化したか，最も適当なものを次のア～カから一つ選び，記号で記せ。

ア　富士山型→釣鐘型→つぼ型　　イ　富士山型→つぼ型→釣鐘型
ウ　釣鐘型→富士山型→つぼ型　　エ　釣鐘型→つぼ型→富士山型
オ　つぼ型→富士山型→釣鐘型　　カ　つぼ型→釣鐘型→富士山型

(3)　空欄[　③　]に入る国は何か，記せ。

(4)　下線部④にあげられる国や地域で，次の説明文に該当するのはどこか，記せ。

> 1965年に独立を果たし，現在にいたるまでイギリス連邦に加盟している。ASEANの中で工業化の先陣を切り，東南アジアに進出する多国籍企業の地域統括本部などがおかれ，世界の金融センターの一つとして頭角を現している。

(5)　下線部⑤について，次の表中のA～Dに当てはまる宗教の組合せとして最も適当なものを，ア～エから一つ選び，記号を記せ。

世界のおもな宗教人口（2010年）

宗教名	人口（百万人）
A	2,281
B	1,553
C	943
D	463

（2017データブックオブ・ザ・ワールドより作成）

ア　A　イスラーム教　　C　仏教
イ　A　キリスト教　　C　ヒンドゥー教
ウ　B　仏教　　D　ヒンドゥー教
エ　B　キリスト教　　D　イスラーム教

(6)　空欄[　⑥　]に入る語句は何か，記せ。

（☆☆☆◎◎◎）

【4】高等学校学習指導要領(平成21年3月)「第2章　第2節　地理歴史　第2款　各科目　第6　地理B」に関する(1)，(2)の問いに答えよ。

(1)　次の文は，「1　目標」であるが，文中の(　①　)，(　②　)に当てはまる内容は何か，それぞれ記せ。

> 現代世界の地理的事象を系統地理的に，現代世界の諸地域を(　①　)，現代世界の地理的認識を養うとともに，(　②　)，国際社会に主体的に生きる日本国民としての自覚と資質を養う。

(2)　次の文は，「3　内容の取扱い」の一部である。文中の(　A　)～(　C　)に当てはまる語句を入れ，下の①，②の問いに答えよ。

> (1)　内容の全体にわたって，次の事項に配慮するものとする。
> ア　1の目標に即して基本的な事項・事柄を(　A　)して指導内容を構成すること。
> イ　地理的な見方や考え方及び地図の読図や作図，衛星画像や空中写真，景観写真の読み取りなど地理的技能を身に付けることができるよう(　B　)に留意して計画的に指導すること。その際，教科用図書「地図」を十分に活用するとともに，地図や統計などの地理情報の収集・分析には，情報通信ネットワークや(　C　)などの活用を工夫すること。
> ウ　[　　　]などの活動を充実させること。
> エ　学習過程で政治，経済，生物，地学的な事象なども必要に応じて扱うことができるが，それらは空間的な傾向性や諸地域の特色を理解するのに必要な程度とすること。
> オ　各項目の内容に応じて日本を含めて扱うとともに，日本と比較し関連付けて考察させること。

①　文中の[　　]に入る内容を書きなさい。

②　文中の下線部について，どのようなことに配慮して扱うべきか，

簡潔に説明せよ。

(☆☆☆◎◎◎)

公　民　科

【1】次の(1)～(10)の問いに答えよ。

(1)　ヘレニズム時代の哲学者で，ストア派を創始した哲学者は誰か，名前を答えよ。

(2)　キリスト教の三元徳は，「信仰」，「愛」とあと一つは何か，答えよ。

(3)　一つひとつの物の理を究めていけば，知恵を完成することができるという朱子学の学問方法を何というか，答えよ。

(4)　分度と推譲の報徳実践を説き，「農は万業の大本である」とした江戸時代の農政家は誰か，名前を答えよ。

(5)　985年に源信が浄土に往生するための教えをまとめた著書は何か，答えよ。

(6)　1972年にストックホルムで開催された国連人間環境会議のキャッチフレーズは何か，答えよ。

(7)　日本で1946年に制定された，労働関係の公正な調整，労働争議の予防，解決をはかることを目的とした法律は何か，答えよ。

(8)　2009年に発効したEUの基本条約で，大統領と外交安保上級代表を新設した条約は何か，答えよ。

(9)　第二次世界大戦後，日本の税制が直接税中心に改められるもととなった勧告を何というか，答えよ。

(10)　2003年に発足した機関で，国家間紛争や国内紛争などで重大な非人道的行為を犯した個人を裁くための裁判所は何か，答えよ。

(☆☆☆◎◎◎)

【2】次の(1)，(2)の問いに答えよ。

(1) プライマリー＝バランス(基礎的財政収支)について，説明せよ。

(2) 日本国憲法第95条の「特別法の住民投票」について，その効力も含めて説明せよ。

(☆☆☆◎◎◎)

【3】次のA，Bの文章を読んで，(1)～(9)の問いに答えよ。

A 近代における民主政治は，国民主権と基本的人権の尊重をもとに，(a)という原則に支えられている。(a)とは，国王がすべてを支配する「(b)」に対立する考え方である。これは，政治権力を法の下に従属させ，王も国民も法の下に平等で，権力は法に基づいてのみ行使されるとする原則である。現代国家では「(a)」が一般的となっている。

B イギリスの思想家ホッブズは，『(c)』の中で，人間は本来，自由，平等で独立した存在であるが，国家の存在しない自然状態では「[あ]」の状態におかれ，みずからの生命を守る権利が確保されなくなる。そこで自由な意思に基づいて，互いに契約を結び，国家に自然権を譲渡して秩序を維持する必要があるとした。これに対して，イギリスの思想家ロックは，政府は人民の信託によるものであり，人間が生まれながらにもっている自由・生命・財産の自然権を守るため，社会契約を結んで国家を組織すると説いた。そして，政府が人民の自然権を侵害した場合，人民には(d)があるとした。また，フランスの思想家ルソーは，ロックの思想の影響を受け，当時の①<u>イギリスの議会政治</u>を批判し，全人民が参加する集会や投票によって形成される②<u>一般意思</u>に基づく(e)制を主張した。ロックの主張を発展的に継承したのがフランスの思想家モンテスキューである。彼は，その著書において，国家権力を③<u>立法権</u>・④<u>行政権</u>・⑤<u>司法権</u>に分離し，三権をそれぞれ異なる機関で運用させるべきだとする三権分立を唱えた。

(1) 文章中の空欄(a)～(e)に当てはまる語句を，それぞれ答えよ。

(2)　文章中の空欄［　あ　］に当てはまる語句を，答えよ。

(3)　Aの文章に関連して，19世紀にプロイセン(ドイツ)で発達した「法治主義」とは，どのような考え方か，説明せよ。

(4)　下線部①に関して，1689年に発布された，議会の同意のない課税の禁止や議会における言論の自由を規定したものは何か答えよ。

(5)　下線部②について，「一般意思」とは何か，説明せよ。

(6)　下線部③に関連して，「硬性憲法」とはどのような憲法か，「法律の改正手続き」という語句を用いて，説明せよ。

(7)　下線部④に関連して，イギリスの政治について述べたものとして誤っているものを，次のア～エからすべて選び，記号で答えよ。

ア．議会の信任を失えば，内閣は総辞職するか議会を解散しなければならない。

イ．政権につかない政党(野党)は影の内閣を組織し，次の選挙での政権交代に備える。

ウ．内閣は議会に連帯責任を負う。

エ．内閣には，議会が可決した法案への拒否権が認められている。

(8)　下線部④に関連して，日本の政治について述べたものとして誤っているものを，次のア～エからすべて選び，記号で答えよ。

ア．明治憲法下では，内閣総理大臣は，他の国務大臣と対等な立場であった。

イ．日本国憲法下では，内閣には政令の制定，恩赦の決定の権限がある。

ウ．官僚主導の行政から政治主導へと転換するため，副大臣・大臣政務官制度を廃止し，政務次官制度を導入した。

エ．2012年には，東日本大震災からの復興を進めるため，復興庁が設置された。

(9)　次の文章は，下線部⑤に関連した日本の司法制度の一部について述べたものである。文章中の空欄(　ア　)～(　ウ　)に当てはまる語句を，それぞれ答えよ。

> 個人や団体間の，財産や身分に関する権利や義務についての争いを解決するための裁判が，民事裁判である。民事裁判では当事者の(　ア　)によって裁判が終了することがある。また，裁判よりも手続きが簡単な(　イ　)によって，争いの解決を図る方法もある。
>
> 2005年には，東京高等裁判所の特別支部として，特許権や商標権に関する訴訟を専門的に扱う(　ウ　)が設置された。

(☆☆☆◎◎◎)

【4】次のA～Cの文章を読んで，(1)～(7)の問いに答えよ。

A　日本では，1990年代，バブル経済の崩壊で，企業は金融機関から借りていた資金の返済が滞ったため，回収困難な(　a　)が大量に発生した。金融機関は(　b　)比率の低下を回避するため，(　a　)の処理の先送りや企業への貸し出しを抑制した。しかし，その間にも(　a　)は累積し，1990年代後半には金融機関の破綻が相次いだ。預金者を保護するために(　c　)制度が設けられているが，金融不安が高まったため，1996年には，政府が預金を全額保証することで預金者の不安を抑えようとした。

金融システムを安定化させるためには，金融機関が資金不足に陥らないように，①日本銀行が金融機関に対する融資や(　d　)オペレーションなどによって，短期金融市場における資金の流れを維持する必要がある。

B　第二次世界大戦期に強大となったアメリカの経済力を背景とした②ブレトンウッズ体制は，金との交換を保証したドルを基軸通貨とする固定相場制であった。しかし，1971年，金とドルとの交換に応じられなくなったアメリカが，金とドルとの交換を停止し，ブレトンウッズ体制は崩壊した。その後もドル不安が続く中で，1973年に，先進国は変動相場制に移行し，1976年の(　e　)合意によって，変動相場制への移行などが正式に承認された。

C　1970年代からは，西側先進諸国は③主要国首脳会議(サミット)や財務相・中央銀行総裁会議の場において，経済政策の協調について協議するようになった。

1980年代前半，レーガン政権下のアメリカでは，国債が大量に発行され，アメリカ国内の金利が上昇した。金利の上昇はアメリカへの資本流入を増大させた。さらに，その結果として経常収支が赤字となり，国債の大量発行のもととなった別の赤字とともに④双子の赤字とよばれた。そのため，⑤1985年にはG5によって，各国が協調して為替介入をおこなうというプラザ合意がかわされたが，1987年にG7によって，ルーブル合意がかわされることになった。

(1)　文章中の空欄(　a　)～(　e　)に当てはまる語句を答えよ。

(2)　下線部①について，日本銀行の三つの機能をすべて答えよ。

(3)　下線部②について，この体制のもととなった二つの協定を答えよ。(略称可)

(4)　下線部③について，1997年から正式メンバーとなったロシアは，2014年以降，参加が停止されている。ロシアの参加停止のきっかけとなった出来事は何か，答えよ。

(5)　下線部④について，経常収支の赤字ともう一つは何の赤字か，答えよ。

(6)　下線部⑤について，ルーブル合意がかわされることになった理由を，プラザ合意の内容も含めて説明せよ。

(7)　下線部⑤に関連して，プラザ合意以降，日本国内の産業の空洞化が進んだ背景を説明せよ。

(☆☆☆◎◎◎)

【5】次の文章を読んで，(1)～(4)の問いに答えよ。

人種対立をめぐって，アメリカでは1950～60年代に，黒人の地位の向上をめざして(　a　)運動が展開された。その結果，1964年に人種差別撤廃をうたった(　a　)法が成立した。また，2009年には，アメリカで初めての黒人系大統領が誕生した。また，①南アフリカ共和国では白人の黒人に対する人種隔離政策が長く続いていたが，1991年に廃止された。現在，世界中の国々から移民や難民を多く受け入れてきたオーストラリアやカナダなど(　b　)主義の政策を導入している国もあるが，移民を排斥しようとする動きもみられる。

人種や民族をめぐる問題の解決には，②エスノセントリズムを克服し，異なる文化や価値観を認めあい，お互いに寛容な態度をもつことが大切である。

人種・民族問題などにより，世界では多くの③難民が苦しい生活を送っている。祖国を追われて隣国や他国に避難する難民が，戦争や紛争が起こるたびに増加している。ただし，国境を越えないで国内にとどまっている人々は(　c　)とよばれ，難民とは区別される。

難民の国際的保護と難民問題の解決のための国際的な取り決めとして(　d　)がある。この取り決めでは，難民を迫害する恐れのある国に難民を送還してはならないことになっている。しかし，経済的理由によって祖国を離れた人々は，保護と救済の対象外とされているため，今後の課題となっている。このような中で，難民だけではなく(　c　)に対する保護活動をおこなう(　e　)(UNHCR)に対する期待は大きい。

(1)　文章中の空欄(　a　)～(　e　)に当てはまる語句を，それぞれ答えよ。

(2)　下線部①について，このあと1994年に黒人として初めて南アフリカ共和国の大統領となった人物は誰か，名前を答えよ。

(3)　下線部②について，これはどのような考えや態度のことか，説明せよ。

(4)　下線部③について説明した次のAとBの文の正誤の組合せとして正しいものを，下のア～エから一つ選び，記号で答えよ。

A.　難民とは，戦争や紛争のため，あるいは人種・民族・宗教・思想・政治的意見の相違などのため，外国に逃れ，本国の保護を受けられない人々のことをいい，亡命者は含まれない。

B.　難民を，最初の受け入れ国から別の国に送り，そこで長期的な滞在を認める制度の重要性が高まっている。

ア．A－正　　B－正
イ．A－正　　B－誤
ウ．A－誤　　B－正
エ．A－誤　　B－誤

(☆☆☆◎◎◎)

【6】次の(1)，(2)の問いに答えよ。

(1)　高等学校学習指導要領(平成21年3月)「政治・経済」の「現代の国際政治」における「領土」について，その解説編(平成26年1月一部改訂)では，日本の領土問題や領土をめぐる情勢についての内容の取扱いが示されている。内容をどのように取り扱うよう示されているか，答えよ。

(2)　高等学校学習指導要領(平成21年3月)「政治・経済」の「国際経済格差の是正と国際協力」について，その解説編(平成26年1月一部改訂)では，二つの考え方を対照させ，探究させることが示されている。対照させる二つの考え方を示しながら，どのように探究させるか，具体的に答えよ。

(☆☆☆◎◎◎)

解答・解説

中　学　社　会

【1】(1)　①　Ⅰ　ウ　　Ⅱ　イ　　Ⅲ　ア　　②　A　ウ　　B　ア　　C　イ　　③　モノカルチャー経済　　(2)　①　A　火力　　B　原子力　　C　水力　　②　イ　　③　経済…原油などのエネルギー資源に恵まれず，そのほとんどを海外輸入に依存しているので，国際価格の変動によって経済に影響を受けやすいこと。　　環境…エネルギー

の燃焼により排出される二酸化炭素は，地球温暖化の原因になること。

(3) ア　SDGs　　イ　FAO

〈解説〉(1)　①　オーストラリア大陸の東側のグレートディバイディング山脈では石炭，北西部では鉄鉱石，西部では金を産出する。北部ではボーキサイトやウランを産出し，世界有数のボーキサイト，ウラン輸出国になっている。中国では，鉱山資源総量が大きく種類が豊富である。石炭，鉄，銅，アルミニウム，鉛，亜鉛などの重要鉱物の埋蔵量がいずれもかなり大きい。メキシコは地下資源に恵まれ，銀の生産量は世界第1位。金，銅，亜鉛，鉛，モリブデンはどれも世界上位10位以内に入っていることが多い。チリでは北部のアタカマ砂漠が鉱産資源に富み，銅をはじめ，硫黄，金，銀，石英，モリブデンなどを産出する。世界有数の銅山チュキカマタ鉱山もこの地域にある。

②　A　ダイヤモンドはアフリカ大陸で多く生産されるが，ロシアでの生産量が非常に多い。ロシアには世界最大のダイヤモンド鉱山であるミール鉱山がある。　B　チリの銅の生産は，①の解説を参照。

C　鉄鉱石の商業的な鉱山が操業できるのは，オーストラリア，ブラジル，中国，カナダ，インド，ロシア，アメリカ合衆国，ウクライナなどに限られる。これらの国は，地面から直接，鉄鉱石を掘り出す露天掘りができる。特に，オーストラリアやブラジルの鉄鉱石はFeの占める割合が約65%と高品質である。　③　モノカルチャー経済は，歴史的起源は植民地時代にさかのぼり，アフリカ諸国など多くの発展途上国の経済構造がこれに当てはまる。農産物の生産は，気候状況，自然災害などの影響を受けやすく，鉱産物は，枯渇性という制約がある。国際価格の変動などの影響も受けやすい。　(2)　②　ドイツでの再生可能エネルギーのうち，最も発電量の割合が大きいのは風力で，22%程度である。太陽光は8%程度。　③　火力発電は，地球温暖化の原因である二酸化炭素を多量に排出し，大気汚染の原因となる硫黄酸化物や窒素酸化物を排出している。　(3)　(ア)はSustainable Development Goalsの略。(イ)はThe Food and Agriculture Organization of the United Nations の略。

【2】(1)　①　X　　②　甲府(市)，大津(市)　　③　A　イ　　B　ア　C　ウ　　D　エ　　E　オ　④　記号…ア　　理由…3つのグラフの中で，夏の気温が最も低く，冬の降水量も最も少ないから。
(2)　県名…秋田(県)　　理由…祭りには，東北地方で生産がさかんな米などの作物への豊作の願いがこめられている。そのため，祭りは作物の収穫期前の時期の開催となる。　　(3)　赤石(山脈)，木曽(山脈)
〈解説〉(1)　①　栃木県は全国10位以内に入る米の産地でYに該当する。
③　略地図の形状から，アは兵庫県，イは岩手県，ウは島根県，エは愛知県，オは神奈川県。表中のAはア～オの5県の中で面積が一番広い岩手県，Bは残りの4県のうち人口が3番目の兵庫県，Cは残りの3県のうち人口が一番少ない島根県，DとEは人口順でDが愛知県，Eは神奈川県となる。　④　仙台は津と同じ太平洋側の気候で津より緯度が高く，年平均気温は低いからアが当てはまる。　(2)　東北三大祭りは，米の収穫期前の夏に，田の神を祭り，五穀豊穣を祈るとともに，夏の睡魔やけがれ，悪疫などの災厄を払い，水に流す禊の行事として行われている。　(3)　リニア中央新幹線のルートは，東京都から神奈川県北部，山梨県中央部，長野県南部，岐阜県南部，愛知県北部からJR名古屋駅に開通する予定である。これを前提に，赤石山脈，木曽山脈を横切ることになる。リニア中央新幹線はほとんど山間部を通るため，品川・名古屋間の約86%がトンネル内を走る。

【3】(1)　A　フィレンツェ　　(2)　(a)　イ　　(b)　ウ　　(c)　ア
(3)　人物…グーテンベルク　　記述…製紙法の普及と関連して書物の製作を簡単にし，後の宗教改革にも大きな影響を及ぼした。
〈解説〉(1)　フィレンツェはイタリア中部のトスカーナ地方の都市。金融業で財をなしたメディチ家による学芸保護や，ビザンツ帝国からの学者の流入などを背景にルネサンス文化が花開いた。　(2)　(a)　レオナルド＝ダ＝ヴィンチは，絵画だけでなく彫刻や建築，科学など様々な分野で活躍した。イは遠近法の一種の一点透視図法で描かれた「最後の晩餐」。　(b)　ミケランジェロはフィレンツェとローマを中心に活躍した彫刻家・画家。「ダヴィデ像」などの彫刻や，システィーナ礼拝堂の祭壇壁に描かれた壁画「最後の審判」，天井画「天地創造」などが有名。ウは「最後の審判」の中央部に描かれたイエス＝キリストの姿である。　(c)　ラファエロは主にフィレンツェとローマで活躍した画家・建築家。レオナルド，ミケランジェロとともにルネサンスの三大巨匠とされるが，三人のなかでは最も若い。多くの聖母子像を残しており，ヴァチカン宮殿の署名の間に描かれた「アテネの学堂」などが有名。なお，エは，同じルネサンス期の画家ボッティチェリの作品「プリマヴェーラ」である。　(3)　グーテンベルクは鉛と錫の鋳型鋳造の金属活字を開発し，ブドウ絞り器を参考に印刷機を発明した。これによって書物の製作が簡易化し，1455年ごろに印刷された『グーテンベルク聖書』が宗教改革に大きな影響を与えた。

【4】(1)　①　A　f　B　b　C　e　D　c　②　勘解由使　③　土民　④　町衆　⑤　a　⑥　ロシアの東アジアへの進出に対抗するため。　⑦　Ⅰ　ロシア革命　Ⅱ　治安維持法
(2)　①　北里柴三郎　②　浜口雄幸　③　満州事変　④　イ→エ→ア

〈解説〉(1)　①　A　939年に大宰府を焼き討ちにしたが，小野好古を追捕使とし源経基が941年に平定した。　B　堺では会合衆による自治が行われていた。　C　西廻り航路は出羽酒田を起点にして下関経由で大坂に至る航路で，河村瑞賢の尽力により蝦夷地の松前に至る。
D　神戸港は，1867年に開港された。幕末は綿織物を輸入していたが，大阪紡績会社などの紡績業が発展したため，綿糸を作れるようになり，原料である綿花を輸入するようになった。　②　勘解由使は，797年に設置された令外官で，国司交代の不正を防止するのが職務であった。
③　土民は本来その土地に住む人の意味であるが，馬借などを含めた一般民衆の意味になった。史料は1428年の正長の徳政一揆である。
④　町衆は，応仁の乱後に，京都で形成された自治的組織の「町」の中心的構成員のこと。　⑤　田沼意次は，株仲間を公認し，蝦夷地開

発を行ったが，賄賂政治で不評を買い，10代将軍徳川家治の死後失脚した。　⑥　ロシア帝国は，領土拡大を目的として黒海方面やバルカン半島，中央・東アジアへの進出を目指しており，中東やアジアのイギリスの権益を脅かすものであったため，イギリスはロシアとの関係を悪化させていた日本と手を結ぶことにした。　⑦　Ⅰ　世界的なデモクラシーの発展とロシア革命を背景に，大正期の自由主義・民主主義的風潮である大正デモクラシーの中で，吉野作造は民本主義を提唱した。　Ⅱ　治安維持法は，加藤高明内閣で普通選挙法が成立する直前に立法された。日ソ基本条約によるソ連との国交樹立により，社会主義運動が活発化するのを取り締まるのが目的であった。

(2)　①　北里柴三郎は，破傷風菌の純粋培養に成功し，破傷風血清療法を確立した。また，ペスト菌を発見したことでも知られている。　②　浜口雄幸は，協調外交を方針とし，ロンドン海軍軍縮条約に調印したが，統帥権干犯問題が勃発し，東京駅で右翼の青年に狙撃された。　③　柳条湖での南満州鉄道爆破を機に，満州事変に発展した。東三省を武力占領し満州国として独立させた。　④　国際連盟脱退が1933年，日独伊三国同盟が1940年，アの日ソ中立条約の調印が1941年である。

【5】(1)　①　国王の権力は神から授けられたものであり，その権力は何者にも制限されないとする説。　②　ロック　③　ワイマール憲法(ドイツ共和国憲法)　④　団体行動権(争議権)　(2)　①　A　イ　B　エ　C　キ　②　国民所得倍増計画　③　不況(不景気)であるにもかかわらず，物価が持続的に上昇する現象。　(3)　①　社会保険　②　説明…1人の女性が生涯に何人の子どもを産むかの平均値を表した指標。　記号…ウ　③　従業員1人当たりの労働時間と賃金を減らすことによって，雇用機会を分かち合い，全体として雇用者数の維持・拡大を図る手法。

〈解説〉(1)　①　王権神授説は帝王神権説とも呼ばれている。その論者の1人であるイギリスのフィルマーは，『パトリアーカ』を著し，王権は神がアダムに与えた支配権に由来するとした。その他，フランスのボーダンやボシュエなどが，王権神授説の論者として有名。
②『市民政府二論』は2つの論文からなる。1つはフィルマーの王権神授説を批判する論文であり，もう1つは社会契約説を展開し，議会の王権に対する優位を説く論文である。　③　1918年にドイツ革命が勃発し，ドイツは帝政から共和制に移行した。ワイマール憲法は，革命勃発の翌年に制定されたドイツ共和憲法の通称。　④　公務員は「全体の奉仕者」であるため，労働三権の制約を受けている。その一つである団体行動権とは，ストライキなどの争議行為を行う権利だが，これはいかなる公務員にも認められていない。　(2)　①　A　実質経済成長率とは，物価変動の影響を除いたGNP，ないしGDPの対前年度増加率のこと。　B　アメリカの貿易赤字と財政赤字(双子の赤字)が膨張していたアメリカ経済を救済するため，ドル安への誘導が行われた。
C　この時期の好況は平成景気やバブル景気と呼ばれている。
②　日米安全保障条約の改定に伴う混乱の責任を取る形で総辞職した岸信介内閣に対し，池田勇人内閣は経済中心の政策を打ち出した。国民所得倍増計画では10年間で国民所得を倍増させるとしたが，実際には想定を上回るペースで国民所得は増大した。　③　スタグフレーションは，スタグネーション(不況)とインフレーション(物価上昇)の合成語。1970年代のオイルショックで，先進国経済はスタグフレーションに見舞われた。　(3)　①　社会保険として，年金，医療保険，労災保険(労働者災害補償保険)，雇用保険，介護保険がある。　②　合計特殊出生率は，15～49歳の各年齢の女性の平均出生数を合計して算出される。わが国の合計特殊出生率は，2005年に過去最低となる1.26を記録した後はやや改善され，近年はおよそ1.4台を推移している。
③　オランダは，1980年代に政労使間で合意(ワッセナー合意)が行われて以降，ワークシェリングを導入する改革を進めたことで知られている。雇用が守られる反面，賃金が減るなどのデメリットもある。

地　理・歴　史

【世界史・地理共通問題】

【1】(1)　棚田　　(2)　チェルノーゼム　　(3)　ブミプトラ政策　(4)　アニミズム　　(5)　平清盛　　(6)　間宮林蔵　　(7)　ポーツマス条約　　(8)　ヒクソス　　(9)　イエズス会　　(10)　カストロ

〈解説〉(1)　日本では，棚田は農機具の利用が難しく，維持管理に多くの人手を必要とし生産面で割に合わないこと，高齢農家が増えたことなどから，近年減少が著しい。　(2)　チェルノーゼムは，温帯の半乾燥気候下の草原地帯に発達する肥えた土壌。降水の少ない地域であり，腐植した有機物が流出せず肥沃な黒い土壌となった。　(3)　ブミプトラ政策は，華人の経済的優位に対し，マレー人の地位向上を図るためにマレーシア政府が1971年から始めた。　(4)　アニミズムは，日本語では「精霊信仰」などと訳されている。　(5)　平清盛は，日宋貿易によって財政基盤の開拓を行い，宋銭を日本国内で流通させ通貨経済の基礎を築き，武家政権を打ち立てた。　(6)　間宮林蔵は，蝦夷地の測量で伊能忠敬に測量学を学び，以降，千島諸島，北樺太の探検に従事。海峡を横断して満州を視察して帰国している。『北蝦夷図説』『東韃紀行』などを著わす。　(7)　日露戦争での日本の勝利により，ポーツマスの講和会議でロシアに多くの要求を出したが妥協する事項が多く，国内では世論の不満が強まり，民衆が暴動を起こし日比谷焼打ち事件が起こった。　(8)　ヒクソスは「異国(出身)の支配者たち」を意味し，前18世紀中ごろエジプトに侵入し，第15王朝を建て，エジプト新王国によってエジプトから追われるまでエジプトを支配した。　(9)　アメリカ新大陸，アジアなどでのカトリックの布教活動を行い，フランシスコ＝ザビエルが日本に初めてキリスト教を伝道した。18世紀の中頃まで積極的な海外布教を展開したが，諸問題により教皇クレメンス14世によって解散させられた。その後，19世紀初めに再興され，歴代教皇の保護のもとに組織を拡大した。　(10)　カストロ，チェ・ゲバラらが中心となって革命を成功させ，社会主義国家の建設を開始した。

【世界史】

【1】(1)　オクタウィアヌスがプトレマイオス朝エジプトのクレオパトラと結んだアントニウスを破ったことで，プトレマイオス朝は滅亡し，ここにローマによる地中海世界の政治的統一が達成された。(86字)

(2)　アメリカ合衆国大統領モンローが，ラテンアメリカ諸国の独立を支持するため，ヨーロッパ諸国のアメリカ大陸への干渉に反対し，アメリカ合衆国もヨーロッパに干渉しないという相互不干渉を表明した。これはその後長くアメリカ合衆国の外交政策の基本となった。(120字)

〈解説〉(1)　前31年のアクティウムの海戦は，ギリシア西北の地中海上でおこった。これによってローマの「内乱の1世紀」は終わり，地中海の制海権を獲得した。　(2)　アメリカ合衆国大統領モンローによる「モンロー教書」(1823年)に示されたアメリカの外交理念。20世紀初頭にはセオドア＝ルーズベルト大統領のもとで拡大解釈され，カリブ海諸国については「棍棒を手に，話は穏やかに」と表現される「棍棒外交」が展開された。

【2】ア　劉邦(高祖)　　イ　郡国制　　ウ　ドンソン　　エ　扶南　　オ　チャンパー　　カ　ムラービト　　キ　新羅　　ク　渤海

(1)　張騫　　(2)　アンコール＝ワット　　(3)　レコンキスタ

(4)　a

〈解説〉ア　漢を建てた劉邦(高祖)は江蘇省の農民出身で，陳勝・呉広の乱をきっかけに挙兵し咸陽を落とした。楚の項羽との対立によって何度も危機に陥るが，垓下の戦いで項羽を破り，前202年に漢王朝の初代皇帝となった。　イ　始皇帝が始めた秦代の郡県制は，急激な改革が反発をまねき完成に至らず崩壊した。漢では，急激な施策となることを防ぐために，皇帝の直轄地には郡県制を，それ以外の地には封建制を復活させて有力者を王に封じて支配させた。このような郡県制と封建制をあわせたものを郡国制というが，徐々に諸侯の領土を縮小させて7代武帝のときに事実上の郡県制に移行した。　ウ　ドンソン文化はベトナム初期の金属器文化で，ベトナム北部のドンソン遺跡に由来する。銅鼓と呼ばれる青銅器が特徴で，表面には船や人物が描かれている。水稲耕作は東南アジアに大きな影響を与えた。　エ　扶南はクメール人あるいはマレー人の国。メコン川を利用して内陸の物資を運び，タイ湾に面した外港のオケオがさまざまな物資の中継地として栄え，港市国家として5世紀に全盛期を迎えた。　オ　中国名は林邑，環王，占城などと表記される。4世紀末からインド化が進み，インドと中国南部との貿易で栄えた。中国やベトナム，カンボジアと海上交易の利権を争ったが，阮朝に服属した。　カ　ムラービト朝は1056～1147年にかけてベルベル人が建てた政権。ガーナ王国を攻略して，イベリア半島にも進出し，キリスト教のレコンキスタとも戦ったが，12世紀半ばにムワッヒド朝に滅ぼされた。　キ　1～4世紀にかけて朝鮮半島中南部に勢力をほこった韓族は，馬韓・弁韓・辰韓と南部の任那(加羅)と呼ばれる小国に分立していた。313年頃，楽浪郡・帯方郡の滅亡をきっかけに馬韓が百済，辰韓が新羅として統一された。新羅の都は金城(慶州)に置かれた。　ク　6世紀半ばごろから中国東北地方で有力になっていた靺鞨人が高句麗の遺民と共に渤海国を建国した。大祚栄が建国した時の名称は震国。のちに唐に朝貢して713年に渤海郡王に封じられ，国号を渤海とした。日本とも通交し，唐の文化を受け入れて仏教文化が栄えた。　(1)　前3世紀末，冒頓単于のもとで強大化した匈奴はオアシス地域を支配して交易の利で繁栄した。張騫は武帝の命で大月氏へ派遣されたが，同盟交渉は成功せず帰国。そののち烏孫にもおもむき，その報告によって西域事情が明らかになった。

(2)　アンコール＝ワットはスールヤヴァルマン2世によって造営されたアンコール朝の寺院遺跡。四隅に塔が立ち，周囲の壁には『マハーバーラタ』や『ラーマーヤナ』などの物語のレリーフが彫られている。12世紀末のジャヤヴァルマン7世が仏教を厚く信仰し，アンコール＝ワットも仏教寺院として利用されるようになった。　(3)　8世紀から始まり，1492年にナスル朝のグラナダが陥落して完成した。　(4)　10世紀前半はヨーロッパではのちに神聖ローマ皇帝となるオットー1世が即位したころで，アジアでは黄巣の乱の幹部となった朱全忠が哀帝を廃して唐を滅亡させた。その後，東アジア地域は五代十国時代が続いた。　b　アッバース朝が開かれたのは8世紀半ば。　c　インカ帝国の滅亡は16世紀。　d　カロリング朝が創始されたのは8世紀半ば。

【3】ア　ディズレーリ　　イ　ジョゼフ＝チェンバレン　　ウ　ビスマルク　　エ　社会主義者鎮圧法　　オ　マッキンリー　　カ　社会革命党　　(1)　カナダ連邦　　(2)　普仏戦争での敗北により領土を奪われ賠償金も課され，ドイツに対して復讐の機会をうかがっていたフランスを牽制すること(56字)　　(3)　ジョン＝ヘイ　　(4)　アレクサンドル2世

〈解説〉ア　ディズレーリ首相はロスチャイルド家に支援を申し入れてエジプト総督所有のスエズ運河会社の株式を買収した。全株のうち約44％を保有することとなり，会社の支配権を握った。これ以降，スエズ運河の収益はイギリスとフランスに吸い上げられ，エジプトの財政破たんにつながった。　イ　ジョゼフ＝チェンバレンはアイルランド自治法案に反対して自由党を離れ，自由統一党を結成した。第3次ソールズベリ内閣で植民相に就任し，帝国主義政策を推進した。セシル＝ローズらによるトランスヴァール共和国への侵攻を支援し，1899年には南アフリカ戦争を引き起こした。　ウ　ビスマルクは，プロイセン首相時代に軍備拡張を実行し，オーストリア・フランスとの戦争に勝利してドイツ統一を達成した。ドイツ帝国の首相に就任すると，国民統合を目指して内政に取りかかる一方で勢力均衡とフランスの孤立を目指す外交策を展開した。　エ　1840年代におこった産業革命以降，ドイツでの労働者の解放をめざす社会主義運動が展開されていた。ユンカー出身のビスマルクはこれを警戒し，1878年に2度起こった皇帝ヴィルヘルム1世の暗殺未遂事件を口実に，社会主義者鎮圧法を制定した。社会主義的な政党の結成，労働組合の活動を禁じた。

オ　マッキンリーは共和党出身の第25代大統領。ハワイ併合やアメリカ＝スペイン戦争，フィリピン併合などアメリカの帝国主義政策を推

進した。1900年に再選されたが，翌年に無政府主義者に暗殺された。カ　社会革命党は1901年に結成された，農村共同体をロシア再生の出発点と考えるナロードニキ(人民主義者)の流れをくむ革命政党である。専制の打倒と全人民の土地所有を目指した。　(1)　自治領とは，自治権を与えられたイギリスの植民地。植民地側の自治権要求と，植民地の防衛費の現地負担をねらうイギリス本国側の利害により成立。国家元首にはイギリス国王を掲げ，外交などは本国の支配を受けるが，議会を開いて自治を行うことができる国家形態である。　(2)　普仏戦争はドイツ統一過程で勃発したドイツ諸邦とフランスとの戦い。ナポレオン3世による宣戦布告で始まり，戦争に敗北したフランスは国境地帯のアルザス・ロレーヌを失った。フランスの孤立化を図るため，ビスマルクはオーストリア・ロシアと三帝同盟を結び，オーストリア・イタリアと三国同盟を結んだ。　(3)　日清戦争後の中国では，ドイツ・イギリス・ロシア・フランスが相次いで租借地を獲得して中国分割が進んでいた。アメリカはマッキンリー大統領のもと，国務長官ジョン＝ヘイが列国に対して門戸開放宣言を提唱。1899年の門戸開放・機会均等，1900年の領土保全を三原則とした。　(4)　農奴解放令は，農奴に身分的自由を認めた勅令。クリミア戦争中に即位したアレクサンドル2世は，戦争に敗北したのち「上からの近代化」に着手。農奴解放令は自作農の創出には不完全であったが，ロシアはこれを契機に工業化の促進，地方自治機関を設置し，近代的社会制度が導入されるきっかけとなった。

【4】世俗権力の影響を受けた教会では，聖職売買などさまざまな弊害が生じたため，10世紀以降，改革運動が，フランスのクリュニー修道院を中心におこった。同修道院出身のグレゴリウス7世は聖職売買や聖職者の妻帯を禁じ，聖職者を任命する権利を世俗権力から教会の手に取り戻して教皇権を強化しようとした。しかし，神聖ローマ皇帝ハインリヒ4世がこれに反発したため，教皇と皇帝の間で叙任権闘争が始まった。そして，皇帝が教皇の改革を無視しようとしたため，教皇に

より皇帝は破門された。すると，ドイツ諸侯は破門が解除されないかぎり皇帝を廃位すると決議したため，1077年に皇帝はイタリアのカノッサで教皇に謝罪し許しを請う事件が起きた(カノッサの屈辱)。その後，1122年のヴォルムス協約で両者の妥協が成立し，叙任権闘争は終結し，教会の権威は西ヨーロッパ社会全体におよぶようになり，教皇権は13世紀のインノケンティウス3世のときに絶頂に達した。

〈解説〉ローマ教会の高位聖職者の任命権を神聖ローマ帝国皇帝が有していたことが教会の腐敗を招いたとして，聖職叙任権を教会の手に戻そうとする運動が展開された。改革派の教皇はレオ9世とグレゴリウス7世。皇帝や国王の破門はキリスト教世界における権威の失墜につながり，破門を解いてもらうために皇帝は雪の中で修道衣と素足の姿で謝罪した。この「カノッサの屈辱」のあとハインリヒ4世は反撃を開始し，両者の対立は続いた。十字軍を提唱したウルバヌス2世のころ教皇の権威は再び優位となり，1122年のヴォルムス協約で叙任権は教皇が有するとする妥協が成立した。

【5】(1)　歴史的思考力　　(2)　a　自然環境　　b　日常生活

〈解説〉世界史Bの目標の最後の部分，「歴史的思考力を培い，国際社会に主体的に生きる日本国民としての自覚と資質を養う。」だが，世界史を学習することによって得られる能力や態度に関して「世界史A」の目標と共通の目標を設定している。他国などの歴史を理解し，自国と世界とのかかわりを学び，日本の歴史や文化をより客観的に見る目を養う。　(2)　この大項目は，世界史を学ぶ際に必要な視点を示し，世界史学習の意義に気付かせることをねらいとしている。「自然環境と人類のかかわり」については，地形・気候・植生などの自然環境と人類の活動のかかわりに着目することで，世界史学習における地理的視点の重要性に気付かせることが重要である。「日常生活にみる世界の歴史」については，世界の人々が日常的に利用したり，習慣化したりしている事柄に着目させ，その起源や変遷などを考察させ，日常生活からも世界の歴史がとらえられることに気付かせることが重要である。

【地理】

【1】(1)　特定の農産物や鉱産資源といった一次産品の生産と輸出にのみ，経済を大きく依存する経済構造のこと。(47字)　(2)　都市が拡大していく過程で地価の変動などにより，住宅・工場などの施設が無秩序に広がっていく現象のこと。(50字)

〈解説〉(1)　国内の生産や輸出が数品目の農産物や鉱物資源に大きく依存している経済をモノカルチャー経済という。アフリカ諸国など，多くの発展途上国の経済がこれに当てはまる。農産物の生産は，自然界の有機的な営みを基礎としているために天候不順などの影響を受けやすく，鉱産物もまた，枯渇性という自然界の制約を有している。両者ともに国際価格の影響を受けやすく，収入が安定しない。植民地から独立した後，特定の産業に力を入れたために，それ以外の産業が発達していない，必要な資金を得るために植民地時代の輸出品に頼らないといけない，などの事情でモノカルチャーへの依存から脱却できていないことが多い。　(2)　急速な都市化から市街地が都市の外縁に向かって無秩序に広がる，まるで虫に食い荒らされたような状況になることをスプロール現象という。日本の大半の都市の周辺では，このような現象が発生しており，都市周辺における急激に進む団地・住宅の乱立，工場・住宅の混合，サービス施設の進出などに現れてくる。こうした土地利用に対する統制や規制は後手に回ることが多く，道路や交通機関などの生活基盤とか，公共施設を含む生活環境とかの整備は遅れることにもなりやすい。

【2】(1)　卓状地　(2)　アイスランドは，広がる境界に位置する大西洋中央海嶺上に国(陸地)があるため。　(3)　Ⅰ　X　温暖湿潤気候　Y　砂漠気候　Z　熱帯雨林気候　Ⅱ　X　d　Y　a　Z　b　(4)　4.5℃　(5)　名称…海岸砂漠　説明…寒流が流れる大陸西岸は海水温が低いため，冷たく重い寒流上の空気が，陸上の暖かく軽い空気の下に吹き込んで逆転した空気の層をなして安定するため，強い上昇気流が起こらず降雨がまれとなり砂漠となる。　(6)　ラトソル

(7) 間帯　(8) ① ア　② ア　(9) 実測図　(10) エ
(11) 国連環境計画　(12) 米の多くは地域内(国内)で食用として消費される自給作物であり，小麦は世界中で生産され貿易量も多い商品作物である。

〈解説〉(1) 先カンブリア時代の造山運動を経て，それ以後は激しい地殻変動を受けることなく，安定している地域を安定陸塊という。新しい地質時代の被覆層をほとんど欠き，基盤岩類が直接地表に露出しているものを楯状地といい，より若い堆積物がほぼ水平にのったものを卓状地という。　(2) 広がる境界が大洋底にあると，噴き出した玄武岩質のマグマが急速に冷やされ，海嶺と呼ばれる海底山脈をつくる。アイスランドは，広がる境界に位置する大西洋中央海嶺の上にある島で，海嶺が海上に顔を出している。　(3) Ⅰ　Xは年間を通じて降水があり，最暖月平均気温が22℃以上のため，温暖湿潤気候である。Yは年降水量が34.6㎜と極端に少ないため，砂漠気候となる。Zは最寒月平均気温が18℃以上で，最少雨月の平均降水量が60㎜以上だから熱帯雨林気候である。　Ⅱ　aのカイロは砂漠気候でYに，bのシンガポールは熱帯雨林気候でZに，cのアリススプリングズはステップ気候，dのブリズベンは温暖湿潤気候でXに該当する。fのウェリントンは西岸海洋性気候，gのマイアミはサバナ気候である。　(4) アの標高はイより1000m高く，アの気温は，イの10℃から5.5℃低いため，4.5℃となる。　(5) 亜熱帯高圧帯からの下降気流があり，海岸沿いに寒流が通るため，下層が冷涼，上層が安定構造となり，上昇気流が生じないため，海岸砂漠ができる。海岸沿いの寒流が，チリ北部のペルー海流とアフリカ大陸南西部沿岸のベンゲラ海流にあたる。前者はアタカマ砂漠，後者はナミブ砂漠を形成している。　(6) 熱帯の高温湿潤地域の森林植生下に生成した赤色のやせた土壌をラトソルという。雨季に有機質が微生物により分解されることに加えてケイ酸分や塩基類が溶脱したことにより残った鉄やアルミニウムなどの水酸化物が表面に集積して形成される。　(7) 気候や植生よりも，岩石や地形，地下水の影響を受けて生成する土壌で，地域特有の土壌を間帯土壌という。風化した岩石以外にほとんど混じっておらず，もともとの岩石のことを母岩といい，母岩が何であったかで土壌が決まり，気候や植生が何であるかは関係ない土壌である。石灰岩が風化してできたテラロッサ，玄武岩が風化してできたレグールなどがある。　(8)　主曲線または計曲線の間隔が20mの場合は，縮尺5万分の1の地図の主曲線の間隔のみ該当する。計曲線は縮尺に関係なく，主曲線の間隔の5倍。縮尺2万分の1の地図の主曲線や計曲線の間隔は，縮尺5万分の1の地図の半分になる。　(9)　縮尺2万5千分の1の地図は，現在，空中写真測量によって作成され，道路，鉄道，建物，土地の高低や起伏，水系，植生，土地利用等が実測に基づき正確に描写されている実測図である。
(10)　アマゾン川流域の南側はセルバ地域で，アフリカ大陸のサハラ砂漠の南側がサヘル地域である。　(11)　UNEPは，United Nations Environment Programmeの略で，国際連合環境計画のこと。　(12)　米の生産が多い国では，自給用の生産比率が高い。小麦の生産が多い国では，輸出用の生産比率が高く，アメリカでは輸出量が生産量の約60%，フランスは約50%である。

【3】(1)　社会増加　　(2)　ア　　(3)　韓国　　(4)　シンガポール
(5)　イ　　(6)　カシミール

〈解説〉(1)　ある国・地域の人口の増加は，出生数と死亡数の差による自然増加と，人口移動すなわち人口流入数と流出数の差による社会増加に分かれる。　(2)　人口ピラミッドと出産数・死亡数の関係では，富士山型は多産多死型，釣鐘型は少産少死型，つぼ型は静止人口(高齢化により死亡率が増加)などに分けられる。　(3)　韓国が1960年代から80年代にかけて達成した急激な経済成長については，ソウル市などを流れる漢江にちなんで「漢江の奇跡」と呼ばれている。　(4)　シンガポールは，1965年にマレーシア連邦から分離独立した。ASEANの原加盟国でASEAN自由貿易地域の主導国でもあり，20世紀末から急速な経済成長が続いている。税制優遇や優れたインフラ環境，また英語や中国語が話せる人材の多さから，香港と並び欧米諸国の多国籍企業のアジア太平洋地域の統括拠点が置かれることが多い。シンガポールが属するイギリス連邦は，中央政府を有しないゆるやかな国家連合であるが，イギリス，オーストラリア，ニュージーランド，マレーシア，シンガポールのイギリス連邦5カ国条約では，イギリス連邦構成国間で緊密な防衛協力が約束されている。　(5)　Aはヨーロッパ，南北アメリカに分布するキリスト教，Bは中東，北アフリカ，中央アジア，東南アジアに分布するイスラーム教，Cはインド，ネパールなどに分布するヒンドゥー教，D は中国，日本，韓国，東南アジアに分布する仏教。　(6)　カシミール藩王国の藩王はヒンドゥー教徒であったが，その住民の多くはイスラーム教徒であった。インドの民族運動を主導したインド国民会議のガンディーは，宗教的寛容を説き，全インド一体としての独立を目指したが，ヒンドゥー教徒主体の運動に対するインドのイスラーム教徒の不満が高まり，イギリスが分離独立を工作したこともあり，第二次世界大戦後のインドの独立は分離独立となった。そのため，インドとパキスタンの両国間でヒンドゥー教徒とイスラーム教徒がそれぞれの国に移住する民族移動が展開され，衝突や家族離散などの悲劇が多発した。1947年に英領から独立した両国は，ヒンドゥー教徒の藩王が治めながらイスラーム教徒が多数を占めていたカシミール地方の帰属をめぐり，領有権を主張して戦争に突入した。このカシミール問題は核問題とともに両国関係の改善を妨げる最大要因となっている。

【4】(1)　①　歴史的背景を踏まえて地誌的に考察する　　②　地理的な見方や考え方を培う　　(2)　A　精選　　B　系統性　　C　地理情報システム　　①　地図を有効に活用して事象を説明したり，自分の解釈を加えて論述したり，討論したりする　　②　現代世界に対する地理的認識が深められるよう工夫するとともに，地理的な見方や考え方の育成を図り，広い視野から国際社会における日本の役割について考えさせることができるようにすること。

〈解説〉(1)「歴史的背景を踏まえて地誌的に考察」するとは，大小様々な規模の地域を多面的・多角的に取り上げる際に，地域の歴史的背景を考慮し，空間軸と時間軸の両面から当該地域の地域的特色を明らかにする考察の方法を示している。また，「地誌的に考察する」とは，「取り上げた地域の多様な事象を項目ごとに整理して考察」したり，「取り上げた地域の特色ある事象と他の事象を有機的に関連付けて考察」したり，「対照的又は類似的な性格の二つの地域を比較して考察」したりすることを意味している。　(2)　②　地理Bでは，各地域と日本とを必要に応じて比較したり関連付けたりして，広い視野から国際社会における日本の役割について考えさせることができるよう配慮して扱うことが望まれている。

公　民　科

【1】(1)　ゼノン　　(2)　希望　　(3)　格物致知　　(4)　二宮尊徳
(5)　往生要集　　(6)　かけがえのない地球　　(7)　労働関係調整法
(8)　リスボン条約　　(9)　シャウプ勧告　　(10)　国際刑事裁判所

〈解説〉(1)　ストア派のゼノンは禁欲主義を説き，理性によって感情を制し，アパテイア(不動心)に達することを理想とした。また，自己の理性に従うことで宇宙の理法と一体化するという意味で「自然に従って生きる」べきと唱えた。　(2)　古代ギリシャでは，知恵・勇気・節制・正義が四元徳とされた。古代キリスト教の最大の教父であり，キリスト教の正統教義を確立したアウグスティヌスは，信仰・愛・希望をキリスト教の三元徳とし，古代ギリシャの四元徳の上位に位置づけた。　(3)　朱子学は朱熹(朱子)を祖とする儒学の一派。理気二元論に基づき，性即理や格物致知，居敬窮理を論じた。　(4)　二宮尊徳は江戸時代後期の農政家。報徳思想に基づいて，農村の復興政策を進めた。分度と推譲とは報徳思想の実践倫理である。　(5)　往生要集は，源信が様々な経典を元に極楽浄土への往生の方法について論じた書。心の中に阿弥陀仏を思い描く観想念仏を主に論じた。　(6)　国連人間環境会議は，国連が主催した初の環境問題に関する本格的な国際会議。人間環境宣言が採択され，1973年には人間環境宣言を実施に移すために，ケニアの首都ナイロビに国連環境計画(UNEP)が設立された。(7) 労働関係調整法は，労働三法と総称される法律の一つ。同法に基づいて，労働争議のあっせん・調停・仲裁のために，労働委員会が設置されている。労働委員会は都道府県労働委員会と中央労働委員会がある。 (8) リスボン条約は，EU基本条約を修正するために締結された条約。欧州憲法条約が発効に至らなかったために，その代替として締結された，同条約により，欧州理事会の議長職が常設化されるなど，EUの政治統合が進んだ。 (9) シャウプを団長とする税制調査団の勧告だったため，シャウプ勧告と呼ばれている。 (10) 国連の主要機関の一つである国際司法裁判所(ICJ)が，領土紛争など，国家間の紛争を裁く裁判所であるのに対し，国際刑事裁判所(ICC)は，戦争犯罪などの容疑のある個人の刑事裁判を行う。国際司法裁判所と同じくオランダのハーグにあるが，国連機関ではない。

【2】(1) 国債を除く歳入(税収)で，国債費を除く歳出がどの程度賄えているかを示すもの。実質的な財政赤字の幅を示す。 (2) 特定の地方公共団体のみに適用される特別法について，その住民のみによる投票のこと。特別法の制定には，住民投票でその過半数の同意が必要である。

〈解説〉(1) プライマリーバランスが赤字ということは，税収だけでは政策的に必要な支出が賄えないということである。日本政府のプライマリーバランスは赤字の状態が続いており，政府も脱却を目指している。 (2) 国会はわが国唯一の立法機関とされており，法律は原則としては国会両院の議決があれば成立する。これを国会単独立法の原則という。地方自治特別法の制定はこの例外であり，国会両院の議決に加えて当該地方公共団体で住民投票を実施し，有効投票の過半数の同意を要する。

【3】(1)　a　法の支配　　b　人の支配　　c　リヴァイアサン　d　抵抗権　　e　直接民主　　(2)　万人の万人に対する闘争　(3)　行政権の発動は，法律に基づいて行われなければならないとする，法の内容よりも形式を重視した考え方　　(4)　権利の章典　　(5)　社会共通の幸福を求める人民の意思。　　(6)　改正の手続きを，法律の改正手続きよりも厳しく定めている憲法。　　(7)　エ　　(8)　ウ　(9)　ア　和解　　イ　調停　　ウ　知的財産高等裁判所

〈解説〉(1)　a　憲法によって政治権力を拘束しようという立憲主義も，「法の支配」に由来する法思想。　b「法の支配」に対して，絶対君主による支配を「人の支配」という。　c　政治哲学書リヴァイアサンは聖書に登場する怪獣の名前に由来している。　d　ホッブズは抵抗権(革命権)を認めなかった。　e　ルソーは「イギリス人は選挙の時だけ自由で，後は奴隷」と述べ，議会政治を批判した。　(2)　自然状態において，人々は互いに自然権(自己保存の権利)を行使しあう結果，「万人の万人に対する闘争」の状態となり，かえって自己保存ができなくなる矛盾に陥る。そこで，人々は理性の命令である自然法に従い，社会契約を締結して強大な国家を創造し，自然権を国家に譲渡することで，自己保存を図るとした。　(3)「法の支配」が国民の自由や人権を守るために権力者を法で拘束しようとする思想であるのに対し，(狭義の)法治主義は，行政は議会が制定した法に基づかなければならないとする思想であり，「悪法もまた法なり」という形式主義に陥りやすい。　(4)　名誉革命が勃発し，新たに迎え入れられた国王のもと，権利の章典が制定された。権利の章典により，「国王は君臨すれども統治せず」というイギリスの立憲君主制の基礎が確立した。　(5)　ルソーは，私的利益を追求する個人の特殊意思の総和を全体意思とするとともに，一般意思はこれとは区別されるとした。　(6)　硬性憲法に対して，制定や改廃のハードルが通常の法律のそれと同等の憲法を，軟性憲法という。イギリスの憲法は，マグナ・カルタ(大憲章)や権利章典などの様々な古い法典や慣習などから成り立つ不文憲法であり，軟性憲法に分類される。　(7)　イギリスの内閣には法案の拒否権は認め

られていない。イギリスは議院内閣制の国であり，下院多数党の党首が首相となり，内閣を組織する。よって，内閣の意向に反する法律が議会で制定されることは，ほとんどあり得ない。これに対し，大統領制のアメリカでは，大統領に議会が制定した法案に対する拒否権が認められている。　(8)　政治主導の政策決定のために，官僚が政府委員として大臣に代わって国会で答弁する政府委員制度や原則として国会議員が大臣を補佐する政務次官制度が廃止され，副大臣・大臣政務官制度が導入された。　(9)　ア　裁判所から和解が勧告されることもある。　イ　一般市民による調停員が裁判官とともに紛争の解決にあたる。　ウ　知財高裁は東京高裁の特別の支部であり，特別裁判所ではない。判決に不服があれば最高裁への上訴も可能。

【4】(1)　a　不良債権　b　自己資本　c　預金保険　d　買い　e　キングストン　(2)　発券銀行，銀行の銀行，政府の銀行
(3)　国際通貨基金(IMF)協定，国際復興開発銀行(IBRD)協定
(4)　ロシアがクリミア半島を併合したこと。　(5)　財政収支
(6)　ドル高を是正するためのプラザ合意の結果，急激なドル安がもたらされ，このドルの急落を抑える必要があったため。　(7)　プラザ合意以降，円高・ドル安が進み，日本で生産される製品の価格が外国製品と比べて割高になり，国内製品の輸出の採算が悪化し，海外現地生産が拡大した。
〈解説〉(1)　a　回収の見込みが薄い債権のこと。　b　総資本に占める自己資本の割合のこと。　c　預金保険制度(ペイオフ)により，銀行が経営破綻しても，普通預金ならば元本1000万円までとその利息の払い戻しが保証されている。　d　日銀が市中銀行から国債などを買い入れること。　e　ジャマイカのキングストンで開催されたIMF暫定委員会での合意にちなみ，このように呼ばれている。　(2)　発券銀行とは，紙幣を発行する銀行のこと。日銀は日本で唯一の発券銀行である。また，「政府の銀行」として，国庫金の出納や管理を行っている。そして「銀行の銀行」として，市中銀行と当座預金取引を行っている。

(3)　国際通貨基金(IMF)は，国際金融秩序の安定のために設立された国際機関。また，国際復興開発銀行(IBRD)は，第二次世界大戦からの復興資金を融通するために設立された国際金融機関。現在は世界銀行グループの一員として，主に途上国に対する融資を実施している。
(4)　2014年にウクライナで親ロシア政権が倒れると，ロシア系住民が多数派だったクリミア半島で軍事衝突が勃発。この軍事衝突にロシアが介入し，クリミア半島がロシアに編入された。アメリカや日本をはじめ，国際社会はこの編入を認めず，ロシアは主要国首脳会議の参加資格を停止された。　(5)　高金利政策によってドル高が進んだことで，貿易収支の赤字が肥大化した。また，小さな政府を志向するレーガン大統領によって減税が行われる一方で，軍事支出は増加を続けたため，財政赤字も肥大化した。　(6)　双子の赤字が肥大化したアメリカ経済を救済するため，プラザ合意により，各国の通貨当局はドル高を是正するために協調介入を実施した。そのことで，かえってドル安が進み過ぎたため，ルーブル合意により，ドル安を是正することになった。
(7)　外国為替相場が円高・ドル安に推移すると，ドル換算での日本の輸出品の価格が上昇し，国際競争力が低下する。よって，日本の輸出企業はプラザ合意によって打撃を受け，日本経済は円高不況に見舞われた。

【5】(1)　a　公民権　　b　多文化　　c　国内避難民　　d　難民条約　e　国連難民高等弁務官事務所　　(2)　マンデラ(ネルソン＝マンデラ)
(3)　自分の属している民族や人種などの集団の文化を最も正しく，優れたものとする考えや態度のこと。　　(4)　ウ
〈解説〉(1)　a　公民権運動の指導者として，キング牧師らが有名。b　多文化主義は，マルチ・カルチュラリズムの訳。　c　難民条約では，国外に逃れた人々を難民と定義しており，国内避難民は難民には含まれない。だが，近年は国内避難民が急増しており，UNHCRも国内避難民を支援している。　d　迫害の恐れのある国に難民を送還してはいけないという原則を，ノン・ルフールマンの原則という。この

原則は国際慣習法だったが，難民条約によって成文化された。

e　UNHCRは，国連総会の補助機関。　(2)　マンデラは，アパルトヘイトの撤廃運動を行っていたが，長期間投獄されていた。アパルトヘイト撤廃の機運が高まる中，1990年に釈放された。その後，アパルトヘイトは平和的に撤廃に至り，マンデラは1994年に南アフリカ初の黒人大統領となった。　(3)　エスノセントリズムは「自民族優越主義」や「自文化中心主義」などと訳される。自国の文化を他国よりも優れたものとみなしたり，他国の文化は自国の文化の模倣に過ぎないとして見下したりする態度などが，その例である。　(4)　A　亡命者も難民に含まれるから，誤り。なお，政府高官などが庇護を求めて母国を離れることを亡命と呼ぶ例が多い。　B　庇護を求めた国においても，難民は危険な状況に晒される例が多いことなどから，UNHCRは難民の第三国への再定住を援助している。

【6】(1)　我が国においては領土問題について，固有の領土である北方領土や竹島に関し未解決の問題が残されていることや，現状に至る経緯，我が国が正当に主張している立場を踏まえ，我が国が平和的な手段による解決に向けて努力していることについて理解を深めさせる。なお，我が国の固有の領土である尖閣諸島をめぐる情勢については，現状に至る経緯，我が国の正当な立場を踏まえ，尖閣諸島をめぐり解決すべき領有権の問題は存在していないことについて理解を深めさせる。　(2)　先進国や国際機関による経済援助を中心とする考え方と発展途上国の自助努力を中心とする考え方を対照させ，発展途上国の経済的な自立と持続可能な発展と先進国の協力の在り方について探究させる。例えば，今日見られる国際経済格差には様々な原因が考えられ，またその格差の解消に向けて様々な取組がなされていることを歴史的背景などを含めて調べたり，先進国に対して負っている多額の債務について調べたりさせ，今後の国際経済の在り方について，国際連合や非政府組織(NGO)などの活動，政府開発援助(ODA)などを通して，資金面，人材面，技術面などから具体的に探究させることが考えられる。

〈解説〉(1)　高等学校学習指導要領解説　公民編　第3節　政治・経済　2　内容とその取扱い　(1)　現代の政治，では，領土問題については，我が国をも含めて様々な国同士で未解決の問題があるが，国際平和の維持と安定のためにも，平和的な解決に向けて広い視野に立って継続的に努力する態度が必要であることを認識することを前提として述べられている。　(2)　(1)と同「解説」の「2　内容とその取扱い　(3)　現代社会の諸課題」では，「国際経済格差の是正と国際協力」について，今日多くの発展途上国が工業化を進めているが，その一方で先進国との経済格差が拡大するとともに発展途上国間においても経済的格差があることについて，歴史的背景を把握させながら理解させることが示されている。また，飢餓や貧困に苦しむ国々は政治的に不安定になりやすく，国民の基本的人権の保障及び実現確保が困難となり，国際社会の不安定要因となりやすいことなどを理解させ，これらの上に立って，経済援助を中心とする考え方と自助努力を中心とする考え方の2つを対照させて探究することが示されている。

2019年度　実施問題

中学社会

【1】次の表を見て，(1)～(5)に答えよ。

主要国の基本データ

国名	人口予想（千人）2050年	穀物生産量（千t）2014年	貿易（百万ドル）2016年		経済成長率（%）2016年
			輸出	輸入	
a	1 658 978	295 360	264 616	361 044	6.8
b	79 238	52 010	1 335 897	1 056 336	1.8
中国	1 364 457	557 407	2 134 520	1 589 900	6.7
c	132 731	103 136	285 491	182 265	-0.2
ブラジル	232 688	101 402	185 280	143 632	-3.6
アメリカ	389 592	442 849	1 453 830	2 251 350	1.6
カナダ	44 949	51 301	389 397	404 433	1.4
メキシコ	164 279	36 527	373 904	387 065	2.3
オーストラリア	33 187	38 423	191 089	188 950	2.5
d	50 457	5 852	535 739	443 695	2.8

（「世界国勢図会」2017/18より作成）

(1) 表中のa～dにあてはまる国名を，次のア～カから一つずつ選び，それぞれ記号で記せ。

ア．韓国　　イ．日本　　ウ．インド　　エ．フランス
オ．ドイツ　　カ．ロシア

(2) アメリカ，カナダ，メキシコの貿易協定を何というか，アルファベットの略称で記せ。

(3) ブラジルでは，ガソリンでもバイオエタノールでも走る自動車が普及している。バイオエタノールの増産による課題として考えられることを，「供給量が減少して」という語句を使って簡潔に記せ。

(4) 次の図は，中国の貿易相手先を表している。図中のA～Dにあてはまる国や組織をあとのア～オから一つずつ選び，それぞれ記号で記せ。

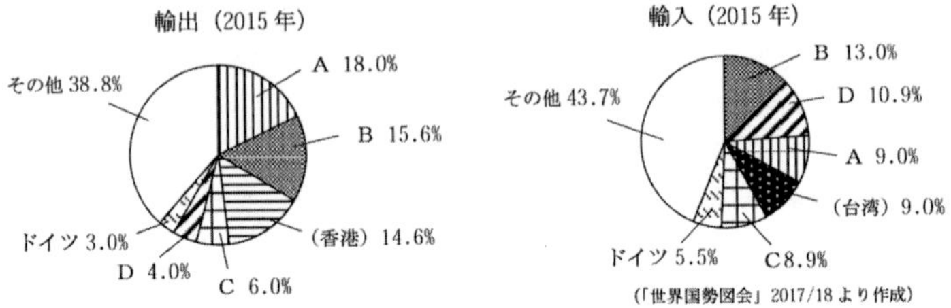

（「世界国勢図会」2017/18 より作成）

ア．日本　　イ．EU　　ウ．アメリカ　　エ．韓国
オ．インド

(5)　次は，アメリカの外交について述べた文章である，下の①，②に答えよ。

> 「アメリカ第一主義」を掲げるトランプ大統領は，2017年1月の就任直後から，TPPからの永久離脱，(　ア　)との国境に壁を建設する，(　イ　)難民の受け入れ停止などを打ち出した。2017年6月には，(　ウ　)対策の国際的な枠組みである「パリ協定」から離脱することを，11月には，2015年に国交を正常化させた(　エ　)への経済制裁を強化することを，12月にはエルサレムを(　オ　)の首都と認めることをそれぞれ発表するなど，これまでの政策を大きく転換した。また2018年4月には，アサド政権が化学兵器を使用したと断定し，イギリス・フランスと共同で(　イ　)へミサイル攻撃を行った。これに対し(　カ　)は国連(　キ　)にミサイル攻撃を非難する決議案を提出したが，反対国の多数により否決された。さらに日本の安倍首相に対しては北朝鮮の金正恩・朝鮮労働党委員長との会談が行われた際には日本人(　ク　)問題について話し合いたいと述べた。

①　文章中の(　ア　)～(　ク　)にあてはまる語句を記せ。

②　文章中の下線部のエルサレムには3つの宗教の聖地がある。この3つの宗教名を記せ。

(☆☆☆☆◎◎◎)

【2】次の表を見て，(1)～(4)に答えよ。

日本の世界遺産登録順一覧（1993年～2017年）

番号	遺産名	場所（都道府県）
1	法隆寺地域の仏教建造物	奈良
2	姫路城	（　a　）
3	屋久島	鹿児島
4	白神山地	（　b　）・秋田
5	古都京都の文化財	京都・滋賀
6	白川郷・五箇山の合掌造り集落	岐阜・富山
7	原爆ドーム	広島
8	厳島神社	広島
9	古都奈良の文化財	奈良
10	日光の社寺	栃木
11	琉球王国のグスク及び関連遺産群	沖縄
12	（　c　）山地の霊場と参詣道	三重・奈良・和歌山
13	（　d　）	北海道
14	石見銀山遺跡とその文化的景観	島根
15	（　e　）諸島	東京
16	平泉－仏国土（浄土）を表す建築・庭園及び考古学的遺跡群－	岩手
17	富士山－信仰の対象と芸術の源泉	山梨・静岡
18	富岡製糸場と絹産業遺産群	（　f　）
19	明治日本の産業革命遺産　製鉄・鉄鋼，造船，石炭産業	山口・福岡・佐賀・長崎・熊本・鹿児島・岩手・静岡
20	国立西洋美術館本館	東京
21	「神宿る島」宗像・沖ノ島と関連遺産群	（　g　）

（外務省　b サイトより作成）

(1)　表中の(　a　)～(　g　)にあてはまる地名や都道府県名をそれぞれ記せ。

(2)　番号6の合掌造りは，次の写真のように，一般の民家と大きく形状が異なる切妻茅葺屋根が特徴である。どうして，このような形状となったのか，この地域の気候の特色と，この地域で盛んだった産業の特色をふまえて，それぞれ簡潔に記せ。

(3)　番号17の富士山は，世界自然遺産の登録を目指す動きもあったが，かなわなかった。その主な理由2つを「形」と「人間」ということばを使って，それぞれ簡潔に記せ。

(4)　次の資料は，世界遺産が所在する県の主な生産物についてまとめたものである。資料中の①～④にあてはまる県名を，下のア～コから選んで，それぞれ記号で記せ。

資料

県名	主な生産物（割合は全国に対するもの）
①	アルミサッシ 35%(2014 年)，球根類（出荷額）17%(2016 年)，医薬品 11%(2015 年)
②	養殖かき類 65%(2015 年)，レモン 62%(2014 年)，船舶製造・修理業 15%(2014 年)
③	さとうきび 40%(2016 年)，ブロイラー20%(2017 年)，単式蒸留焼酎 31%(2015 年度)
④	数値制御ロボット 70%(2014 年)，ウイスキー42%(2015 年度)，貴金属製装身具 25%(2014 年)

（「データでみる県勢」2018 より作成）

ア．岩手県　　イ．秋田県　　ウ．栃木県　　エ．山梨県
オ．富山県　　カ．奈良県　　キ．広島県　　ク．山口県
ケ．宮崎県　　コ．鹿児島県

(☆☆☆◎◎◎)

【３】次の(1)～(3)に答えよ。

(1)　ある生徒が，日本人と外国との関係に関心をもち，次の A ～ D のカードをつくった。あとの①，②に答えよ。

A	B
A 空海は，讃岐出身で仏教に身を投じ，804年に(　ア　)に渡り長安で密教を学んで2年後に帰国，紀伊の高野山に金剛峯寺を建てて真言宗を開いた。	B 足利義満は1401年，(　イ　)に使者を派遣して国交を開いた。(　イ　)は正式な貿易船の証明として，勘合という合札を日本の船に与えた。

C 徳川家康は，1600年に漂着した(ウ)船リーフーデ号の水先案内人であったウィリアム アダムスを，外交・貿易の顧問とした。	D 長浜万次郎は，1841年，14歳の時に漁に出て遭難し，(エ)の捕鯨船によって助けられた。1851年に日本に帰国し，通訳などで活躍した。

① カード中の(ア)，(イ)にはあてはまる王朝名を，(ウ)，(エ)にはあてはまる国名を，それぞれ記せ。

② カードD中の下線部の年に行われた改革を何というか。また，この改革を行った中心人物を[Ⅰ]のa～dから，改革の内容として正しいものを[Ⅱ]のあ～えからそれぞれ一つずつ選び，記号で記せ。

[Ⅰ] a. 松平定信　b. 水野忠邦　c. 大塩平八郎
d. 田沼意次

[Ⅱ] あ. 七分積金　い. 異国船打払令
う. 公事方御定書　え. 上知令

(2) ジャガイモを好きな生徒が，次の資料を見つけた。あとの①，②に答えよ。

> ジャガイモの原産地は(a)山脈中南部で，(b)帝国をささえる重要な食物であった。ジャガイモは(c)時代の16世紀にヨーロッパにもたらされたが，色も形も悪いため人気がなかった。ジャガイモは18世紀の七年戦争のころからひろまり，プロイセンの(d)2世は栽培を奨励した。19世紀のドイツで飛躍的にひろまり貧農や都市労働者を飢えから救い，ヨーロッパ各地でも栽培されるようになった。19世紀のなかばにジャガイモの疫病からアイルランドを中心に飢饉がおこり，多数の餓死者が出たことは，(e)への移民を促進することにもなった。日本には1598年にオランダ船を通じて入ってきた。現在の(f)のジャカルタから伝えられたのでジャガタライモとよばれ，ここから現在のジャガイモの名が生じたとされる。

① 資料中の(　a　)～(　f　)にあてはまることばを，それぞれ記せ。

② 資料中の下線部の年に62歳で伏見城で病死した人物はだれか，また，この人物の病死により，やめたことは何か，それぞれ記せ。

(3) ある生徒が，「今から○年前」という次の表を作成した，①～⑤に答えよ。

今から○年前・年	世界や日本の主なできごと
今から 100 年前・1918 年	日本で，米騒動が起きる ―――――― ア
今から 90 年前・1928 年	パリ不戦条約が結ばれる
今から 80 年前・1938 年	日本で，国家総動員法が制定される
今から 70 年前・1948 年	ベルリンが封鎖される
今から 60 年前・1958 年	ヨーロッパ経済共同体（EEC）が設立される
今から 50 年前・1968 年	キング牧師が暗殺される ―――――― イ
今から 40 年前・1978 年	日中（　　　）が結ばれる
今から 30 年前・1988 年	青函トンネル・瀬戸大橋開通する
今から 20 年前・1998 年	長野オリンピックが開催される
今から 10 年前・2008 年	金融危機が世界的に広がる ―――――― ウ

① 表中の(　　)にあてはまることばを記せ。

② 表中のアがきっかけで寺内内閣は総辞職した。その後に首相となった人物はだれか，記せ。

③ 表中のイに関して，キング牧師がリンカーン記念堂の前で行った「　a　a dr a　…」の演説は有名である，彼の夢とは何か，「～こと」というかたちで簡潔に記せ。

④ 次のa～dは，表中のイ～ウの間に起きたできごとである。a～dを年代の古い順に並べ，記号で記せ。

a. イラク戦争が起こる。

b. アメリカで同時多発テロ事件が起こる。

c. 第4次中東戦争が起こる。

d. 湾岸戦争が起こる。

⑤ 表中のウに関して述べた次の文章の(　a　)～(　d　)にあてはまることばを，あとのア～クから一つずつ選び，それぞれ記号で記せ。

> この世界金融危機は，(a)の(b)問題が発端となった。特定地域の経済問題が世界に広がるのは，(c)が，莫大な(d)的資金を世界中に移動させていることが原因の一つであると考えられる。

ア．アメリカ　　イ．中国
ウ．サブプライム・ローン　　エ．通貨危機
オ．外貨　　カ．投機
キ．ヘッジファンド　　ク．中央銀行

(☆☆☆◎◎◎)

【4】次の(1)，(2)に答えよ。

(1) 次の表は，2017年の衆議院選挙について，主なできごとをまとめたものである。下の①～③に答えよ。

月．日	主なできごと
9．28	衆議院が解散する。
10．22	衆議院総選挙と同時に（ ア ）が行われる。
11．1	（ イ ）国会が開かれ，内閣総理大臣が指名される。

① 表中の(ア)，(イ)にあてはまることばを記せ。

② 憲法では，衆議院が解散されてから何日以内に総選挙を行わなければならないと規定されているか，日数を記せ。

③ この選挙で，自民党と公明党で，全議席の3分の2を上回る議席を獲得した。このことにより可能となることは何か，「法律案」という語句を使って，簡潔に記せ。

(2) 2018年1月22日から始まった国会について，生徒と先生で次のような会話をした。あとの①，②に答えよ。

生徒：この国会で決めなければならないのは，2018年度予算ですね。一般会計総額は過去最大となりましたが，歳出で1番割合が大きいのは(　ア　)費ですね。 先生：そうです。(　ア　)費は，歳出全体の3分の1を占めています。他にも防衛費や「人づくり革命」の配分などで歳出増となりました。予算の他にも，(　イ　)の黒田総裁の再任も決定しました。 生徒：また，この国会では，様々な<u>行政</u>に関する問題が議論になっていましたね。 先生：そうですね。主権者として，マスメディアからの情報を鵜呑みにせず，政治の動きを正しく理解していく姿勢が求められます。

① (　ア　)，(　イ　)にあてはまることばを記せ。

② 会話文中の下線部に関連して，日本の行政機構について述べている次の文章中の(　a　)～(　c　)にあてはまることばや数字をそれぞれ記せ。

日本の行政機構には，府・省・庁および委員会などがあり，主要官庁の長には(　a　)が就く。2001年に1府(　b　)省庁体制に再編されるとともに，独立行政法人が配置されるようになった。また，(　c　)主導の行政を政治主導へと転換するため，役割の少なかった政務次官制度を廃止し，副大臣・大臣政務官制度が導入された。

(☆☆◎◎◎)

【5】次の(1)，(2)に答えよ。

(1) 領域に関する次の①，②に答えよ。

① 次の図は，作成途中の領域についての模式図である。領土を参考に，「領海」，「領空」，「200海里」，「公海」の範囲を実線と矢印

を使って，次の図に示し，模式図を完成させよ。

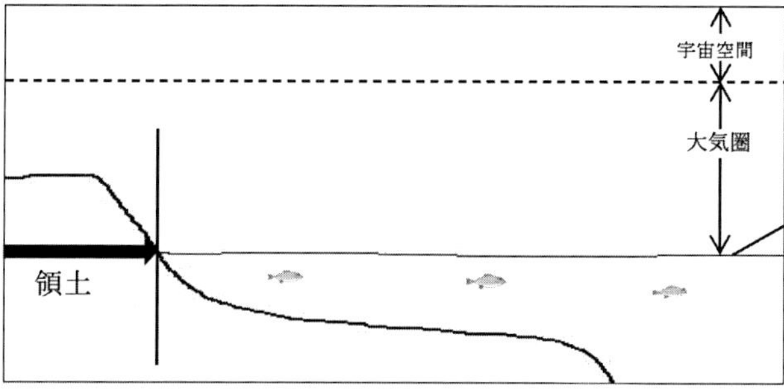

② 次の表は，ブラジル，日本，オーストラリア，ニュージーランド，アメリカの国土面積と排他的経済水域面積を表している。表中のア～エにあてはまる国名をそれぞれ記せ。

	ブラジル	ア	イ	ウ	エ
国土面積（万㎢）	851	769	963	38	27
排他的経済水域の面積(万㎢)	317	701	762	447	483

(「海洋白書」2009などより作成)

(2) 次の文章を読んで，下の①，②に答えよ。

> 国家が互いに主権を尊重し合っていくために，国際社会には守らなければならない決まりがある。国と国とが結ぶ(a)や，公海自由の原則のように長い間の慣行が法となった国際慣習法などで，これらは(b)と呼ばれている。
> 国と国との間の争いを法に基づいて解決するために，国際連合には(c)が置かれている。しかし，<u>(c)で，裁判にならないこともたくさんある</u>。

① (a)～(c)にあてはまることばを，それぞれ記せ。

② 下線部の理由を，「裁判を開始するには～」という書き出しに続けて，簡潔に記せ。

(☆☆◎◎◎)

地理・歴史

【世界史】

【1】次の(1)～(10)の問いに答えよ。

(1)　海洋資源を育て増やす漁業として，人工孵化(ふか)させた稚魚を海に放流し，成魚を漁獲する漁業を何というか，記せ。

(2)　上流の湿潤地域や山岳氷河を水源として，砂漠などの乾燥地帯を流れる河川を何というか，記せ。

(3)　多民族・多文化の社会であるアメリカ合衆国の社会で，スペイン語を話すラテンアメリカ系の移民とその子孫のことを何というか，記せ。

(4)　鎌倉幕府の滅亡後，1334年に建武と改元して，天皇自身を頂点とする政治をおこなおうとした天皇は誰か，記せ。

(5)　1808年に，イギリスの軍艦がオランダ船を捕まえるために長崎港に侵入し，オランダ商館員をとらえ，薪水・食糧を強奪する事件がおきた。この事件を何というか，記せ。

(6)　明治十四年の政変後，大蔵卿となり，緊縮政策による紙幣整理を強力に推進した人物は誰か，記せ。

(7)　618年に隋を倒して唐を建て，長安に都をおいた人物は誰か，記せ。

(8)　800年に教皇レオ3世からローマ皇帝の帝冠を受け，西ローマ帝国を受けつぐ支配者となった人物は誰か，記せ。

(9)　ピョートル1世が北方戦争でスウェーデンを破り，バルト海に進出し建設した新首都を何というか，記せ。

(10)　ベトナムでは，日露戦争での日本の勝利に刺激され，日本に留学生をおくって新しい学問や技術を学ばせようとする運動が組織された。この運動を何というか，記せ。

(☆☆☆◎◎◎)

【2】次の(1)，(2)について，65字以内で内容を説明せよ。

(1)　アウクスブルクの宗教和議(1555年)

(2)　大陸封鎖令(1806年)

(☆☆☆◎◎◎)

【3】古代から中世までの世界の歴史について述べている次の(A)～(D)の文章を読んで，(1)～(5)の問いに答えよ。

(A)

古代エジプト史は，繁栄した時期の王朝に注目すると，大きく古王国・中王国・新王国の三つの時代に区分される。古王国では，ナイル川下流域の(　ア　)を都として，巨大な①ピラミッドが建造された。中王国ではテーベに都が移ったが，末期になると馬と戦車で武装した遊牧民の(　イ　)がシリアから侵入し，ナイル川下流域を支配した。

(B)

アテネの政治家の(　ウ　)は，前508年に改革を実施し，それまでの血縁的な部族を解体して新たに地縁的な10部族を創設し，政治・軍事の単位とした。さらに，②僭主の出現を防ぐための制度を定めるなど，民主政の基礎を築いた。

(C)

西北インドには，1世紀にクシャーナ朝が成立した。この王朝は，中央アジアから北インドにいたる巨大な帝国を築き，2世紀半ば頃の(　エ　)王の時代に最盛期を迎えた。また，クシャーナ朝は諸宗教に寛大で仏教も大いに栄え，プルシャプラを中心としたガンダーラ地方で，1世紀後半から③ガンダーラ美術が発達した。

(D)

中世の西ヨーロッパにおいて，自治権を得た都市は皇帝・国王・諸侯の軍事力に対抗して，しばしば都市同盟を結成した。北イタリアの諸都市は④ロンバルディア同盟を，北ドイツの諸都市はリューベックを盟主とする(　オ　)同盟を結成した。

(1)　文章中の(　ア　)～(　オ　)に適する語句は何か，記せ。

(2)　文章中の下線部①について，カイロ郊外のギザに最大のピラミッドを建設した前27世紀頃の第4王朝の王は誰か，記せ。

(3)　文章中の下線部②について，この制度では次の写真のような陶片が使用された。この制度を何というか，記せ。

(4)　文章中の下線部③の特色は何か，簡潔に記せ。

(5)　文章中の下線部④について，この同盟が結成された主な理由を，「～に対抗するため。」という形で，簡潔に記せ。

(☆☆◎◎◎)

【4】近世以降の世界の歴史について述べている次の(A)～(D)の文章を読んで，(1)～(6)の問いに答えよ。

(A)

①七年戦争で大きな財政赤字を背負ったイギリス政府は，従来の放任から一転して植民地への課税と統治の強化をはかった。1765年，植民地での商取り引きや新聞などに課税する(　ア　)法を制定すると，植民地側は，本国議会に代表議員を送っていない以上「代表なくして課税なし」であると主張し，これを撤廃させた。しかし，1773年に財政難にあった東インド会社に茶の独占販売権を与えた茶法を制定すると，これに憤慨した植民地の人々は，東インド会社の船を襲撃して積み荷の茶を投棄するなどの(　イ　)事件をおこした。

(B)

アヘン戦争の敗北や重税による社会不安のなかで，キリスト教の影響を受けた(　ウ　)は，1851年に広西省で挙兵し，自ら天王を名のり②太平天国を建てた。太平天国には，華南・華中で耕地の不足や重税に苦しむ民衆や故郷をはなれた流民らが数多く参加し，1853年に南京を占領すると天京と改め，都とした。

(C)

ロシアでは，日露戦争中の1905年に首都でおきた(　エ　)事件を契機に，第1次ロシア革命が勃発するなか，労働者は(　オ　)とよばれる評議会を組織した。一方，皇帝ニコライ2世は日本と講和し，[　③　]。

(D)

米ソ冷戦の中，アジア・アフリカ諸国は，たがいに連携して第三世界の形成をめざした。1954年，中国の(　カ　)首相はインドのネルー首相と会談して平和五原則を発表したが，翌1955年の④アジア＝アフリカ会議では，平和五原則に基づいた(　キ　)が宣言された。さらに，ユーゴスラヴィアの[　⑤　]らの主導により，1961年にベオグラードにて非同盟諸国首脳会議が開催された。

(1)　文章中の(　ア　)～(　キ　)に適する語句は何か，記せ。

(2)　文章中の下線部①の説明として正しいものを，次のa～dから一つ選び，記号を記せ。

a.　七年戦争は，オーストリア継承戦争と並行しておこなわれた。

b.　七年戦争において，オーストリアは外交革命によりイギリスと同盟した。

c.　七年戦争の結果，プロイセンは豊かな鉱工業地帯のシュレジエンを確保した。

d.　七年戦争ののち，ロシアではイヴァン4世が大貴族をおさえ中央集権化をすすめた。

(3)　文章中の下線部②について，次のa，bの問いに答えよ。

a.　太平天国は「滅満興漢」のスローガンを掲げた。このスローガンの内容を簡潔に説明せよ。

b.　太平天国鎮圧の主力となった，漢人官僚が郷里で組織した義勇軍を何というか，記せ。

(4)　文章中の空欄[　③　]にあてはまる文として正しいものを，次のa～dから一つ選び，記号を記せ。

a.　四月テーゼを発表して労働者と農民の革命を結合するよう説い

た

b.　十月勅令を発布してドゥーマの開設を約束した

c.　農奴解放令を発布して農民を身分的に自由にした

d.　社会主義者鎮圧法を制定して労働運動を厳しく取り締まった

(5)　文章中の下線部④が開催された都市はどこか，次のa～dから一つ選び，記号を記せ。

a.　アンカラ　　b.　バンドン　　c.　ハノイ　　d.　ナイロビ

(6)　文章中の空欄[　⑤　]の人物は，1945年に東欧初の人民共和国を建設するとともに，首相に就任し，1953年には大統領にもなっている。この人物は誰か，次のa～dから一つ選び，記号を記せ。

a.　ナセル　　b.　アデナウアー　　c.　ティトー

d.　エンクルマ

(☆☆◎◎◎)

【5】清朝の中国支配の特徴について，漢人に対する懐柔策と威圧策の点から述べよ。

(☆☆☆◎◎◎)

【6】「高等学校学習指導要領(平成21年3月告示)　第2章　第2節　地理歴史　第2款　各科目」に関する(1)，(2)の問いに答えよ。

(1)　次の文は，「第1　世界史A」の「2　内容」の「(1)　世界史へのいざない」の一部である。文中の[　　]に当てはまる内容を記せ。

自然環境と歴史，[　　]にかかわる適切な主題を設定し考察する活動を通して，世界史学習の基本的技能に触れさせるとともに，地理と歴史への関心を高め，世界史学習の意義に気付かせる。

(2)「第2　世界史B」の「3　内容の取扱い」において，近現代史の指導に当たり，4つの配慮する事項をあげている。この4つのなかから一つ選び，その内容を記せ。

(☆☆◎◎◎)

公 民 科

【政治・経済】

【1】次の(1)～(10)の問いに答えよ。

(1) 古代ギリシアの哲学者で,「万物は流転する」と説いたのは誰か,名前を答えよ。

(2) プラトンの二元論的世界観は,現象界とあと一つは何か,答えよ。

(3) 孟子が理想の人間像とした,浩然の気を養う者を何というか,答えよ。

(4)「善人なをもて往生をとぐ,いはんや悪人をや」と記された,親鸞の弟子の著作は何か,答えよ。

(5) 日本陽明学の祖で,「孝」を中心とした徳を日常の中で実行すべきであると説き,「近江聖人」と呼ばれたのは誰か,名前を答えよ。

(6) 1992年の国連環境開発会議(地球サミット)などを受けて,翌1993年に制定された日本の環境政策の基になる法律は何か,答えよ。

(7) 私人間の生活関係に関する紛争について,裁判所が法律的に解決するための手続きを規定した法律は何か,答えよ。

(8)「国王といえども神と法のもとにある」という言葉を引用して,イギリス国王ジェームズ1世に対して,コモン＝ローの優位を主張したのは誰か,名前を答えよ。

(9) バングラデシュにおいて,主に貧困層を対象に,比較的低金利で無担保融資を行うことで,貧しい人々が貧困から脱出することを可能にし,2006年にノーベル平和賞を受賞した銀行は何銀行か,答えよ。

(10) 購買力平価と外国為替相場との格差を何というか,答えよ。

(☆☆☆◎◎◎)

【2】次の(1),(2)の問いに答えよ。

(1) セーフガード(緊急輸入制限)について,説明せよ。

(2) 検察審査会とはどのような機関か,説明せよ。

(☆☆☆◎◎◎)

【3】次の文章を読んで，(1)～(10)の問いに答えよ。

1889年に発布された大日本帝国憲法は，(　a　)憲法を模範とした欽定憲法であった。大日本帝国憲法においては，天皇が(　b　)を総攬することが規定され，陸海軍の(　c　)など天皇大権が認められた。また，基本的人権については，①法律の留保がみられた。

大日本帝国憲法下の政治体制においては，帝国議会は天皇の(　d　)機関とされ，国務大臣は天皇に対する(　e　)機関であった。②裁判所についても現行の日本国憲法とは性格が異なっていた。この憲法下で，第一次世界大戦後に世界的に民主主義が高揚したことなどを背景に，[　A　]と政権交代が「憲政の常道」として確立した時期があった。その結果，③1925年には，普通選挙法が成立した。しかし，④同時に制定された法律によって，その後の言論や思想弾圧が行われた。

一方，日本国憲法は，国民主権，⑤基本的人権の尊重，⑥平和主義を基本原理とする憲法として1946年に公布された。日本国憲法では，第98条において，憲法が国の最高法規であることが規定され，第81条において，⑦最高裁判所を終審裁判所として，裁判所に違憲法令審査権を与えている。しかし，判例の中には，⑧統治行為論が採用されることもある。

(1)　文章中の空欄(　a　)～(　e　)に当てはまる語句を，それぞれ答えよ。

(2)　文章中の空欄[　A　]に当てはまる語句を答えよ。

(3)　下線部①について，法律の留保とはどのようなことか，説明せよ。

(4)　下線部②に関して，特別裁判所に着目して，二つの憲法下での違いを説明せよ。

(5)　下線部③について，この法律における有権者の条件を答えよ。

(6)　下線部④について，この法律は何という法律か，答えよ。

(7)　下線部⑤について述べたものとして間違っているものを，次のア～エから一つ選び，記号で答えよ。

ア．生命，自由及び幸福追求に対する国民の権利は，いかなる場合においても，立法その他の国政の上で，最大限の尊重を必要とする。

イ．私有財産は，正当な補償の下に，これを公共のために用いることができる。

ウ．自己に不利益な唯一の証拠が本人の自白である場合には，有罪とされ，または刑罰を科せられない。

エ．国民に保障する自由及び権利は，国民の不断の努力によって，これを保持しなければならない。

(8) 下線部⑥に関連した次の文のうち，誤っているものを，次のア～エから一つ選び，記号で答えよ。

ア．自衛隊の最高指揮権は，文民である内閣総理大臣がもつ。

イ．国家安全保障会議は，防衛大臣が議長を務める。

ウ．閣議決定により，集団的自衛権の行使も限定的に可能となった。

エ．海賊対処法により，自衛隊が公海上で取り締まりを行えるようになった。

(9) 下線部⑦について説明した次の文AとBの正誤の組合せとして正しいものを，下のア～エから一つ選び，記号で答えよ。

A．最高裁判所は，訴訟に関する手続，弁護士，裁判所の内部規律及び司法事務処理に関する事項について，規則を定める権限をもつ。

B．検察官は，最高裁判所が定める規則に従わなければならない。

ア．A－正　B－正　イ．A－正　B－誤
ウ．A－誤　B－正　エ．A－誤　B－誤

(10) 下線部⑧について，統治行為論を説明せよ。

(☆☆☆◎◎◎)

【4】次のA～Cの文章を読んで，(1)～(9)の問いに答えよ。

A　市場経済において，そのメカニズムがうまく働かないケースがある。これを，一般に(　a　)と呼び，次のような場合があげられる。

まず，市場において独占や寡占が生じ，市場にまかせておくと，

①財・サービスの価格が高く設定され消費者に不利な状況が発生する場合である。独占の形態には，企業が競争を避け，利潤を確保するために価格や販売量などを協定する(　b　)，合併や統合によって「規模の(　c　)」の拡大を図ろうとする企業合同，②持株会社が様々な分野の企業を傘下におさめて支配する企業連携がある。

次に，市場を通じることなく，他の経済主体に利益を与えたり，不利益をもたらしたりする場合である。これらを，③外部経済，外部不経済という。

また，④情報の非対称性によっても市場メカニズムはうまく働かなくなる。

B　政府の一会計年度における歳入と歳出の計画を予算という。政府は，⑤毎会計年度の予算を作成して国会に提出し，議決を経た上でこれを執行する。決算については，(　d　)の検査を受けた後，内閣が次年度の国会に提出する。予算には，⑥税収などをもとにしたものとは別に，「第二の予算」とよばれる⑦財政投融資がある。

C　イギリスの経済学者(　e　)は，著書『経済学および課税の原理』の中で，国際分業の利益と，国際貿易の意義を説明し，これは比較生産費説とよばれるようになった。この比較生産費説による国際分業の利益は，自由貿易論の基礎となっている。こうして行われる，国際貿易など，国際間の経済取引の受け取りと支払いの勘定を1年間にわたって総合的に記録したものが国際収支である。国際収支は，⑧経常収支，金融収支，資本移転等収支に大別される。

(1)　文章中の空欄(　a　)～(　e　)に当てはまる語句を答えよ。

(2)　下線部①に関連して，寡占市場では，有力な企業が価格を設定すると，他の企業がこれに追随することがある。このようにして形成された価格を何というか，答えよ。

(3)　下線部②について，日本では法律により持株会社の禁止が定められていたが，1997年のこの法律の改正により，持株会社が解禁された。この法律を何というか，答えよ。

(4)　下線部③について，「外部経済」，「外部不経済」を授業で説明する際に，どのような例を取り上げるか，それぞれについて答えよ。

(5) 下線部④について，「情報の非対称性」とはどのようなことか，具体例をあげながら説明せよ。

(6) 下線部⑤について，国会での審議が長引くなどして，本予算が会計年度開始前に成立しない場合，予算についてどのような措置がとられるか，答えよ。

(7) 下線部⑥について，日本の租税収入における直間比率はシャウプ勧告前後でどのように変化したか，答えよ。

(8) 下線部⑦について説明したものとして正しいものを，次のア～エから一つ選び，記号で答えよ。

ア．国が財投債を発行し，財投機関に融資するものである。

イ．財投機関が発行する財投機関債には，国の保証がつく。

ウ．財政投融資は，社会資本の整備には用いられない。

エ．財政投融資計画は，国会の承認を受ける必要がない。

(9) 下線部⑧について，貿易収支は，経常収支，金融収支，資本移転等収支のどれに含まれるか，答えよ。

(☆☆☆◎◎◎)

【5】次の文章を読み(1)～(4)の問いに答えよ。

国際機構による平和と安全の考えは，第一次世界大戦後の国際連盟の創設によって現実のものとなった。国際連盟は，アメリカのウィルソン大統領が発表した(a)にもとづき1919年の(b)講和会議で設立が決定された。国際連盟は，全加盟国による総会，戦勝国などによる理事会，事務を担当する事務局で構成され，(c)裁判所も設置された。国際機構として，①国際紛争の解決などに大きな期待がよせられたが，十分な成果をあげられなかった。

その後，国際機構による平和と安全という考えは，第二次世界大戦後，国際連合へと受け継がれた。その原型は，1941年にアメリカと(d)によって表明された(e)にみることができる。1944年には，国際連合憲章の原案が討議され，1945年2月のヤルタ会談を経て，同年6月に連合国がサンフランシスコ会議で国際連合憲章に署名して，同年10月に原加盟国51か国により国際連合が成立した。国際連合は，②総会，③安全保障理事会，経済社会理事会，信託統治理事会など6機関の下に各種委員会や専門機関を設けて活動している。

(1)　文章中の空欄(　a　)～(　e　)に当てはまる語句を，それぞれ答えよ。

(2)　下線部①について，この理由を3つ答えよ。

(3)　下線部②について説明した次の文AとBの正誤の組合せとして正しいものを，下のア～エから一つ選び，記号で答えよ。

A.　総会は全加盟国により構成され，一国一票制で議決される。

B.　一般事項については，投票数の2分の1以上，重要事項については，投票数の3分の2以上の多数で議決される。

ア．A－正　　B－正　　イ．A－正　　B－誤

ウ．A－誤　　B－正　　エ．A－誤　　B－誤

(4)　下線部③について説明した次の文章中の(　あ　)～(　う　)に当てはまる語句を，それぞれ答えよ。

> 冷戦時代にはアメリカとソ連が激しく対立していたため，安全保障理事会で拒否権が頻繁に発動され，安全保障理事会が機能しなくなることがしばしばみられた。
>
> そこで1950年の(　あ　)は，(　い　)を採択した。この決議によって安全保障理事会に代わり，(　う　)で必要とされる数の加盟国が賛成すれば，平和維持のために必要な措置を勧告できるようになった。

(☆☆☆◎◎◎)

【6】次の(1)，(2)の問いに答えよ。

(1)　高等学校学習指導要領(平成21年3月)「政治・経済」は，内容の(1)，(2)，(3)の3つで構成されている。この中で，内容の(3)の取扱いに当たって，留意すべきことを答えよ。

(2) 高等学校学習指導要領(平成21年3月)「政治・経済」の「国民経済と国際経済」における「貿易の意義」について，その解説編には，「自国内で生産費が相対的に安価な財の生産に各国が特化し，自由に貿易を行うことで，それぞれの国に利益がもたらされるという比較優位の考え方について理解させ，貿易の意義と役割について気付かせる。」とある。

これに関連して，次のA国とB国の特化前の生産の状況をもとに，特化と貿易について，説明せよ。なお，説明にあたっては，図や表を用いてもよい。

【特化の前の生産の状況】
- ぶどう酒1単位の生産に必要な労働量は，A国は80人，B国は120人
- 毛織物1単位の生産に必要な労働量は，A国は90人，B国は100人

(☆☆☆◎◎◎◎◎)

解答・解説

中学社会

【1】(1) a ウ　b オ　c カ　d ア　(2) NAFTA
(3) 食料用や飼料用のさとうきびやとうもろこしなどの供給量が減少して，食料や飼料の価格が高くなる。　(4) A ウ　B イ　C ア　D エ　(5) ① ア メキシコ　イ シリア　ウ 地球温暖化　エ キューバ　オ イスラエル　カ ロシア　キ 安全保障理事会　ク 拉致　② ユダヤ教・イスラム教・キリスト教

〈解説〉(1)　aについては，2050年の人口予想が最も多い，ウのインドが該当する。bについては，貿易輸出額の大きさ(中国・アメリカに次ぐ3番目)から判断して，オのドイツがあてはまる。cについては，2050年の人口がメキシコに次いで多い，カのロシアが該当する。dについては，貿易輸出額の大きさ(ドイツに次ぐ4番目)，人口の規模から判断して，アの韓国があてはまる。　(2)　NAFTA(北米自由貿易協定)はアメリカ合衆国，カナダ，メキシコによって1992年に署名された自由貿易協定である。　(3)　バイオエタノールは，さとうきび・とうもろこしなどのバイオマスを発酵・蒸留させて製造するため，食料用・飼料用の供給量が減少して，食料や飼料の価格が高くなる。なお，バイオマス燃料には，じゃがいも・麦・糖蜜・間伐材などさまざまな原料がある。(4)　中国の貿易相手国(輸出)第1位はAのアメリカ，第2位はBのEUで，ともに輸出が輸入を上回っている(輸出超過)。一方，輸入はEUが一番多い。Cの日本とDの韓国は，ともに輸入が輸出を上回っている(輸入超過)。　(5)　①　トランプ大統領は，2017年1月の大統領就任直後から，政策として「TPPからの離脱，メキシコ国境の壁の建設，シリア難民の受け入れ停止」などを掲げた。また，その後もパリ協定からの離脱やキューバへの経済制裁の強化，エルサレムをイスラエルの首都として認めるなど，アメリカがこれまで進めてきた政策の転換をはかっている。2018年4月には，アメリカ・イギリス・フランス共同でシリアへミサイル攻撃を強行し，ロシアなどから反発が高まった。なお，2018年6月に行なわれた米朝首脳会談では，トランプ大統領が日本人の拉致問題に言及している。　②　エルサレムは，ユダヤ教・キリスト教・イスラム教の聖地といわれている。そのため，宗教上の問題から紛争が続いており，解決困難な問題の1つとなっている。

【2】(1)　a　兵庫　　b　青森　　c　紀伊　　d　知床　　e　小笠原　　f　群馬　　g　福岡　　(2)　気候の特徴…積雪が多く，雪質が重いので屋根に雪が積もりにくくするため。　盛んだった産業の特徴…屋根裏の空間を大きくして，養蚕業の作業場として活用するため。

(3) ・富士山のような形の山は世界に複数ある。　・富士山は人間の手によって開発が進んでいる。　(4) ① オ　② キ　③ コ　④ エ

〈解説〉(1) 姫路城は兵庫県，白神山地は青森・秋田両県が所在地となっている(1993年に世界遺産登録)。2004年には，紀伊山地の霊場と参詣道の文化的景観が評価され，世界遺産登録されている。翌年には，国内3例目の自然遺産として知床(北海道)が，さらに2011年には4例目として小笠原諸島(東京都)が登録されている。また，最近では2014年に富岡製糸場と絹産業遺産群(群馬県)が，2017年に「神宿る島」宗像・沖ノ島と関連遺産群(福岡県)が世界遺産に登録されている。

(2) 合掌造りは，積雪量が多く雪質が重い豪雪地帯特有のもので，切妻茅葺屋根の形状をとる。この形状は屋根に雪が積もりにくく，雪下ろしの負担が軽減する。また，屋根裏には広い空間ができることから，養蚕の作業場として活用された。　(3) 富士山は当初，自然遺産としての世界遺産登録を目指していたが，形の平凡性やゴミなどの環境問題，人の手による開発が進んでいたことなどから推薦は断念された。その後，2011年に文化遺産として世界遺産に登録された。　(4) ①の富山県は，険しい地形と豊かな水量により，古くから水力発電が盛んに行われてきた。この豊富な電力と水を利用して，富山県ではアルミサッシの製造が行われている。②の広島県は，養殖かき類の生産では日本最大。広島湾には大量の河川水が流れ込み，かき類の餌となるプランクトンが増える。このため，かき類の養殖には適した海域となる。③の鹿児島県では，さとうきびやブロイラーの生産が盛んに行われている。④の山梨県の忍野村には，世界的なロボットメーカーであるファナックが本社を構えている。同社の国内シェアは7割，世界シェア5割となっている。

【3】(1) ① ア 唐　イ 明　ウ オランダ　エ アメリカ　② 天保の改革　[Ⅰ] b　[Ⅱ] え　(2) ① a アンデス　b インカ　c 大航海　d フリードリヒ　e アメリカ

f　インドネシア　　②　人物…豊臣秀吉　　やめたこと…朝鮮出兵
(3)　①　平和友好条約　　②　原敬　　③　人種差別を撤廃すること。　④　c→d→b→a　　⑤　a　ア　　b　ウ　　c　キ
d　カ

〈解説〉(1)　①　A の空海が密教を学んだ当時の中国では，唐が王朝を支配していた。B の足利義満が国交を開き，貿易を行った当時の中国の王朝は明である。C のリーフーデ号は，豊後臼杵(現在の大分県)に漂着し，日本に初めて来航したオランダ船となった。イギリス人のウィリアム　アダムスは徳川家康に厚遇され，与えられた知行地と外交などの功績により，三浦按針と称された。D の長浜万次郎(ジョン万次郎)は長浜村の漁師で，仲間と漁に出て遭難したところを，アメリカの捕鯨船に救助されてハワイに到着する。その後アメリカ本土に入り，帰国後は通訳として重宝された。　②　老中に就任した水野忠邦は，1830年から1843年にかけて天保の改革を行い，株仲間の解散や上知令などの改革を行った。なお，上知令は，大名・旗本の領地を返上させて幕府領に編入し，代地を与えようとしたものだが，反対が多く実施されなかった。　(2)　①　ジャガイモは，アンデス山脈中南部が原産地で，インカ帝国を支える重要な食物であった。大航海時代になると，スペイン人によってヨーロッパにもたらされた。しかし，1840年代半ばに，ヨーロッパ全土でジャガイモの疫病が発生。100万人以上が餓死し，多くの人がアメリカに移住した。日本には，1598年にインドネシアのジャカルタ経由で伝えられている。　②　日本は，1597年から朝鮮と戦っていた(慶長の役)が，翌1598年に豊臣秀吉が伏見城で病死する。これにより日本軍は撤退し，慶長の役は終結した。

(3)　①　1978年に締結された日中平和友好条約は，日本と中国間の平和関係を規定する条約である。　②　米騒動を理由に寺内正毅内閣が総辞職したあと，1918年に「平民宰相」と呼ばれた原敬が総理大臣に就任した。　③　キング牧師は，アフリカ系アメリカ人公民権運動の指導者として，人種差別の撤廃を訴え続けた。この功績が認められ，1964年にノーベル平和賞を受賞した。「I Have a Dream(私には夢があ

る)」の演説は，1963年8月に行われている。

④　aのイラク戦争は2003年3月に始まり，2011年12月に終結した。bのアメリカ同時多発テロは2001年9月，cの第4次中東戦争は1973年10月，dの湾岸戦争は1990年8月に発生している。　⑤　2008年に発生した世界金融危機は，リーマンショックとも呼ばれる。これは，アメリカのサブプライム・ローン問題が発端となっている。なお，サブプライム・ローン問題とは，信用力の低い低所得者向けの住宅ローンの返済が滞り，金融機関の破綻が相次いだことをいう。ヘッジファンドが莫大な投機的資金を世界中に移動させていたこともあり，アメリカ発の経済問題が世界中へと拡大した。

【4】(1)　①　ア　国民審査　　イ　特別　　②　40日　　③　自民党・公明党の与党は，提出した法律案が参議院で否決されても，衆議院で与党の賛成で再可決すれば，法律を制定することができる。

(2)　①　ア　社会保障　　イ　日本銀行　　②　a　国務大臣
b　12　　c　官僚

〈解説〉(1)　①　ア　最高裁判所の裁判官は，任命後初の衆院選の際に国民審査を受け，さらに10年経過後に実施される衆院選の際に再び審査を受ける。　イ　解散総選挙後30日以内に，特別国会(特別会)が召集される。なお，任期満了に伴う総選挙の後には臨時国会が召集される。　②　日本国憲法第54条に「衆議院が解散されたときは，解散の日から40日以内に，衆議院議員の総選挙を行ひ…」とある。　③　衆議院の議決が優先されるものには，(ア)予算の議決，(イ)条約の承認，(ウ)内閣総理大臣の指名，(エ)法律案の議決がある。(ア)～(ウ)については衆議院の議決が国会の議決となり，(エ)については，衆議院が出席議員の3分の2以上で再可決したときに法律となる。　(2)　①　ア　高齢化により，社会保障費は増加の一途にある。　イ　2013年4月に黒田氏が日本銀行総裁に就任し，2%のインフレ目標の実現を目指す量的・質的金融緩和を導入した。黒田氏は，2018年4月，日本銀行総裁に再任されている。　②　a　国務大臣は，内閣総理大臣によって任命され，また，任意に罷免される(憲法第68条) 。この任免は，天皇が認証する(憲法第7条)。　b　2001年の中央省庁再編により，1府22省庁体制から，1府12省庁体制となった。　c　1999年の国会審議活性化法により，副大臣・大臣政務官制度が導入された。いずれも，国会議員が就任する慣行となっている。

【5】(1)　①

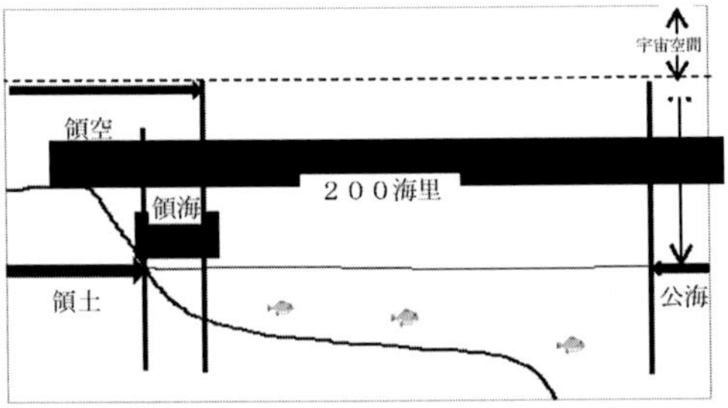

②　ア　オーストラリア　　イ　アメリカ　　ウ　日本　　エ　ニュージーランド　　(2)　①　a　条約　　b　国際法　　c　国際司法裁判所　　②　裁判を開始するには，争っている当事国による合意が必要になるため。

〈解説〉(1)　①　国連海洋法条約により，領土の基線から12海里までを領海，200海里までを排他的経済水域(EEZ)として主張できる。領海は沿岸国の主権が及ぶエリア，排他的経済水域は，沿岸国に鉱物資源や水産資源の開発といった経済的な権利が及ぶ海域である。また，領空は領土と領海の上空とされる。なお，宇宙空間の領有権主張は宇宙条約によって禁止されている。　②　ア　オーストラリアの排他的経済水域の面積は，アメリカに次いで世界2位の規模。　イ　アメリカは世界最大の海洋大国。　ウ　日本の排他的経済水域は，世界6位の規模である。　エ　ニュージーランドの国土面積は日本より狭いが，排他的経済水域の面積は日本より広い。　(2)　①　a　議定書や協定なども，広義の条約に含まれる。　b　国際法は，条約(成文国際法)と国際慣習法(慣習国際法)からなる。　c　国際司法裁判所(ICJ)は，オランダのハーグに設置されている。国家間の紛争を審理する機関であり，国際刑事裁判所とはまったく別の機関である。　②　国際司法裁判所には，強制的管轄権(義務的管轄権)がない。このため，紛争当事国の双方が付託に同意しない限り，国際司法裁判所は紛争を裁くことができない。

地　理・歴　史

【世界史】

【1】(1)　栽培漁業　　(2)　外来河川　　(3)　ヒスパニック　　(4)　後醍醐天皇　　(5)　フェートン号事件　　(6)　松方正義　　(7)　李淵(高祖)　　(8)　カール1世　　(9)　ペテルブルク　　(10)　ドンズー運動

〈解説〉(1)　栽培漁業は，人工的に育てた稚魚を海に放流し，自然の中で育った魚を大きくなってから漁獲する。なお，栽培漁業において稚魚を育てることを種苗生産，育てた稚魚を海に放すことを種苗放流という。また，栽培漁業と同じ「育てる漁業」に，養殖漁業がある。これは，海で漁獲した稚魚などをいけすや人工池で育て，大きくなってから出荷するやり方である。　(2)　外来河川は，砂漠地帯のような乾燥地域を流れる河川のこと。ナイル川，チグリス川などが代表的である。　(3)　ヒスパニックとは，アメリカに住み，スペイン語を話す，スペイン系の移民，及びその子孫を指す。　(4)　後醍醐天皇は，1334年に建武と改元した後，幕府・摂関を廃止し，天皇中心の政治として建武の新政を行った。　(5)　1808年，イギリスの軍艦がオランダ船を捕まえるために長崎に来航し，フェートン号事件が発生する。これをきっかけとして，幕府は1825年，異国船打払令を出した。　(6)　明治十四年の政変後，大蔵卿となった松方正義は，緊縮政策による紙幣整理を行う。この結果，松方デフレと呼ばれる不況が深刻化する事態となった。なお，明治十四年の政変とは，1881年(明治14年)に参議大隈重信とその一派が政府から追放された事件である。　(7)　618年，李淵は隋を倒した後，唐を建国し，初代皇帝となって長安に都を置いた。
(8)　カール1世は，800年にローマ教皇レオ3世からローマ帝国皇帝の冠を授けられ(カールの戴冠)，ローマ帝国の後継者となった。
(9)　ピョートル1世は北方戦争でスウェーデンを破り，バルト海に進出して新首都のペテルブルクを建設した。なお，ペテルブルクの正式名称はサンクト＝ペテルブルクで，これはピョートル1世の守護聖人である聖ペテロに由来する。　(10)　ドンズー(東遊)運動は，ベトナムがフランスの植民地支配に抵抗する状況下で起きた。1907年，日本とフランスは日仏協約を結び，アジアにおける日本の朝鮮支配とフランスのインドシナ支配をともに承認した。この結果，ベトナム人留学生は日本から退去を余儀なくされ，この運動は終わりをとげる。

【2】(1)　ルター派は公認されたが，宗派を選ぶ権利が認められたのは諸侯だけで，個人の信仰の自由やカルヴァン派の権利などは，認められなかった。(64字)　　(2)　ナポレオンがベルリンで発した勅令で，大陸諸国とイギリスとの通商を全面的に禁止し，大陸をフランスの市場とすることを企図したもの。(63字)

〈解説〉(1)　アウクスブルクの宗教和議は，1555年にルター派とカトリックの和解を目的として，アウクスブルク帝国議会で採択された。これによりルター派の存在が認められ，宗教改革以来続いた新旧両派の争いは収拾されたが，新たに三十年戦争の火種となったとされる。
(2)　大陸封鎖令は，1806年11月，ナポレオンによってベルリンで発布される。ヨーロッパの大陸諸国にイギリスとの通商を禁じ，フランス産業の保護・拡大を目的とした。しかし，大陸諸国は，産業革命の成功によって拡大したイギリス市場を失い，大きな打撃を受ける。結果的に，大陸封鎖令はナポレオンの没落を早めたといわれている。

【3】(1)　ア　メンフィス　　イ　ヒクソス　　ウ　クレイステネス　エ　カニシカ　　オ　ハンザ　　(2)　クフ王　　(3)　オストラシズム

(陶片追放)　(4)　ギリシア彫刻の強い影響がみられる仏教美術である。　(5)　神聖ローマ皇帝のイタリア政策に対抗するため。

〈解説〉(1)　ア　古王国の都はメンフィス。メンフィスは，ナイル川河口のデルタ地帯にあり，上下エジプトの境界でもある。なお，古王国は，前27～前22世紀に相当する。　イ　中王国末期に侵入した民族は，ヒクソス。ヒクソスはアジア系民族で，シリア方面からエジプトに侵入し，前17世紀に第15王朝を樹立した。ヒクソスは，後年，エジプトに馬と戦車をもたらした。　ウ　前508年に改革を実施した人物は，クレイステネス。クレイステネスは，血縁に基づいた4部族制を解体，地縁による10部族制に編成し，これに基づく500人評議会を設置した。また，行政単位デーモスを設定して，デモテス(区民)という呼称を導入する。　エ　2世紀半ば頃のクシャーナ朝の王は，カニシカである。カニシカは，仏教を保護して第4回仏典結集を行う。この結果，ギリシア的要素の強い仏教美術，ガンダーラ美術が発達した。　オ　リューベックを盟主とする同盟は，ハンザ同盟である。ハンザ同盟は，リューベックを盟主としてハンブルグやブレーメンが参加し，バルト海や北海を中心に北ヨーロッパの商業圏を支配した。ブリュージュ，ロンドン，ノヴゴロドとベルゲンに，ハンザ同盟の在外4大商館が設置された。　(2)　クフ王は，古王国の第4王朝第2代の王である。ナイル川左岸のギザに，大ピラミッドを建設した。第4王朝カフラー王のピラミッド，メンカウラー王のピラミッドとともに，三大ピラミッドと呼ばれている。　(3)　僭主の出現を防ぐ制度は，オストラシズム(陶片追放)である。写真のような陶片(オストラコン)に，僭主となるおそれがある人物の名前を記入し，定足数6000票で最多得票者が10年間国外追放された。しかし，この制度は濫用されたため，前5世紀末に中止されている。　(4)　ガンダーラ美術は，1世紀以降，インド北西部ガンダーラ地方を中心に発達した仏教美術である。ヘレニズム文化を通じてギリシアの影響を受け，人の形をした仏像が作成されるようになった。彫の深い顔立ち，ひだのある衣服などを特徴とする。東アジアにも伝播して，北魏時代の雲崗の仏像に影響を与えた。　(5)　神聖ローマ皇帝は，イタリア政策と呼ばれるイタリアへの干渉をしばしば実施した。この干渉に対抗するため，コムーネと呼ばれる自治都市が発達した北部イタリアの諸都市は，ロンバルディア同盟を結成する。一方，ハンザ同盟には，ハンブルク，ブレーメン，ロストクなどの都市が加盟した。このハンザには，「商人の仲間」の意味がある。

【4】(1)　ア　印紙　　イ　ボストン茶会　　ウ　洪秀全　　エ　血の日曜日　　オ　ソヴィエト　　カ　周恩来　　キ　平和十原則

(2)　c　　(3)　a　満州人による清朝を打倒し，漢人による国家の樹立を目指すという内容。　b　郷勇　　(4)　b　　(5)　b　　(6)　c

〈解説〉(1)　ア　1765年に制定された法は，印紙法である。印紙法は，あらゆる印刷物に対して印紙の添付を義務づけた。しかし，植民地側は，1215年のマグナ＝カルタに基づき，反対運動を引き起こす。印紙法は翌1766年に撤廃されるが，イギリスの課税政策は，アメリカ独立戦争に大きな影響を与えた。　イ　1773年に起きたボストン茶会事件は，アメリカ独立戦争の引き金となったとされる。　ウ　太平天国を樹立した人物は，洪秀全である。洪秀全は，広東省の出身で科挙に失敗した後，宗教結社である上帝会(拝上帝会)を広西省で組織した。太平天国は，纏足や辮髪の廃止などを打ち出して下層民の支持を集めたが，権力争いで勢力を弱める。1864年，洪秀全は，陥落寸前の天京で病没した。　エ　血の日曜日事件は，日露戦争中の1905年1月，ロシア正教会司祭ガポンに率いられた労働者・市民が，停戦・民主化を要求した請願運動に対し，軍が発砲して多数の死傷者を出した事件である。これを契機に，第1次ロシア革命が始まる。　オ　ソヴィエトは，ロシア語で「会議」を意味し，第1次ロシア革命時には，工場を母体とした選挙による代表者で構成された。首都ペテルブルグで最初に組織され，ストライキを主導する。1905年10月，ロシア政府は十月宣言の発布に追い込まれ，ドゥーマ(国会)の開設などの改革を約束した。　カ　周恩来は，1936年に西安事件の調停を行い，1949年の中華人民共和国建国以降，亡くなる1976年まで首相を務めた。1954年の平和五原則は，領土・主権の尊重，相互不可侵，内政不干渉，平等互恵と平和的共存である。　キ　インドネシアのバンドンで開かれたアジア＝アフリカ会議には，アジアとアフリカから29カ国が参加し，平和十原則が採択された。平和十原則は，基本的人権と国連憲章の尊重，主権・領土保全の尊重，人権と国家間の平等，内政不干渉，自衛権の尊重，軍事ブロックの自制，侵略の排除，国際紛争の平和的解決，相互協力と正義・国際義務の尊重である。　(2)　七年戦争は，1756年8月から1763年2月までの7年間，プロイセンとオーストリアを中心に続けられた戦争である。プロイセンはイギリス，オーストリアはフランス，ロシアと結び，戦火はヨーロッパ全土に広がった。　a　七年戦争に並行して行われたのは，「オーストリア継承戦争」ではなく，「フレンチ＝インディアン戦争」。　b　オーストリアが同盟を結んだのは，「イギリス」ではなく「フランス」。　d　「イヴァン4世」は16世紀後半のモスクワ大公であり，18世紀の七年戦争とは関係がない。

(3)　a「滅満興漢」は，満州人の王朝である清を滅ぼし，漢人による国家を興すという意味である。　b　郷勇は，清朝末に正規軍の不足を補うために組織された。太平天国のほかに捻軍という武装集団も横行すると，清朝は郷紳と呼ばれる地方の名望家に，団練(自警団)を基盤とした郷勇をつくらせた。また，漢人官僚も曾国藩が湘軍，李鴻章が淮軍，左宗棠が楚軍という郷勇を組織して対抗した。この結果，太平天国は1864年に鎮圧される。　(4)　aの四月テーゼは，第1次ロシア革命時ではなく，1917年にレーニンが発表した。cの農奴解放令は，第1次ロシア革命時ではなく，1861年にアレクサンドル2世が発布した。dの社会主義者鎮圧法は，1878年にロシアではなく，ドイツのビスマルクによって制定された。　(5)　アジア＝アフリカ会議は，インドネシアのジャワ島西部に位置するバンドンで開催された。なお，aのアンカラはトルコ共和国の首都，cのハノイは，ベトナム民主共和国当時の首都であり，両国はアジア＝アフリカ会議に参加している。dのナイロビはケニアの首都だが，当時はイギリスの植民地であり参加していない。　(6)　cのティトーは非同盟政策を貫き，ソ連にも属しない独自の社会主義を樹立した。なお，aのナセルはエジプトの第2代大統領で，1956年の第2次中東戦争(スエズ戦争)，1967年の第3次中東戦争(6日戦争)を指導した。bのアデナウアーは，ドイツ連邦共和国(西ドイツ)の初代首相。dのエンクルマはガーナの初代首相で，後に初代大統領となった。

【5】清は，懐柔策として，科挙などの明の諸制度を受けつぐとともに，官吏登用において主要職は満州人と漢人を同数配置する満漢併用制を採用した。また中国の文化を尊重する態度をとり，『康熙字典』・『古今図書集成』・『四庫全書』などの編集が，国家的な文化事業として行われた。威圧策としては，辮髪令をだして満州人の髪型である辮髪を漢人に強制するとともに，反清思想の弾圧として文字の獄や，言論統制として禁書などをおこなった。

〈解説〉満州人の王朝である清は，被支配民族でありながら多数派を成す漢人に対して，硬軟両様の政策で対応した。懐柔策としては，明以来の科挙を尊重し，中央官庁の高官の定員を偶数として，満州人と漢人を同数補任する満漢併用制を実施した。また，漢人文化を尊重し，字書『康熙字典』，百科事典『古今図書集成』や叢書『四庫全書』を編纂させた。威圧策としては，文字の獄や禁書を実施し，反清・反満的思想を弾圧している。雍正帝は『大義覚迷録』を著して清の支配を正当化し，満州人の習俗である辮髪を強制した。

【6】(1)　日本の歴史と世界の歴史のつながり　　(2)　・客観的かつ公正な資料に基づいて歴史の事実に関する理解を得させるようにすること。　・各国史別の扱いにならないよう，広い視野から世界の動きをとらえさせるようにすること。　・政治，経済，社会，文化，宗教，生活など様々な観点から歴史的事象を取り上げ，近現代世界に対する多角的で柔軟な見方を養うこと。　・日本と関連する諸国の歴史については，当該国の歴史から見た日本などにも着目させ，世界の歴史における日本の位置付けを明確にすること。

〈解説〉学習指導要領の問題については，空欄への単語補充ではなく，重要な箇所を一文そのまま記入させる形式の出題が，増加傾向にある。このため，文章の前後のつながりを考えながら，全体的な理解を深めておく必要がある。

公民科

【政治・経済】

【1】(1) ヘラクレイトス　(2) イデア界　(3) 大丈夫　(4) 歎異抄　(5) 中江藤樹　(6) 環境基本法　(7) 民事訴訟法　(8) エドワード＝コーク　(9) グラミン銀行　(10) 内外価格差

〈解説〉(1) 万物の根源をアルケーという。タレスをはじめ，古代ギリシャの自然哲学者は，様々なものにアルケーを求めた。その一人であるヘラクレイトスは，アルケーを火に求めるとともに，万物は絶えず変化しているとした。この学説は，万物流転説(パンタ・レイ)と呼ばれる。　(2) プラトンは，理性的な思惟のみによって捉えられるイデア界こそが真の実在であり，感覚で捉えられる現象界はその似姿に過ぎないと唱えた。イデアとは，物事の本来あるべき理想像のことで，プラトンはイデアによって構成される理想像の世界と現実の世界を区分した。なお，イデアへの思慕こそがエロース(自己に始まる愛)であり，イデアを想起することをアナムネーシスという。　(3) 浩然の気とは，万物の生命力や活力の源となる気のこと。孟子は四端説を唱え，人が生まれながらに持つ四徳(仁義礼智)の端緒である四つの心(惻隠，羞悪，辞譲，是非)を養えば，おのずと浩然の気がみなぎるとし，こうした人物を「大丈夫」と呼んで，理想とした。　(4) 歎異抄は，鎌倉時代後期に書かれた浄土真宗の仏教書で，親鸞に師事した唯円が著した。浄土真宗では，阿弥陀仏が救済の対象としているのは，自力では苦しみから救済され得ないことを自覚した悪人であるとされる。これを悪人正機説という。ゆえに他力本願，すなわち阿弥陀仏に全面的に帰依することで，救済を求めるべきだと説かれている。　(5)　中江藤樹は，日本陽明学の祖とされる人物。「孝」を重視するとともに，その実践は時(時間)，処(場所)，位(身分)に応じたものでなければならないと説いた。主な著書に『翁問答』がある。熊沢蕃山らが師事した。(6)　1992年，リオデジャネイロで国連環境開発会議(地球サミット)が開催され，リオ宣言やアジェンダ21が採択された。これを受け，わが国でも公害対策基本法などを発展的に継承する形で環境基本法が制定された。　(7)　債務の返済をめぐるトラブルなど，私人(個人・法人)同士の争いに関する事件のことを民事事件という。民事訴訟は，こうした民事事件をめぐる裁判のことであり，民事訴訟法によってその手続きなどが定められている。　(8)「国王といえども神と法のもとにある」との言葉は，元々13世紀に，イギリスの法学者・ブラクトンが述べた言葉だが，エドワード＝コーク(クック)は，絶対君主を志向する当時のイギリス国王ジェームズ1世を諌めるために用いた。なお，コモン＝ローとは一般的慣習法のことで，17世紀にイギリスの権利の請願の基本理念となった法思想である。コークは，コモン＝ローの法思想を理論化した法律家であり，権利請願の起草者としても知られる。(9)　貧困層を対象にした小口の金融をマイクロファイナンスといい，その中でも無担保でかつ低利子の少額融資のことをマイクロクレジットという。グラミン銀行は，バングラデシュの経済学者であるムハマド・ユヌスによって，マイクロファイナンスの事業を実施するために設立された。なお，「グラミン」とは，村を意味する。　(10)　例えば，日本なら100円で買える商品を，アメリカでは1ドルで販売していたとする。この場合の購買力平価は，1ドル＝100円となる。しかし，実際の為替相場は円とドルの需給で決まるため，1ドル＝100円にはならない。このため，購買力平価と外国為替相場には格差(内外価格差)が生じる。なお，スウェーデンの経済学者カッセルは，為替相場の価格は，2国間の通貨の購買力によって決定されるという考え方を唱えた。これを購買力平価説という。

【2】(1) 特定の商品の輸入が急増することで，国内の産業が大きな損害を受ける場合，あるいはその可能性がある場合に，一時的に輸入制限を行うこと。 (2) 検察官が不起訴処分とした事件について，起訴すべきとの立場から，不起訴処分を不服として審査を請求する機関。

〈解説〉(1) WTOは，原則として貿易上の制限を実施することを禁止しているが，例外的に農産物に対する緊急輸入制限措置を実施することができる。セーフガードには，全品目を対象とする「一般セーフガード」と，関税化が行われた品目を対象とする「特別セーフガード」がある。日本も，2001年に中国産のネギ，生シイタケ，イグサに対して発動したのをはじめとして，これまでに幾度かセーフガードを発動したことがある。 (2) 検察審査会では，一般市民からくじで選ばれた審査員が，検察による不起訴処分の妥当性を審査する。現在では，検察審査会が起訴相当とする判断を2度行えば，検察に代わって弁護士による強制起訴が実施されるようになっている。

【3】(1) a プロイセン b 統治権 c 統帥権 d 協賛 e 輔弼 (2) 政党内閣 (3) 法律に基づく限り，個人の自由や権利に必要な制限を加えることができるということ (4) 大日本帝国憲法下では，軍法会議などの特別裁判所が置かれていたが，日本国憲法では特別裁判所の設置を禁じている。 (5) 満25歳以上の男子 (6) 治安維持法 (7) ア (8) イ (9) ア (10) 高度な政治的判断に基づいて，国会や内閣が政治的責任において行う統治行為は，違憲立法審査の対象になじまないとする考え。

〈解説〉(1) a 大日本帝国憲法は，君主に強大な権限を認めていたプロイセン憲法を参考にして起草された。 b 総覧とは「一手に掌握する」という意味。 c 統帥権とは，軍隊の最高指揮権のこと。統帥権は独立した権限とされ，内閣や帝国議会の干渉は認められていなかった。 d 帝国議会は天皇の立法権行使を助力する機関とされた。 e 輔弼(ほひつ)とは，君主の統治権行使を補助すること。 (2) 政党内閣とは，下院(日本の場合は衆議院)で第1党となった政党を基に成立した内閣のこと。第二次護憲運動と普通選挙法の制定を経て，1925年の加藤高明内閣から代々政党内閣が続いた。しかし，1932年の五・一五事件で犬養毅首相が暗殺され，戦前の政党内閣は終わりをとげる。

(3)　大日本帝国憲法第29条には，「日本臣民ハ法律ノ範囲内ニ於テ言論著作印行集會及結社ノ自由ヲ有ス」とある。大日本帝国憲法では，天皇の臣民である国民の権利は「法律の範囲内」で認められているに過ぎなかった。なお，法律の留保には，行政権の発動は法律の根拠に基づかなければならない，という意味もある。　(4)　特別裁判所とは，特別の事件や特別の身分にある人を，終審として裁く権限を持つ裁判所のこと。行政裁判所も，特別裁判所に該当する。日本国憲法第76条では，特別裁判所の設置や行政機関が終審で裁判を行うことを禁止している。　(5)　普通選挙法により，満25歳以上の男子による普通選挙が実現した。その後，第二次世界大戦を経て，1945年に20歳以上の男女に選挙権を認める男女普通選挙が実現する。さらに，2015年には選挙権年齢が18歳に引き下げられた。　(6)　治安維持法は，当初，ロシア革命を背景に高まりが懸念された，社会主義運動の取り締まりを想定して制定された。しかし，その後は次第に，宗教団体や自由主義者などの弾圧にも適用されるようになった。　(7)　アは，「いかなる場合においても」の部分が誤り。憲法第13条には「生命，自由及び幸福追求に対する国民の権利については，公共の福祉に反しない限り，立法その他の国政の上で，最大の尊重を必要とする。」とある。

(8)　イの国家安全保障会議の議長を務めるのは，「防衛大臣」ではなく「内閣総理大臣」。国家安全保障会議は，国家安全保障に関する重要事項，及び重大緊急事態への対処を審議するため，内閣に設置された会議である。　(9)　Aは正しい。日本国憲法第77条第1項で定められている。Bも正しい。憲法第77条第2項に規定されている。なお，憲法第77条第3項では，下級裁判所に関する規則制定権は下級裁判所に委任できる旨が規定されている。　(10)　統治行為論は，政治問題の法理ともいう。国家による高度に政治的な行為(統治行為)が，国民に直接選ばれていない裁判官によってくつがえされれば，国民主権の原理や三権分立の侵害につながる。よって，司法判断は差し控えるべきという論理である。1957年に起きた砂川事件では，日米安全保障条約の合憲性が争点となったが，このときの最高裁では，統治行為論の考え方による判決が下されたとされる。

【4】(1)　a　市場の失敗　b　企業連合(カルテル)　c　利益　d　会計検査院　e　リカード　(2)　管理価格　(3)　独占禁止法　(4)　外部経済…養蜂家と果樹園が隣接していて互いに利益を得る場合　外部不経済…公害の発生　(5)　生産者(売り手)と消費者(買い手)の間で持っている情報に差があること。具体例としては，中古製品の売買時における売り手の持つ情報と買い手側の得られる情報の差など。　(6)　暫定予算が組まれる　(7)　間接税の割合が高かった状況から，直接税の割合が高い状態になった　(8)　ア　(9)　経常収支

〈解説〉(1)　a　市場の失敗は，「市場機構の限界」ともいう。代表的な例としては，逆選択とモラルハザードがある。　b　わが国では，カルテルは独占禁止法によって全面的に禁止されている。　c　規模の利益は「規模の経済」，スケールメリットともいう。　d　会計検査院は，国会，裁判所に属さず，内閣からも独立した憲法上の機関である。国や法律で定められた機関の会計を検査し，会計経理が正しく行われるよう監督することを目的としている。　e　リカードは，比較生産費説によって，国際分業と自由貿易が各国の利益となることを主張した。比較生産費説は，外国貿易と国際分業に関する基礎理論。各商品における生産費の比を他国と比較し，優位の商品の生産に特化すれば，双方にメリットが生まれるという考え方である。リカードに対して，ドイツのリストは経済発展段階説の立場から，保護貿易による幼稚産業の保護を説いた。　(2)　市場の寡占化が進むと，価格競争は行われにくくなる。主に，市場占有率(マーケットシェア)が最も高い企業が価格先導者(プライスリーダー)となり，こうした企業が設定した価格に他企業は追従するようになる。こうした価格先導者によって設定された価格を，管理価格という。この場合，需給の変化に関わらず価格は

下がりにくくなる。これを，価格の下方硬直化という。　(3)　持株会社とは，株式の保有を基に他の会社を支配する会社(親会社)のこと。正式には，純粋持株会社という。戦前の財閥の復活につながる懸念があることから，持株会社の設立は，独占禁止法によって禁止されていた。しかし，国際競争力を強化させる必要性などから，1997年に解禁されている。　(4)　外部経済の例としては，養蜂業が果樹園に与える利益，駅が駅前の商店街に与える効果などがある。広義には，個々の経済主体(個人・企業)による財やサービスの消費・生産が，相互に及ぼし合う間接的な効果である。一方，外部不経済とは，経済活動の外側で発生する不利益が，個人・企業に悪い影響を与えることをいう。代表例としては，公害がある。　(5)　情報の非対称性は，売り手と買い手に情報格差が生じることで，「情報の不完全性」を意味する。情報の非対称性が存在すると通常の取引は困難となり，「市場の失敗」の要因となる。　(6)　本予算(当初予算)は，毎年1月に召集される通常国会(常会)において審議される。本予算が会計年度の始まる4月1日までに成立しない場合，暫定予算が組まれる。暫定予算は，本予算が成立すると失効する。　(7)　1949年に行われたシャウプ勧告では，日本の税体系を直接税中心とすることが求められた。なお，直接税と間接税の比率のことを直間比率という。近年，国税の直間比率は直接税がおよそ6割，間接税が4割。地方税の場合は，直接税がおよそ8割，間接税が2割とされる。　(8)　財投債は，財政投融資のために発行される国債の一種である。なお，イの財投機関債には国の保証はつかない。財投機関債は，独力で資金調達できる法人が発行する債券のこと。ウの財政投融資は，社会資本の整備などに用いられている。エの財政投融資計画は，国会の承認を受ける必要がある。　(9)　貿易収支は，財貨(物)の輸出入の収支を示すもので，経常収支に含まれる。経常収支は貿易収支のほか，サービス収支と第一次所得収支，第二次所得収支からなる。サービス収支には輸送，旅行代金や特許使用料などが計上される。また，第一次所得収支はかつて所得収支と呼ばれていたもので，雇用者報酬や海外投資による収益などが計上される。第二次所得収支は，かつての経常移転収支であり，海外への義援金など無償の資金協力などが計上される。

【5】(1) a　平和原則14カ条　b　パリ　c　常設国際司法　d　イギリス　e　大西洋憲章　(2)　・大国のアメリカが不参加であったこと。　・総会，理事会の議決には全会一致の原則があったため，思うように行動できなかったこと。　・軍事的な制裁手段を持てなかったこと。　など　(3)　イ　(4)　あ　国連総会　い「平和のための結集」決議　う　緊急特別総会

〈解説〉(1)　a　平和原則14カ条において，ウィルソン大統領は軍縮や民族自決の原則の一部受容，国際平和機構の設立などを提唱した。　b　パリ講和会議は，ヴェルサイユ宮殿で行われた。このため，第一次大戦の講和条約はヴェルサイユ条約と呼ばれている。この会議では，国際連盟の設立についても協議されている。　c　常設国際司法裁判所は，オランダのハーグに設立された。現在の国際司法裁判所の前身である。　d　1941年8月，アメリカのルーズベルト大統領とイギリスのチャーチル首相が大西洋上で会談した。これを大西洋会談という。　e　大西洋会談によって調印されたのが，大西洋憲章である。これにより，第二次世界大戦後の世界秩序に関する基本原則が定められた。　(2)　国際連盟は，アメリカのウィルソン大統領の提唱で設立されたが，上院の承認を得ることができなかった。このため，アメリカは不参加となる。国際連盟が失敗した教訓を踏まえ，現在の国連安全保障理事会では，議決を全会一致とせず，5大国に拒否権が与えられている。また，軍事的制裁も行うことができる。　(3)　Aは正しい。「主権平等の原則」に基づき，加盟国は等しく一票を行使できる。bは「2分の1以上」ではなく，「過半数」が正しい。過半数とは異なり，2分の1以上には2分の1(半数)も含まれる。　(4)　1950年11月の国連総会で，アメリカの提案により「平和のための結集」決議が採択された。この決議により，9カ国の賛成を得た安全保障理事会の要請，加盟国の過半数の要請がなどあった場合，24時間以内に緊急特別総会を招集するこ

とが可能となった。

【6】(1)　内容の(3)については，この科目のまとめとして位置付け，内容の(1)及び(2)で学習した成果を生かし，地域や学校，生徒の実態等に応じて，課題を選択させること。その際，政治や経済の基本的な概念や理論の理解の上に立って，事実に基づいて多様な角度から探究し，理論と現実との相互関連を理解させること。　(2)　特化とは，一国が比較優位にある部門に生産を集中させることをいう。例えば，

特化前	ぶどう酒１単位の生産に要する労働力	毛織物１単位の生産に要する労働力
A国	８０人	９０人
B国	１２０人	１００人

２か国でぶどう酒生産は２単位
２か国で毛織物生産は２単位

↓

特化後	ぶどう酒の生産	毛織物の生産
A国	１７０人	
B国		２２０人

２か国でぶどう酒生産は２．１２５単位
２か国で毛織物生産は２．２単位

このように特化前に比べ，全体の増産が可能となる。また，それぞれの国は自国で生産した商品を輸出し，他国で生産された商品を輸入することで，国際貿易が成立する。

〈解説〉(1)　内容の(3)は，「現代社会の諸課題」であり，政治や経済などに関する基本的な理解を踏まえ，持続可能な社会の形成が求められる現代社会の諸課題を探究する活動を通して，望ましい解決の在り方について考察を深めさせることが求められている。また，内容の(3)の取扱いに当たっては，国際社会の動向に着目させたり，諸外国における取組などを参考にさせたりすることも重要とされている。　(2)　リカードは，比較生産費説によって，国際分業と自由貿易が各国の利益となることを主張した。設問のケースでは，A国が毛織物1単位の生産に要する労働力(90人)を，ぶどう酒1単位の生産に要する労働力(80人)に投下した場合，90人÷80人＝1.125単位となる。よって，A国がぶどう酒の生産に特化すれば，ぶどう酒の生産は合わせて1単位(80人)＋1.125単位(90人)＝合計2.125単位(170人)となる。一方，B国がぶどう酒1単位の生産に要する労働力(120人)を毛織物1単位の生産に要する労働力(100人)に投下した場合，120人÷100人＝1.2単位となる。よって，B

国が毛織物の生産に特化すれば，毛織物の生産は合わせて1単位(100人)＋1.2単位(120人)＝合計2.2単位(220人)となる。

2018年度　実施問題

中　学　社　会

【1】次の表を見て，(1)～(6)に答えよ。

冬季オリンピック開催地一覧

開催年	開催都市	開催国	開催年	開催都市	開催国
1924	シャモニー・モンブラン	①	1976	インスブルック	オーストリア
1928	サン・モリッツ	スイス	1980	レークプラシッド	②
1932	レークプラシッド	②	1984	サラエボ	ユーゴスラビア
1936	ガルミッシュ・パルテンキルヘン	ドイツ	1988	カルガリー	カナダ
1940	札幌	日本	1992	アルベールビル	①
1944	コルチナ・ダンペッツオ	イタリア	1994	リレハンメル	③
1948	サン・モリッツ	スイス	1998	長野	日本
1952	オスロ	③	2002	ソルトレークシティ	②
1956	コルチナ・ダンペッツオ	イタリア	2006	トリノ	イタリア
1960	スコーバレー	②	2010	バンクーバー	カナダ
1964	インスブルック	オーストリア	2014	ソチ	④
1968	グルノーブル	①	2018	平昌	韓国
1972	札幌	日本			

(公益財団法人 日本オリンピック委員会[illegible]より作成)

(1)　表中の①～④にあてはまる国名を，それぞれ記せ。

(2)　冬季オリンピックはこれまで2回同じ理由で中止になっており，上の表には，そのオリンピックも含まれている。中止になった年と，その理由を記せ。

(3)　開催年の1992年，1994年に着目して気づくことを「夏」ということばを使って簡潔に記せ。

(4)　冬季オリンピックはヨーロッパ州で最も多く開催している。次のヨーロッパ州の地図を見て，①，②の問いに答えよ。

① 地図中のXの緯線の緯度を答えよ。

② 次のa～dの文は，地図中のア～カのいずれかの国について述べた文である。a～dの文の内容にあてはまる国を地図中のア～カから選び，それぞれ記号と国名を記せ。

a. 2016年の伊勢志摩サミットに続く2017年のサミット議長国である。

b. 2022年までに全ての原子力発電所を廃止し，2050年までに電力の80%を再生可能エネルギーでまかなうことを計画している。

c. 日本企業が約1000社進出しており，その進出数はヨーロッパ州で第2位である。

d. 2015年1月，2016年7月にテロが発生するなどして，緊急事態宣言が出された。

(5) 表中の下線部のサラエボは，現在はどこの国の首都であるか，国名を記せ。

(6) 平昌オリンピックの組織委員会が，公式ホームページに日本が領有権を主張する(　　)を「独島」と表記したことに日本の外務省は抗議した。(　　)にあてはまることばを記せ。

(☆☆☆◎◎◎)

【2】次の(1)～(3)に答えよ。

(1) 次の表は，日本の主な農業地域の農業産出額の内訳を表している。表中の①～④にはあてはまる地域名を[Ⅰ]のa～dから，表中の⑤～⑧にはあてはまる作物を[Ⅱ]のア～エからそれぞれ一つずつ選び，記号で記せ。

主な農業地域	⑤	⑥	⑦	⑧	その他	総額（億円）
①	39.3%	7.3%	12.5%	28.7%	12.2%	17 478
②	26.3%	4.0%	20.2%	42.2%	7.3%	16 527
中部	18.7%	12.2%	30.8%	25.0%	13.3%	13 926
③	28.2%	12.6%	39.1%	16.0%	4.1%	13 296
北海道	51.4%	0.5%	13.7%	23.5%	10.9%	10 536
④	27.6%	14.5%	24.9%	26.9%	6.1%	8 514
近畿	20.5%	14.8%	30.1%	23.6%	11.0%	5 831

（平成24年 生産農業所得統計より作成）

[Ⅰ]［ a. 九州　b. 中国・四国　c. 関東　d. 東北 ］

[Ⅱ]［ ア．米　イ．野菜・芋類　ウ．果実　エ．畜産 ］

(2) 下の文章は次の写真を説明したものである。文章中の①～③の(　　)の中からあてはまることばをそれぞれ一つ選び，記せ。

菊の電照栽培を盛んに行っている①(渥美，知多)半島では，温室内で人工的に電灯の光をあて，菊を正月，早春に出荷できるようにしている。このように，植物の生長を②(早め，遅らせ)る栽培方法を③(促成，抑制)栽培という。

(3) 次の地形図は，2027年に開通する予定のリニア中央新幹線のルートの一部を示している。地形図中のA～B間の断面図をあとの図にかきいれよ。

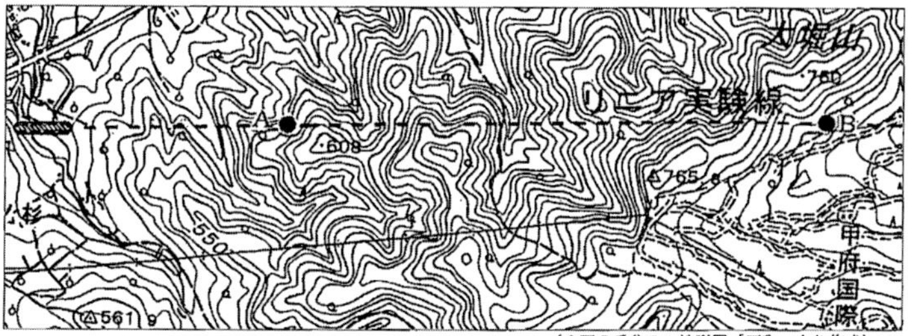

（2万5千分の1地形図「石和」より作成）

(☆☆☆◎◎◎)

【3】次の年表を見て，(1)～(4)に答えよ。

年	できごと
239	邪馬台国の卑弥呼が（　①　）に使いを送る
4世紀後半	甲斐銚子塚古墳が築かれる ―――― ア
478	倭王武が中国南朝の（　②　）に使いを送る
593	聖徳太子が（　③　）になる
646	改新の詔が出される
701	大宝律令を定める ―――― イ
743	墾田永年私財法を定める
1016	藤原道長が（　③　）となる
1096	十字軍の派遣がはじまる ―――― ウ

(1)　年表中の①～③にあてはまることばをそれぞれ記せ。

(2)　年表中のアは，東日本最大級の前方後円墳である。この古墳が存在することから，どのようなことがいえるか，「大和政権」ということばを使って簡潔に記せ。

(3)　次は，年表中のイに関して述べた文である。文中のA，Bにあてはまることばをそれぞれ記せ。

律は今日の(　A　)法にあたり，令は行政組織・官吏の勤務規定や，(　B　)・労役などの規定である。

(4)　年表中のウに関する次の文章を読んで，下のⅠ，Ⅱの問いに答えよ。

11世紀後半，ビザンツ皇帝は，(　a　)朝の進出に脅威を感じ，教皇(　b　)に救援を求めた。これを受けた教皇は，1095年のクレルモン公会議で十字軍の派遣を提唱した。 第1回十字軍は，聖地奪還の目的を果たして，(　c　)王国を建てたが，約2世紀にわたる十字軍遠征は，失敗のうちに幕を閉じた。

Ⅰ　文章中のa～cにあてはまることばをそれぞれ記せ。

Ⅱ　文章中の下線部に関して，このことが権力と経済に与えた影響について，簡潔に記せ。

(☆☆☆◎◎◎◎)

【4】次の(1)～(4)に答えよ。

(1)　次のア～オは山梨県に関連するできごとについて述べた文である。年代の古い順に並べ，記号で記せ。

ア．山県大弐が処刑される。

イ．甲府で町中の犬改めが行われる。

ウ．肥後国有馬の領主有馬晴信，郡内領主鳥居成次領内に配流される。

エ．近藤勇らの甲陽鎮撫隊，柏尾の戦いで敗走する。

オ．歌川広重甲府に入る。

(2)　次の表は，明治政府があるスローガンのもとに行った政策についてまとめたものである。表中のア～エにあてはまることばや理由をそれぞれ記せ。

スローガン	政策名	内容	反対する動きがおこった理由
「(ア)」	(イ)	6歳以上の男女はすべて小学校に通うように定めた。	(エ)
	(ウ)	満20歳となった男子に兵役を義務づけた。	士族の特権を奪い，国民に新たな負担を強いることになったため。
	地租改正	地租を地価の3%と定めて，土地所有者に現金で納めさせた。	人々にとって，租税の負担は以前とあまり変わらなかったため。

(3) 次のア，イの資料を使って授業を行う場合，どのような発問をして，どのようなことを理解させたいかを下の表にまとめた。表中の①～⑤にあてはまることばや内容をそれぞれ簡潔に記せ。

ア

イ

資料	発問	理解させたい内容
ア	なぜ，ヒトラーは（ ① ）と手を組んだのか，また，この関係はどのように変化したのか。	（ ② ）
イ	なぜ，市民生活がパニックにおちいったのか。	1973年10月に，第4次（ ③ ）戦争が勃発すると（ ④ ）が「石油戦略」を行使し，原油価格を段階的に4倍に引き上げた。日本国内の原油価格が高騰，商社による（ ⑤ ）もあって生活用品の品不足が生じ，市民生活が混乱した。

(4) 次の文章はあとの絵について説明したものである。ア，ウにはあてはまる国名を，イ，エにはあてはまる人物名をそれぞれ記せ。

> 1937年，(ア)の小都市ゲルニカは，(イ)軍を支援する(ウ)空軍の爆撃で廃墟になった。この作品には(ア)出身の(エ)の怒りがこめられている。

(☆☆☆☆◎◎◎)

【5】次の(1)～(5)に答えよ。

(1)　次の表は日本国憲法で保障されている基本的人権をまとめたものである。この表を見て，①，②の問いに答えよ。

分類		主な条文
平等権		法の下の平等（第14条）　（　ア　）の本質的平等（第24条）
自由権	（　イ　）の自由	思想・良心の自由（第19条）　信教の自由（第20条） 集会・結社・（　ウ　）の自由（第21条）　学問の自由（第23条）
	（　エ　）の自由	奴隷的拘束および苦役からの自由（第18条） 逮捕の要件（第33条）　拷問および残虐刑の禁止（第36条） 刑事被告人の権利（第37条）　黙秘権（第38条）
	（　オ　）の自由	居住・移転・（　カ　）の自由（第22条）　財産権の保障（第29条）
社会権		（　キ　）権（第25条）　教育を受ける権利（第26条） 勤労の権利（第27条）　勤労者の団結権（第28条）
（　ク　）		選挙権（第15・44・93条）　公務員の選定・罷免の権利（第15条） 最高裁判所の裁判官の（　ケ　）（第79条）　特別法の住民投票権（第95条） 憲法改正の国民投票権（第96条）
請願権 請求権		請願権（第16条）　賠償請求権（第17条） （　コ　）を受ける権利（第32条）　刑事補償請求権（第40条）

①　表中のア～コにあてはまることばを記せ。

②　日本国憲法で定められている以外に，法律で新たに認められるようになった人権は何か，3つ簡潔に記せ。

(2)　日本銀行が行う「量的緩和政策」について，その目的と具体的な方法を簡潔に記せ。

(3)　財政の3つの機能は何か，記せ。

(4)　日本のODAの中でも2国間援助を一元的に行い，施設の建設だけでなく，技術協力や青年海外協力隊を派遣するなどの事業を行っている独立行政法人を何というか，アルファベット4文字で記せ。

(5)　次は，中学校学習指導要領解説「社会編」の第3章「指導計画の作成と内容の取扱い」の一部である。文章中のア～エにあてはまることばや数字をそれぞれ記せ。

> ・(　ア　)の内容との関連及び各分野相互の有機的な関連を図る。
> ・各分野に配当する授業時数は，地理的分野(　イ　)単位時間，歴史的分野(　ウ　)単位時間，公民的分野100単位時間とすること。
> ・適切な(　エ　)を設けて行う学習を一層充実させること。

(☆☆◎◎◎)

地　理・歴　史

【世界史】

【1】次の(1)～(10)の問いに答えよ。

(1)　三陸海岸やエーゲ海の沿岸などにみられる，小さな岬と湾がくり返すのこぎりの歯のような海岸地形を何というか，記せ。

(2)　モンスーンの影響を受けて降水量が多く，夏に高温になるアジア南部から中国南部の沖積平野や丘陵地の棚田などで行われている農業を何というか，記せ。

(3)　領域とは，国家の主権が及ぶ範囲である。領域を構成する3つの要素は何か，記せ。

(4)　桓武天皇から征夷大将軍に任命され，蝦夷制圧に従事し，蝦夷の族長阿弖流為を帰順させた人物は誰か，記せ。

(5)　大名を統制するために，徳川家康が南禅寺金地院の崇伝に起草させ，将軍徳川秀忠の名で発布したものを何というか，記せ。

(6)　安政の大獄に憤激した水戸藩浪士らが，1860年，大老井伊直弼を殺害した。このできごとを何というか，記せ。

(7)　ササン朝ペルシアの時代に編集されたゾロアスター教の教典を何というか，記せ。

(8)　チベットで7世紀に統一国家吐蕃を建設した人物は誰か，記せ。

(9)　インド最初の統一王朝であるマウリヤ朝の創始者は誰か，記せ。

(10)　漢代の2世紀末に華北の宗教結社太平道の指導者張角がおこした反乱は何か，記せ。

(☆☆◎◎◎)

【２】次のそれぞれの語句について，70字以内で内容を説明せよ。

(1)　ホルテンシウス法　　(2)　英仏協商(1904年)

(☆☆◎◎◎)

【３】イスラーム諸王朝について述べている次の(A)～(D)の文章を読んで，(1)～(8)の問いに答えよ。

(A)

イスラーム教の聖典『(　ア　)』にはすべての信者は平等であると説かれている。このため征服地の新改宗者は，①ウマイヤ朝の政策を『(　ア　)』の教えにそむくとみなし，またアラブ人のなかにも，ウマイヤ朝による排他的な支配を批判するものが出てきた。このような人々は，ムハンマドの叔父の子孫であるアッバース家の革命運動に協力し，これが成功して750年に②アッバース朝が開かれた。第2代カリフのマンスールは，肥沃なイラク平原の中心に円形の首都③バグダードを造営し，新帝国の基礎を固めた。

(B)

サファヴィー朝は，(　イ　)のときに最盛期を迎え，オスマン帝国とたたかい領土の一部を取り返し，ポルトガル人をホルムズ島から追放した。さらに新首都(　ウ　)を建設し，美しい④モスク・学院・庭園などでこの首都をかざり，「(　ウ　)は世界の半分」といわれるほどの繁栄をもたらした。イランがはじめてヨーロッパ諸国と外交・通商関係を結んだのも，(　イ　)の時代であった。

(C)

オスマン帝国は，スレイマン1世のもとで最盛期を迎えた。彼はサファヴィー朝から南イラクを奪い，北アフリカにも支配を広げたばかりでなく，ハンガリーを征服し，1529年には(　エ　)を包囲してヨーロッパ諸国に大きな脅威を与えた。さらに1538年には(　オ　)の海戦でスペイン・ヴェネツィアの連合艦隊を破り，地中海の制海権を手中にした。つぎのセリム2世は，スレイマン1世時代の慣習に基づき，⑤フランス商人に領内での居住と通商の自由をおおやけに認めた。

(D)

ムガル帝国の実質的な建設者の第3代皇帝(　カ　)は，支配階層の組織化をはかり，⑥維持すべき騎兵・騎馬数とそれに応じた給与によって彼らを等級づけ，官位を与えた。さらに，全国の土地を測量して徴税する制度を導入し，中央集権的な統治機構をととのえ，首都をアグラに移した。15～16世紀のインド社会では，⑦イスラーム教とヒンドゥー教との融合をはかる信仰が盛んとなった。そのなかで，愛と献身により神とともに生きることでカーストの区別なく解脱できると説き，シク教の祖となった(　キ　)が登場した。

(1)　文章中の(　ア　)～(　キ　)に適する語句や人名は何か，記せ。

(2)　文章中の下線部①を創始した人物は誰か，記せ。

(3)　文章中の下線部②について，アッバース朝の成立から滅亡までの期間に起きたできごととして正しいものを，次のa～dから一つ選び，記号を記せ。

a. トゥール・ポワティエ間の戦い　　b. タラス河畔の戦い

c. 西ゴート王国の滅亡　　d. ニハーヴァンドの戦い

(4)　文章中の下線部③の場所を次の地図のア～エから選び，記号を記せ。

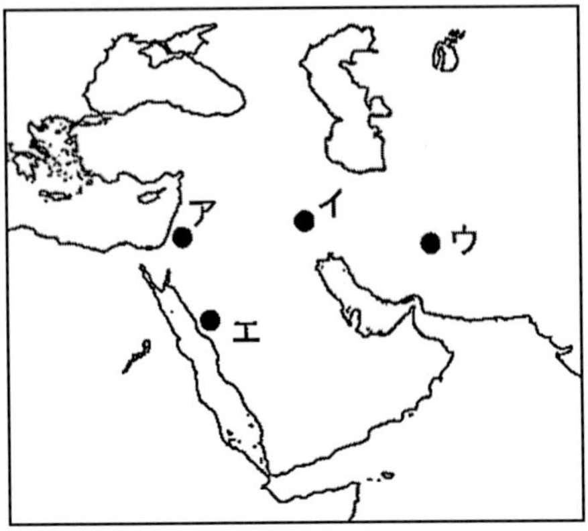

(5)　文章中の下線部④について，モスクの装飾などに用いられた唐草文やアラビア文字を図案化した装飾文様を何というか，記せ。

(6)　文章中の下線部⑤について，この特権を何というか，記せ。

(7)　文章中の下線部⑥について，この制度を何というか，記せ。

(8)　文章中の下線部⑦に関連して，イスラーム教徒とヒンドゥー教徒の融合をはかるため，第3代皇帝(　カ　)が行った税制面での政策について25字以内で説明せよ。

(☆☆◎◎◎)

【4】アジア地域の民族運動について述べている次の(A)～(D)の文章を読んで，(1)～(7)の問いに答えよ。

(A)

第一次世界大戦勃発後，ドイツに宣戦した日本は，1915年1月，中国に対して山東のドイツ利権の継承など(　ア　)の要求をつきつけた。袁世凱政権は，中国の主権を無視するものとして初めは拒否したが，軍事力を背景にした日本の圧迫のもとに，主要な要求の承認に追いこまれ，中国人の対日感情は急速に悪化した。

1919年の①パリ講和会議で，中国は(　ア　)の取消しや，山東のドイツ利権の返還を提訴したが，列国によって退けられた。これに抗議して，北京大学の学生を中心に抗議デモがおこなわれた。この動きは条約反対や排日の声となって各地に波及し，②日本商品の排斥やストライキがおこり，幅広い層をまきこんだ愛国運動に発展した。

(B)

インドは第一次世界大戦で多くの兵員・物資を供給するかわりに，イギリスから自治権を約束されていたが，戦後イギリスは，1919年にまず反英運動を弾圧する(　イ　)を施行させておいて，そのうえで同年に州行政の一部しか委譲しないインド統治法を実施させた。こうした動きに反発した国民会議派は，南アフリカから帰国した(　ウ　)の指導の下，非暴力・不服従の抵抗運動を行った。(　ウ　)の非暴力や，宗派をこえた博愛主義は，多様な民族・宗教・言語のインドの人々をまとめる力をもち，大衆を運動に参加させるとともに一時ムスリムとの協力にも成功して，反英運動は大きく発展した。その結果イギリスは自治領を約束するが，これに満足しない［　③　］

(C)

④オランダが支配するインドネシアでは，1920年にインドネシア共産党が結成され，独立をとなえた。その運動が弾圧によってほぼ壊滅したのちは，オランダから帰国した留学生が，運動の指導権をにぎった。1927年には(　エ　)を党首とするインドネシア国民党が結成され，1928年にインドネシアという統一された祖国・民族・言語をめざす宣言がなされた。

(D)

オスマン帝国は第一次世界大戦で参戦して敗れ，⑤列強による国土分割の危機に直面した。1919年にギリシア軍がエーゲ海沿岸地域を占領すると，軍人の(　オ　)がトルコ人の主権と国土をまもるために抵抗運動を指導し，トルコ大国民議会を組織した。1922年，(　オ　)はギリシア軍を撃退してイズミルを回復したのち，スルタン制を廃止し，ついで1924年には(　カ　)制も廃止した。この間，1923年に連合国とのあいだに(　キ　)条約を結んで新しい国境を定め，治外法権の廃止，関税自主権の回復にも成功し，アンカラを首都とするトルコ共和国を樹立した。⑥(　オ　)は大統領となり，1924年共和国憲法を発布した。

(1)　文章中の(　ア　)～(　キ　)に適する語句や人名は何か，記せ。

(2)　文章中の下線部①について，講和の議論の基礎となった十四カ条を発表したアメリカ合衆国大統領は誰か，記せ。

(3)　文章中の下線部②について，この運動を何というか，記せ。

(4)　文章中の空欄[　③　]にはいる文として正しいものは何か，次のa～dから一つ選び，記号を記せ。

a. 東インド会社のインド人傭兵であるシパーヒーは反乱を起こした。

b. ヒンドゥー教徒を中心にパキスタンがたてられた。

c. 国民会議派はスワデーシ・スワラージなど4綱領を決議した。

d. ネルーら急進派はプールナ＝スワラージを決議した。

(5)　文章中の下線部④について，オランダが1830年以降ジャワ島で実施し，ジャワ島の米不足や飢饉の原因となった経済政策を何というか，記せ。

(6)　文章中の下線部⑤について，オスマン帝国領の分割を取り決めた，イギリス・フランス・ロシアの間で1916年に結ばれた秘密条約を何というか，記せ。

(7)　文章中の下線部⑥について，(　オ　)が大統領になって行った政策として，誤りのあるものは何か，次のa～dから一つ選び，記号を記せ。

a. 太陽暦を採用した。

b. 女性参政権を実施した。

c. ローマ字の使用を禁止した。

d. 政教分離を行った。

(☆☆◎◎◎)

【５】次の(1)，(2)の問いに答えよ。

(1)「幼稚園，小学校，中学校，高等学校及び特別支援学校の学習指導要領等の改善及び必要な方策等について」(平成28年12月21日中央教育審議会答申)において，地理歴史科の科目構成の見直しが示された。このなかで，地理歴史科において共通必履修科目として設置するとされた科目は何か，2つ記せ。

(2) 高等学校学習指導要領(平成21年3月)「世界史A」,「世界史B」に関する次の問いに答えよ。

① 次の文は,「世界史A」の目標である。文中の(ア), (イ)に適する語句は何か，記せ。

(ア)を中心とする世界の歴史を諸資料に基づき地理的条件や日本の歴史と関連付けながら理解させ，現代の諸課題を歴史的観点から考察させることによって，(イ)を培い，国際社会に主体的に生きる日本国民としての自覚と資質を養う。

② 「世界史B」の内容「(3) 諸地域世界の交流と再編」のなかの小項目「イ ヨーロッパ世界の形成と展開」に基づいて,「十字軍運動が行われることになった直接のきっかけ」と「十字軍運動が西ヨーロッパ社会に与えた影響」をそれぞれ説明せよ。

(☆☆☆◎◎◎)

公 民 科

【政治・経済】

【1】次の(1)〜(10)の問いに答えよ。

(1) 自然哲学の祖とされ,「万物の根源は水である」と説いたのは誰か，名前を記せ。

(2) ソクラテスは問答を行う際に，自分にできることは，相手が自分自身で知恵を生み出すことを手助けすることだけだと考えたことから，みずからの問答を何と名づけたか，記せ。

(3) 儒教が重んじる家族などの親愛の情を，身内だけにかたよった差別的な別愛であると批判し，すべての人がわけ隔てなく愛しあう普遍的な兼愛を説いたのは誰か，名前を記せ。

(4)　平安時代中期に，念仏を広めて市聖とよばれたのは誰か，名前を記せ。

(5)　パスカルは『パンセ(瞑想録)』の中で，人間を何とたとえたか，記せ。

(6)　慣れ親しんだ自己の文化のみをすぐれたものと考えて絶対視し，他の文化を劣ったものとする，異文化への誤解や差別を生む考え方のことを何というか，記せ。

(7)　一人一人が利益を追求する自由な経済活動が，全体として「見えざる手」に導かれて経済を活性化し，社会全体を豊かにするという考えを述べた，アダム＝スミスの著作は何か，記せ。

(8)　大衆迎合ともいわれることのある，情緒や感情によって政治的態度を決める大衆の支持を基盤とする政治手法のことを何というか，記せ。

(9)　開発にともなう環境への影響の程度，範囲，環境破壊の防止策などの総合的な事前評価のことを何というか，記せ。

(10)　高齢者や心身に障がいのある人たちが，社会のなかで他の人々と同じように生活するという考え方を何というか，記せ。

(☆☆◎◎◎)

【２】次の(1)，(2)の問いに答えよ。

(1)　環太平洋経済連携協定(TPP)について説明せよ。

(2)　コンパクトシティについて説明せよ。

(☆☆☆☆◎◎◎)

【３】次の文を読んで，(1)～(8)の問いに答えよ。

昭和21年11月3日に公布された①日本国憲法は，施行から今年(　a　)年を迎えた。

日本のすべての法規や組織は，②日本国憲法を頂点として定められている。したがって，それに違反する法律・命令その他いっさいの国家行為は無効である。その③改正については通常の法律改正より，特に慎重な手続きが求められている。

我が国では，イギリスで発達した(　b　)制を採用しており，日本国憲法が④内閣と国会の関係を定めている。内閣は国会の信任を基盤としているため，衆議院において内閣の不信任決議案が可決されるか，信任決議案が否決された場合，内閣は10日以内に(　c　)するか，⑤衆議院を解散するかのいずれかを選択しなければならない。

内閣は行政権を有し，日本国憲法第66条1項で⑥内閣総理大臣(首相)とその他の国務大臣で組織されること，同条2項で内閣総理大臣とその他の国務大臣は(　d　)でなければならないことが規定されている。

日本の行政機構は，⑦府・省・庁及び委員会などからなり，主要官庁の長には国務大臣が就任する。中央省庁等改革関連法に基づいて，2001年には省庁が再編され，さらに官僚主導の行政を政治主導へと転換するため，政務次官制度を廃止して(　e　)制度が導入された。

(1)　文中の空欄(　a　)～(　e　)に当てはまる語句や数を記せ。

(2)　下線部①に関連して，次は，日本国憲法の制定に関する資料である。この資料から判断できるものとして正しいものを，下のア～エから一つ選び，記号を記せ。

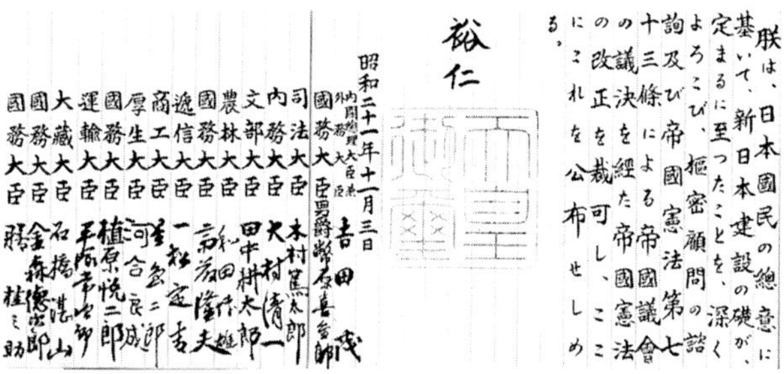
朕は、日本國民の總意に基いて、新日本建設の礎が、定まるに至つたことを、深くよろこび、樞密顧問の諮詢及び帝國憲法第七十三條による帝國議會の議決を經た帝國憲法の改正を裁可し、ここにこれを公布せしめる。

裕仁

昭和二十一年十一月三日

内閣總理大臣兼外務大臣　吉田茂
國務大臣　男爵　幣原喜重郎
司法大臣　木村篤太郎
内務大臣　大村清一
文部大臣　田中耕太郎
農林大臣　和田博雄
國務大臣　齋藤隆夫
逓信大臣　一松定吉
商工大臣　星島二郎
厚生大臣　河合良成
國務大臣　植原悦二郎
運輸大臣　平塚常次郎
大蔵大臣　石橋湛山
國務大臣　金森德次郎
國務大臣　膳桂之助

ア　この憲法は衆議院と参議院の審議，修正を経て可決された。

イ　この憲法は形式的には大日本帝国憲法を改正して公布された。

ウ　この憲法の公布時に日本の身分制度はすべて廃止されていた。

エ　この憲法の規定に沿って組閣された内閣の閣僚が署名した。

(3)　下線部②に関して，日本国憲法第98条で示されている憲法の性質を何というか，答えよ。

(4)　下線部③について，このような憲法のことを何というか，答えよ。

(5)　下線部④について述べたものとして誤っているものを，次のア～エから一つ選び，記号を記せ。

ア　内閣は行政権の行使について，国会に対し連帯して責任を負う。

イ　内閣総理大臣は，国会議員の中から国会の議決で指名を受ける。

ウ　内閣総理大臣は任期4年とされており，三選は禁止されている。

エ　国務大臣の過半数は国会議員の中から選ばれなければならない。

(6)　下線部⑤について説明した次のAとBの正誤の組合せとして正しいものを，下のア～エから一つ選び，記号を記せ。

A　内閣の助言と承認により，天皇の国事行為としておこなわれる。

B　解散後40日以内に総選挙，さらに30日以内に臨時会が開かれる。

ア　A－正　B－正　　イ　A－正　B－誤

ウ　A－誤　B－正　　エ　A－誤　B－誤

(7)　下線部⑥に関連して，内閣総理大臣の権限について3つ挙げよ。

(8)　下線部⑦について，次の日本の行政機構図を参考にして，下の(ア)～(エ)の上部組織を，それぞれ答えよ。

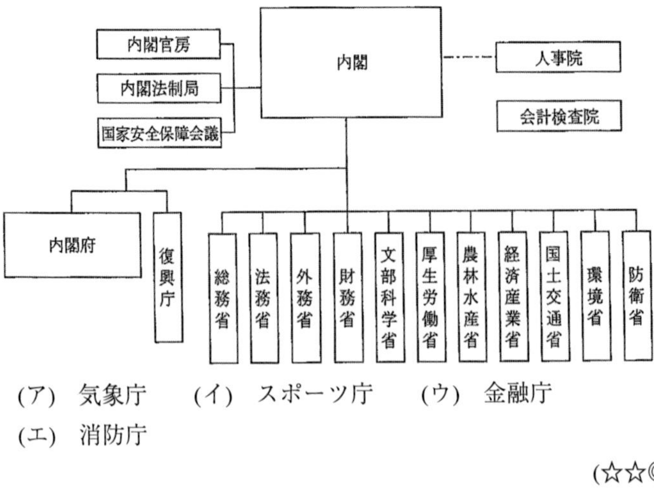

(ア)　気象庁　　(イ)　スポーツ庁　　(ウ)　金融庁

(エ)　消防庁

(☆☆◎◎◎)

【4】次の文を読んで，(1)～(5)の問いに答えよ。

日本経済には，賃金や労働生産性，労働者一人あたりの資本の金額いわゆる(　a　)などが高い一部の大企業と，それらが低い多くの①中小企業が併存する。大企業と中小企業，工業と農業のように，一国の経済のなかで近代的部門と前近代的部門が併存し格差が存在している状況を，「日本経済の(　b　)」という。

大企業との一方的な取引条件の下で，中小企業は十分な収益が望めなかったが，1950年代に入り技術革新が進むと，②大企業は下請けのなかの優秀な中小企業に資本や技術を供与し育成を図った。1960年代には，高度経済成長による中小企業の近代化や，(　c　)の制定など政府による支援もあり，大企業と中小企業の賃金や生産性の格差は縮小した。しかし，1973年の［　A　］以後，両者の賃金・生産性の格差は再び拡大し始め，今日もこの傾向が見られる。

現在，日本の企業のうち，中小企業は事業所数の約(　d　)%を占めるが，大企業には採算のとれない(　e　)に進出し，全国各地の伝統的な地場産業や，新しい産業の担い手として活躍するなど，③日本経済において大きな役割を果たしている。こうした企業が多くの人材を集め，自立的に成長していける環境をととのえていくことが，これからの日本経済に求められているところである。

(1)　文中の空欄(　a　)～(　e　)に当てはまる語句や数を記せ。

(2)　空欄［　A　］に入る，第4次中東戦争を契機におこったできごとを答えよ。

(3)　下線部①について，次の表にある従業員または資本金のいずれかの条件を満たす場合に，中小企業と定義される。表中の[あ]・[い]に当てはまる条件を答えよ。

業　種	従　業　員	資　本　金
製造業，建設，運輸，その他	[あ]	[い]
卸　売　業	１００人以下	１億円以下
サ　ー　ビ　ス　業	１００人以下	５，０００万円以下
小　売　業	５０人以下	５，０００万円以下

(4)　下線部②について，このことを何というか，答えよ。

(5)　下線部③について，このような例の一つとして，例えばICTの分野などで高度な知識や技術を用いて新たな事業に取り組む企業を何というか，答えよ。

(☆☆◎◎◎)

【5】あなたは，公民科の政治経済の授業をすることになった。授業を想定して，次の(1)，(2)にそれぞれ答えよ。

(1)　「マス＝メディア」を授業で取り扱う際，生徒に“身に付けさせたい力”を明らかにし，[導入－展開－まとめ]の要点を簡潔に述べよ。

(2)　円高・円安について生徒に説明する際の板書を作成せよ。ただし，為替レートは1$＝100円から変動するものとする。

(☆☆☆☆◎◎◎)

【6】次の(1)，(2)の問いに答えよ。

(1)　次の[Ⅰ]，[Ⅱ]の(　ア　)～(　キ　)に適する語句は何か，記せ。

[Ⅰ]　高等学校学習指導要領（平成21年3月）公民　政治経済　目標

広い視野に立って，(　ア　)の本質に関する理解を深めさせ，現代における政治，経済，国際関係などについて(　イ　)に理解させるとともに，それらに関する諸課題について(　ウ　)に考察させ，(　エ　)な判断力を養い，良識ある公民として必要な能力と態度を育てる。

[Ⅱ]　高等学校学習指導要領（平成21年3月）公民　政治経済　内容(1)

現代の日本の政治及び(　オ　)の動向について関心を高め，(　カ　)と議会制民主主義を尊重し擁護することの意義を理解させるとともに，民主政治の(　キ　)について把握させ，政治についての基本的な見方や考え方を身に付けさせる。

(2)　高等学校学習指導要領（平成21年3月）「政治経済」の「3　内容の取扱い」において，内容の全体にわたり配慮しなければならないことを3つ記せ。

(☆☆☆◎◎◎)

解答・解説

中学社会

【1】(1)　①　フランス　②　アメリカ　③　ノルウェー　④　ロシア　(2)　年…1940年，1944年　理由…第二次世界大戦により中止となった。　(3)　気づくこと…1994年からは夏のオリンピックと冬のオリンピックが2年おきに開催されるようになった。

(4)　①　北緯45度　②　(記号，国名の順)　a　カ，イタリア　b　ウ，ドイツ　c　イ，イギリス　d　エ，フランス　(5)　ボスニア・ヘルツェゴビナ　(6)　竹島

〈解説〉1　(1)　①のシャモニー・モンブラン，グルノーブル，アルベールビルはすべてフランスの都市で，スイスやイタリアとの国境に近いアルプス山脈に属する。②のレークプラシッドはニューヨーク州，スコーバレーはカリフォルニア州，ソルトレークシティはユタ州に位置し，全てアメリカの都市である。③のオスロとリレハンメルはノルウェーの都市である。④のソチはロシアの黒海に面した都市である。

(2)　この二大会は，第二次世界大戦(1939～1945年)で中止された。

(3)　1924年のシャモニー・モンブランから1992年のアルベールビルまで，冬季オリンピックは夏季オリンピックと同年に，4年に1回開催されていた。1994年のリレハンメルから，夏季オリンピックの中間年に開催されることとなった。1992年と1994年の2年間隔での開催は，こ

の時だけである。　(4)　①　エ(フランス)南部，カ(イタリア)北部を通るXは，北緯45度の緯線である。日本では北海道の北部と択捉島などを通っている。　②　アはフィンランド，イはイギリス，ウはドイツ，オはスペイン。aはタオルミーナサミットのことで，イタリア，bはドイツ，cはイギリス，dはフランスについての記述である。
(5)　ユーゴスラビアは，6つの共和国(スロベニア，クロアチア，ボスニア・ヘルツェゴビナ，セルビア，モンテネグロ，マケドニア)から成るモザイク国家であった。1980年代からの東欧の民主化の波により，1990年代に入ると分離独立が進んだ。ユーゴスラビア内戦，ボスニア内戦を経て，ユーゴスラビアは解体され6つの国になった。サラエボは，現在ボスニア・ヘルツェゴビナの首都である。　(6)　韓国が「独島」と表記したのは，島根県の竹島のことである。

【2】(1)　①　a　②　c　③　d　④　b　⑤　エ　⑥　ウ　⑦　ア　⑧　イ　(2)　①　渥美　②　遅らせ　③　抑制
(3)

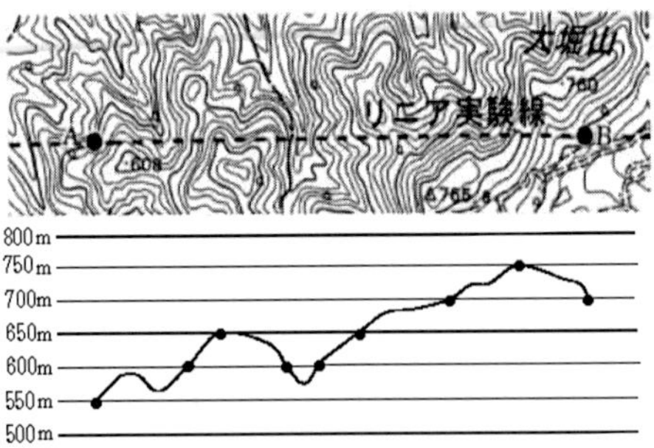

〈解説〉(1)　北海道が51.4%と高い割合を示している⑤は，エの畜産と考えられる。次に北海道が0.5%と最も割合の低い⑥は，ウの果実と判断でき，北海道において割合が高い方の⑧がイの野菜・芋類，⑦がアの米と考えられる。次に農業地域を考える。北海道に次いで畜産の割合が高い①がaの九州と判断できる。米の割合が最も高い③がdの東北，野菜・芋類の割合が最も高い②がcの関東，残る④がbの中国・四国と考えられる。　(2)　写真は電照菊のビニールハウスである。菊には日

照時間が短くなると開花する性質があるので，夜間に照明をあてて開花の時期を遅らせ，秋から冬に出荷している。温暖な気候の渥美半島で行われており，開花を遅らせるので抑制栽培である。 (3) 2万5千分の1地形図における計曲線は50mおき，主曲線は10mおきである。B地点は標高700m，A地点は550mと読み取れる。あとは等高線とルートの破線のポイントを図に合わせて書き入れる。

【3】(1) ① 魏 ② 宋 ③ 摂政 (2) この地域には，大和政権を支える有力な豪族がいた。 (3) A 刑 B 租税
(4) Ⅰ a セルジューク b ウルバヌス2世 c イェルサレム
Ⅱ 権力…教皇の権威が後退し，王権が伸長することとなった。経済…地中海を経由する東西貿易が活発になり，商業と都市の発展が本格化した。

〈解説〉(1) ① 『魏志』倭人伝には，239(景初3)年に卑弥呼が魏に使者として難升米を派遣し，明帝から金印紫綬・親魏倭王の称号・銅鏡百枚を授かったと記されている。 ② 『宋書』倭国伝には，478(昇明2)年に倭王武(雄略天皇)が上表文を出し，順帝から安東大将軍倭王の称号を授かったと記されている。 ③ 藤原氏による摂関政治の全盛期は藤原道長の時期からである。藤原道長は後一条天皇の摂政に就任し，その後頼通に摂政を譲り太政大臣に就任している。 (2) 当時，古墳が作られることは有力者であることを示しており，その大きさは埋葬される者の権威を表していると言える。 (3) 律令は，刑法である律と刑法以外の令で構成されており，大宝律令や養老律令が制定・施行された。 (4) Ⅰ セルジューク朝は中央アジアからおこったトルコ系の王朝であり，ファーティマ朝，ビザンツ帝国，西遼と対立した。セルジューク朝の台頭は，当時ローマ教皇ウルバヌス2世が第1回十字軍を遠征させるきっかけになり，目的を達成した十字軍が建てた封建国家がイェルサレムである。 Ⅱ 聖地回復のための十字軍は第7回までおこされたが，目的を達成できず，あいつぐ遠征の失敗で教皇の権威がゆらぎ，遠征を指揮した国王の権威は高まった。十字軍の輸送

によりイタリアの都市は繁栄し，地中海貿易による東方との流通が再び活発になった。こういった経済の動きは，西ユーロッパの世界に大きな影響を与えた。

【4】(1)　ウ→イ→ア→オ→エ　(2)　ア　富国強兵　イ　学制　ウ　徴兵令　エ　農村では子供が重要な働き手であったばかりでなく，授業料も大きな負担となったから。　(3)　①　スターリン　②　東西2正面での戦いを避けるために手を組んだが，ヒトラーのソ連侵攻により関係は破綻した。　③　中東　④　OAPEC　⑤　買い占め　(4)　ア　スペイン　イ　フランコ　ウ　ドイツ　エ　ピカソ

〈解説〉(1)　ウは1612年。なお，問題では「肥後国有馬」とあるが，「肥前国有馬」の誤りと思われる。イは生類憐みの令制定の時期(1685～1709年)に出されたものと予想できる。アの山県大弐は尊王論者。明和事件に連座し1767年に処刑された。オの歌川広重は1841年に甲州に滞在している。エの近藤勇の軍勢と板垣退助の軍勢が戦った柏尾の戦いは1868年である。　(2)　当時，明治政府では「富国強兵」をスローガンに学制，徴兵令，地租改正などの政策が進められた。しかし，急進的な性格も否めなかったため国民の負担になることもあった。

(3)　アの資料は独ソ不可侵条約を風刺した絵である。ヒトラーとスターリンは互いに警戒しており，東西2正面での戦いを回避するために独ソ不可侵条約を結んだが，1941年にヒトラーが一方的に条約を破棄しソ連へ侵攻した。イの資料は石油ショック当時の様子である。イスラエルと周辺のアラブ諸国の間で第4次中東戦争が勃発すると，OAPEC(アラブ石油輸出国機構)はイスラエルを支持する国々に対し原油輸出停止や減産の制裁をとり，同時にOPEC(石油輸出国機構)は原油価格を引き上げたことで，日本国内で石油の買い占めなどがおこり，市民の生活に混乱が生じた。　(4)　絵はピカソが描いた『ゲルニカ』である。第二次世界大戦中，スペインのゲルニカがドイツのフランコ空軍に爆撃されたことに対してスペイン出身のピカソが描いた絵であ

る。

【5】(1) ① ア 両性 イ 精神 ウ 表現 エ 生命・身体 オ 経済活動 カ 職業選択 キ 生存 ク 参政権 ケ 国民審査権 コ 裁判 ② ・環境権 ・プライバシーを守る権利 ・知る権利 (2) デフレを脱却することを目的に，日銀が民間金融機関から国債や手形を買い上げて市場に資金を供給すること。 (3) ・資源配分の機能 ・所得再分配の機能 ・景気調整の機能 (4) JICA (5) ア 小学校社会科 イ 120 ウ 130 エ 課題

〈解説〉(1) ① ア 第24条は婚姻に関する規定。 イ 精神的自由権ともいう。 ウ 同条第2項では検閲の禁止と通信の秘密が規定されている。 エ 身体的自由権ともいう。 オ 経済的自由権ともいう。 カ 職業選択の自由は営業の自由を含む。 キ 人間らしく生きる権利である社会権において，生存権は中心的権利である。 ク 人権を守るには，参政権は欠かせない権利である。 ケ 最高裁裁判官の国民審査は衆院選の際に行われる。 コ 第37条では刑事被告人の公平な裁判所の迅速な公開裁判を受ける権利が保障されている。 ② 環境権としては，環境アセスメント法の制定がある。知る権利としては，環境基本法や行政機関などを対象とした情報公開法がある。プライバシーを守る権利としては，行政機関や民間企業を対象とした個人情報保護法が制定されている。ただし，これらの法律には環境権や知る権利が明記されているわけではない。 (2) 量的緩和政策では政策金利ではなく，日銀当座預金残高が誘導目標とされた。近年の量的・質的金融緩和政策はこれを徹底化したものであり，消費者物価を前年比で2%上昇させるインフレ目標を設定した上で，長期国債やリスク性資産の購入も進める政策である。 (3) 資源配分の機能とは，公共財を配分する機能のこと。所得再分配の機能とは累進課税制度や社会保障によって高所得者から低所得者に所得を移転する機能のことをいう。景気調整のために，政府は裁量的財政政策(フィスカルポリシー)を実

施している。　(4)　JICAとは国際協力機構の略称。現在では外務省所管の独立行政法人である。日本のODA(政府開発援助)を一元的に行う実施機関として，開発途上国への国際協力を実施している。

(5)　ア　小学校第3学年から第6学年までの学習内容との関連を図らなければならない。　イ・ウ　第1，2学年では地理的分野と歴史的分野を並行して学習させ，第3学年では歴史的分野と公民的分野を学習させる。　エ　生徒の主体的な学習を促し，課題解決能力を一層培うためである。

地　理・歴　史

【世界史】

【1】(1)　リアス海岸　(2)　集約的稲作農業　(3)　領土・領海・領空　(4)　坂上田村麻呂　(5)　武家諸法度　(6)　桜田門外の変　(7)　アヴェスター　(8)　ソンツェン＝ガンポ　(9)　チャンドラグプタ王　(10)　黄巾の乱

〈解説〉(1)　リアス海岸は，日本国内では三陸海岸が有名だが，他にも房総半島の一部，志摩半島，山陰海岸などで形成されている。

(2)　集約的稲作農業は，アジア式稲作農業とも呼ばれ，水田での栽培が中心で経営規模が小さい。生産性に関しては，灌漑技術の差から，東アジアや東南アジアなど地域間で差が生じている。　(3)　領土から最大12海里までが領海，領土と領海の上空が領空である。　(4)　坂上田村麻呂は，当時の蝦夷征討の動きで，征夷大将軍に任命され，その後，胆沢城や志波城を設置し東北の平定を進めた。　(5)　武家諸法度は，代々江戸幕府の将軍が制定・改正する法令であり，その時によって発布者の将軍と起草者がそれぞれ存在する。徳川吉宗による享保令を最後に改正されていない。　(6)　桜田門外の変は，尊王攘夷派や一橋派を弾圧・処罰した井伊直弼の独裁に対して，関鉄之助を中心とした水戸藩出身の浪士らが井伊直弼を暗殺した事件である。　(7)　『アヴェスター』が成立した年代は不明で，現存しているのは，ササン朝ペルシアの時代に編集されたものである。　(8)　吐蕃の建国者であるソンツェン＝ガンポは，唐とインドの文化を取り入れ，チベット文字の制定などを行った。　(9)　チャンドラグプタ王は，ナンダ朝を倒したのち西北インドを平定し，アフガニスタン全土をセレウコス朝から奪うなど，富国強兵を実現してインド統一の基礎を作った。

(10)　黄巾の乱は華北一帯まで波及し，乱そのものは豪族の協力を得た政府によって鎮圧されたが，それに呼応して各地で農民の反乱がおき，後漢の滅亡の大きな要因になった。

【2】(1)　平民会の決議が元老院の認可なしに全ローマ人の国法となることが定められた。この法律により，平民と貴族との政治上の権利は同等となった。(65字)　(2)　イギリスとフランスの両国は，エジプトにおけるイギリスの支配的地位と，モロッコにおけるフランスの支配的地位を認め合い，ドイツに対抗した。(67字)

〈解説〉(1)　ホルテンシウス法は，前287年に共和政ローマで制定された法律である。貴族(パトリキ)と平民(プレブス)の政治対立である身分闘争を終結させた。平民会の決議が，元老院の承諾なく国法となることが決められた。　(2)　1904年に成立した英仏協商は，エジプトにおけるイギリスの支配権をフランスが認め，モロッコにおけるフランスの支配権をイギリスが認める内容である。アフリカにおいてイギリスは縦断政策を，フランスは横断政策を推進して対立していた。しかしドイツに対抗するために，アフリカの権益範囲を規定して両国は和解した。1894年の露仏同盟と1907年の英露協商とあわせて，三国協商と呼ばれる。

【3】(1)　ア　コーラン　　イ　アッバース1世　　ウ　イスファハーン　エ　ウィーン　　オ　プレヴェザ　　カ　アクバル　　キ　ナーナク

(2)　ムアーウィヤ　　(3)　b　　(4)　イ

(5)　アラベスク　　(6)　カピチュレーション　　(7)　マンサブダー

ル制　　(8)　非イスラーム教徒に課されていた人頭税を廃止した。(24字)

〈解説〉(1)　ア　コーランは，預言者ムハンマドに啓示された114章から構成され，アラビア語で書かれている。　イ　サファヴィー朝は，1501年にイラン高原にイスマーイールによって建てられた。シーア派の十二イマーム派を国教とする。サファヴィー朝の王はシャーと呼ばれ，アッバース1世は，1587年に即位した5代目のシャーである。

ウ　アッバース1世が建設した新首都は，イスファハーン。イラン中部に位置し，世界遺産のイマームのモスクなどが建てられた。

エ　スレイマン1世は，オスマン帝国の第10代スルタンであり，フランスと友好関係を結び，共通の敵であるハプスブルク家の中心のウィーンを1529年に包囲した。包囲自体は失敗に終わった。　オ　1538年にオスマン帝国が勝利した海戦は，プレヴェザの海戦。プレヴェザは，イオニア海に面したギリシア西部にある町である。　カ　ムガル帝国の第3代皇帝は，アクバルで，首都をデリーからアグラに移した。ムガル帝国は1526年にバーブルによって建てられたインドの王朝。

キ　ナーナクは，ヒンドゥー教のバクティ信仰，イスラーム神秘主義やカースト制度を否定したカビールなどの影響を受けて，16世紀初頭にシク教を開いた。シク教徒はインド北西部にシク王国を建てた。

(2)　ウマイヤ朝の創始者は，ムアーウィヤである。ウマイヤ朝は，661年にダマスクスを都として建国された。アラビア語を公用語とし，アラブ人ムスリムによる支配を推進したため，アラブ帝国と呼ばれる。西ゴート王国を滅ぼしてイベリア半島を征服し，東はインド北西部まで及ぶ広大な領土を支配した。　(3)　aのトゥール・ポワティエ間の戦いは，732年にウマイヤ朝とフランク王国の間で起きた。bのタラス河畔の戦いは，751年にアッバース朝と唐の間で起きた。cの西ゴート王国の滅亡は，711年にウマイヤ朝により行われた。dのニハーヴァンドの戦いは，642年の正統カリフ時代にササン朝との間で起きた。

(4)　アッバース朝の都であるバグダードは，現在のイラクの首都でティグリス河畔のイに位置する。アはイェルサレム，エはメッカである。

(5) アラベスクは，アラビア風という意味である。イスラーム美術には，中国美術に影響された，精密な写本挿絵や写本絵画のミニアチュール(細密画)もある。 (6) スレイマン1世時代に慣習化していた特権を，息子のセリム2世が1569年に公認したものを，カピチュレーションという。この特権は，19世紀には拡大解釈され，治外法権などの不平等条約と同じものとなった。 (7) マンサブダール制は，官僚を等級づけて，等級に応じた騎兵・騎馬数を維持する義務と給与の権利を与えた人事制度である。ムガル帝国の拡張と共に官僚の数も肥大し，ムガル帝国の財政を圧迫する要因ともなった。 (8) アクバルは，1564年にヒンドゥー教徒などの非ムスリムに課せられていた人頭税のジズヤを廃止した。彼はヒンドゥー教徒の女性とも結婚し，イスラーム教徒とヒンドゥー教徒の融和を推進した。

【4】(1) ア 二十一カ条 イ ローラット法 ウ ガンディー エ スカルノ オ ムスタファ＝ケマル カ カリフ キ ローザンヌ (2) ウィルソン大統領 (3) 五・四運動 (4) d (5) 強制栽培制度 (6) サイクス－ピコ協定 (7) c

〈解説〉(1) ア 日英同盟に基づいて日本は，第一次世界大戦に参戦してドイツ権益があった山東省を占領した。大隈重信内閣は1915年に山東省の旧ドイツ権益の日本への譲渡，南満州での日本権益の拡大や日本人の中国政府顧問への任命など，二十一ヵ条の要求を行った。

イ ローラット法は，逮捕状なしの逮捕や裁判なしの投獄をインド総督に与えた法律である。ローラット法に反発した抗議集会がインド各地で開かれ，イギリス軍が武力介入して多数の市民が虐殺されるアムリットサール事件が起きた。 ウ ガンディーは，自分自身が経験したアパルトヘイトの差別からインド人の権利を守るために，南アフリカで弁護士として活動していた。帰国後に彼がインドで行った非暴力・不服従運動は，サティヤーグラハと呼ばれる。 エ スカルノは，1945年にオランダからの独立を宣言して初代インドネシア大統領となる。 オ ムスタファ＝ケマルは，オスマン帝国の軍人で，1919年に侵入したギリシア軍に対する解放戦争を指揮し，1920年にアンカラでトルコ大国民議会を招集した。その後，ギリシア軍を駆逐し，オスマン帝国のスルタン制を廃止してトルコ共和国を建てた。1934年に父なるトルコ人を意味するアタテュルクの称号が授けられた。　カ　ムスタファ＝ケマルが廃止した制度は，カリフ制である。カリフは，アッラーの使徒の代理人を意味する。全スンナ派イスラーム世界において，カリフの名前で金曜日の集団礼拝などの説教が行われたため，カリフは全スンナ派ムスリムの宗教的権威として機能していた。　キ　ローザンヌ条約により，トルコはバルカン半島およびアナトリアでの領土回復や不平等条約の撤廃などを達成して主権国家として認められた。

(2)　ウィルソン大統領の発表した十四カ条には，秘密外交の禁止・海洋の自由・関税障壁の撤廃・軍備縮小・民族自決・国際平和機構の設立などが盛り込まれていた。国際平和機構は，1920年に国際連盟として結実するが，アメリカ合衆国は上院の反対で参加しなかった。

(3)　中国での反日愛国運動は，五・四運動である。ウィルソン大統領が提唱した十四カ条の1つ民族自決はヨーロッパ外には適用されず，日本の二十一カ条の要求などは撤廃されなかった。この結果に失望した人々により，1919年5月4日に抗議活動が始まった。結果，中国政府はヴェルサイユ条約の調印を拒否した。　(4)　イギリスが認めた自治に満足できないというリード文の内容から，独立を要求したことが推測される。完全な独立を意味するプールナ＝スワラージを含むdが正答となる。プールナ＝スワラージは，1929年の国民会議派ラホール大会で決議された。cのスワデーシは，国産品愛用，スワラージは，自治獲得を意味する。　(5)　強制栽培制度は，コーヒー・サトウキビ・藍などの商品作物の栽培を村落毎に割り当て，安い公定価格で買い上げてオランダ政府が販売した制度である。商品作物栽培に特化したため，食糧不足で飢饉が生じた。強制栽培制度は，オランダ政府と村落の直接契約ではなく，間に請負人を介した間接契約制度である。

(6)　サイクス－ピコ協定は，第一次世界大戦後のオスマン帝国の領土分割について取り決めたもの。イギリスは，1915年にアラブ人の独立国家を認めたフセイン・マクマホン協定，1917年にユダヤ人の民族的郷土建設への好意的対応を約束したバルフォア宣言を結んでいる。これら三者は相互に矛盾する内容であり，パレスティナ問題の原因となった。　(7)　c　ムスタファ＝ケマルは，ローマ字を使用した。オスマン帝国時代にはアラビア文字によるトルコ語であるオスマン語が使用されていた。

【5】(1)　歴史総合，地理総合　　(2)　①　ア　近現代史　イ　歴史的思考力　　②「十字軍運動が行われることになった直接のきっかけ」…11世紀に東地中海沿岸に進出し，聖地イェルサレムを支配下においたセルジューク朝が，ビザンツ帝国をもおびやかした。そのためビザンツ皇帝が教皇に救援を要請し，教皇ウルバヌス2世が1095年クレルモン宗教会議を招集し，聖地回復の聖戦をおこすことを提唱したこと。　　「十字軍運動が西ヨーロッパ社会に与えた影響」…十字軍のあいつぐ遠征の失敗により教皇の権威はゆらぎはじめ，諸侯・騎士は没落したが，逆に遠征を指揮した国王の権威は高まった。経済面では，十字軍の輸送により，イタリアの諸都市は大いに繁栄し，地中海貿易による東方との交易が再び盛んになりだした。また，東西間で人とものの交流も活発になり，東方の先進文明圏であるビザンツ帝国やイスラームから文物が流入し，西ヨーロッパ人の視野を拡大させた。

〈解説〉(1)　地理歴史科の共通必履修科目として設置されたのは，「歴史総合」と「地理総合」である。選択履修科目としては，「日本史探究」「世界史探究」「地理探究」が設置された。　(2)　①「世界史A」は扱う年代の範囲が「世界史B」より限定されていることを考えて，アには近現代史が該当する。現代の諸課題を歴史的観点から考察して培うのだから，イには歴史的思考力が該当する。　②　小項目「イ　ヨーロッパ世界の形成と展開」には，「ビザンツ帝国と東ヨーロッパの動向，西ヨーロッパの封建社会の成立と変動に触れ，キリスト教とヨーロッパ世界の形成と展開の過程を把握させる。」とある。「十字軍運動が行われることになった直接のきっかけ」「十字軍運動が西ヨーロッパ社会に与えた影響」ともに，ビザンツ帝国・東ヨーロッパ・封建社会の変動・キリスト教というキーワードに注目しながら記述すること。

公　民　科

【政治・経済】

【1】(1)　タレス　(2)　助産術(産婆術)　(3)　墨子　(4)　空也　(5)　考える葦　(6)　エスノセントリズム　(7)　諸国民の富(国富論)　(8)　ポピュリズム　(9)　環境アセスメント　(10)　ノーマライゼーション

〈解説〉(1)　タレスは古代ギリシャ最初の自然哲学者とされる。万物の根源(アルケー)を水に求めたことで知られる。　(2)　母親の職業が助産師であったことから，ソクラテスはみずからの問答法を「助産術」と呼んでいる。相手に無知を自覚させ，正しい知識に至る手助けを企図したものであったが，無知をさらされた人々からは激しい怒りを買った。　(3)　儒家は父や家族など自分に身近な人物への愛を強調する。こうした儒家が説く愛を墨子は別愛として批判し，分け隔てせず愛することを唱えた。これを兼愛という。また，侵略戦争を否定する非攻も唱えた。　(4)　空也は「南無阿弥陀仏」と称える口称念仏の祖。「市聖」と呼ばれた。末法の世とされ社会不安が増大していた当時，一般庶民に浄土思想を広め，社会福祉事業を行った。　(5)「人間は考える葦である」とは，人間は葦のようにか弱い存在だが，思考できるところにその尊厳があるという意味。また，パスカルは「人間は偉大さと悲惨さの中間者」とも述べている。　(6)　エスノセントリズムは自民族中心主義や自文化優越主義などと訳されている。他民族の文化を劣ったものとみなすことをいう。対義語は文化相対主義。

(7)　『諸国民の富の性質と原因の研究』が正式な書名だが，『諸国民の富』や『国富論』と呼ばれている。また，アダム＝スミスの著作としては，他に『道徳感情論』がある。　(8)　ポピュリズムは，大衆の支持を受け体制側と対決しようとする政治姿勢のこと。最近では情緒的な大衆を扇動する政治手段として「衆愚政治」などとも呼ばれている。(9)　現在では国レベルでも環境アセスメント法(環境影響評価法)が制定されているが，地方自治体では国の取り組みに先がけて環境アセスメント条例を制定し，環境アセスメントを制度化する取り組みが見られた。　(10)　障がい者や高齢者が健常者と分け隔てられることなく，共生する社会を目指す取り組みやその理念をノーマライゼーションという。バリアフリーの取り組みやユニバーサルデザインの導入も，ノーマライゼーションの一環といえる。

【2】(1)　関税の撤廃を原則とし，農産物や工業製品の他，サービス・金融・投資・労働・政府調達など，広範囲な分野の完全自由化を目標とした協定。　(2)　中心部の賑わいを取り戻し，行政サービスの効率化を図るなどの目的で，都市の中心部に商業・医療・文化施設や居住地域を集中させる街づくりをめざす施策。

〈解説〉(1)　環太平洋経済連携協定(TPP)は12カ国によって2016年2月に署名に至ったものの，発効前の2017年にアメリカが離脱。その後，日本の主導によって残る11カ国によるTPP11の締結が目指されている。(2)　かつては中心部から郊外に人口が流出するドーナツ化現象や都市が無秩序に拡大するスプロール現象が問題化したが，近年は都心に人口が流入する都心回帰現象もみられる。

【3】(1)　a　70　b　議院内閣　c　総辞職　d　文民　e　副大臣・大臣政務官　(2)　イ　(3)　憲法の最高法規性　(4)　硬性憲法　(5)　ウ　(6)　イ　(7)　・内閣を代表して議案を提出すること　・一般国務や外交関係の報告をすること　・国務大臣を任免すること，行政各部を指揮・監督すること　・自衛隊の最高指揮監督権を有すること　から3つ　(8)　(ア)　国土交通省

(イ)　文部科学省　　(ウ)　内閣府　　(エ)　総務省

〈解説〉(1)　a　施行されたのは，昭和22(1947)年である。　b　議員内閣制は，内閣を議会の信任のもとに置く制度のこと。　c　内閣は国会に連帯責任を負っている。　d　文民とは，非軍人のこと。軍隊が文民の統制下に置かれることをシビリアンコントロール(文民統制)という。　e　副大臣・大臣政務官制度は，国会審議活性化法によるが，法の趣旨からいずれの役職も国会議員が就任する慣例となっている。

(2)　日本国憲法は，形式的には大日本帝国憲法の改正だが，実質的には基本原則を異にする新憲法の制定だった。アは参議院ではなく貴族院，ウは華族制度の廃止は新憲法の制定以降，エの第一次吉田内閣は天皇の大命降下を受けて組閣された最後の内閣である。　(3)　日本国憲法第98条第1項に「この憲法は，国の最高法規であつて，その条規に反する法律，命令，詔勅及び国務に関するその他の行為の全部又は一部は，その効力を有しない。」とある。　(4)　日本国憲法の改正には，国会で総議員の3分の2以上の賛成による発議と国民投票での過半数の賛成を要する。このように，改正要件が通常の法律よりも厳しい憲法を硬性憲法という。これに対し，通常の法律と同様の手続きによって改正される憲法を軟性憲法という。　(5)　内閣総理大臣の任期は特に定められていない。ただし，内閣総理大臣は与党の党首が就任するのが通例だが，党首の任期は各政党の党則で決まっている。例えば自民党総裁の任期は連続3期9年までである。　(6)　A　衆議院解散は，日本国憲法第7条に天皇の国事行為の1つとして明記されている。

B　臨時会ではなく，特別会(特別国会)。臨時会は臨時に召集される国会であり，内閣が必要と認める時期に召集されるほか，衆参いずれかの総議員の4分の1以上の要求で召集される。なお，任期満了に伴う衆院選や参院選の後には臨時会が召集される。　(7)　国務大臣の任免権は日本国憲法第68条に規定があり，また第72条には「内閣総理大臣は，内閣を代表して議案を国会に提出し，一般国務及び外交関係について国会に報告し，並びに行政各部を指揮監督する。」とある。自衛隊の最高指揮監督権については，憲法には規定はなく，自衛隊法に規定がある。 (8) (ア) 気象庁は国土交通省の外局となる。その他に観光庁などがある。 (イ) スポーツ庁は2015年に設置され，文部科学省の外局である。その他に文化庁がある。 (ウ) 財政と金融行政を分離するために大蔵省(財務省の前身)から金融庁の前身となる金融監督庁が発足した。こうした経緯から，金融庁は財務省ではなく内閣府の外局となっている。 (エ) 消防庁は自治省の外局だったが，中央省庁再編で自治省などが統合して総務省が発足したことに伴い，総務省の外局となった。

【4】(1) a 資本装備率 b 二重構造 c 中小企業基本法
d 99 e ニッチ(隙間)市場 (2) 第一次石油危機
(3) あ 300人以下 い 3億円以下 (4) 系列化 (5) ベンチャー企業

〈解説〉(1) a 資本装備率とは，労働者1人当たりの資本金額のこと。 b・c 中小企業基本法は1963年に制定された。当時は「経済の二重構造」の解消を基本理念としていたが，ベンチャー企業の台頭などから1999年に抜本改正され，現在では多様で活力ある中小企業の自己努力の支援が基本理念となっている。 d 99.7%が中小企業(2016年)。また，雇用者の約7割が中小企業に勤めている。 e 中小企業の中にはニッチ市場において独占企業となっている例もある。また，船舶用プロペラ，医療用マスク，プラスチック小型精密部品など多様である。 (2) イスラエルと周辺のアラブ諸国の間で第四次中東戦争が勃発すると，OAPEC(アラブ石油輸出国機構)は，イスラエルを支持する国々への制裁として原油輸出停止，減産などの処置をとり，同時にOPEC(石油輸出国機構)は原油価格の大幅な値上げを実施した。 (3) 中小企業については，中小企業基本法によって業種別に定義されている。製造業などの企業については常時雇用の従業員が300人以下，あるいは資本金が3億円以下の企業が中小企業とされている。 (4) 中小企業は系列下に組み込まれることによって，経営が安定する一方で，不況の際には大企業の景気の調整弁として犠牲になることもある。また，大企業が中小企業に融資したり，大企業の社員が中小企業に経営陣として派遣されることもある。　(5)　ベンチャー企業とは，新技術や革新的な経営手法を軸にして，挑戦的な事業を展開する小企業のこと。また，ベンチャー企業に投資する富裕な個人投資家のことを，エンジェル投資家という。

【5】(1)〈身に付けさせたい力〉…幅広い視野をもって，物事を公正・公平に判断しようとすることができる。

導入：ある出来事(A)を扱った記事をインターネットで検索させ，「自分は(A)をどのように捉えたか」を数人に発表させる。(できるだけ発表内容が異なるものになるように留意する。)

展開：①　発表内容を踏まえて自分自身を振り返り，改めて(A)について自分自身の考え方を整理させる。

②「情報源の違いで同じ出来事に対する印象や評価が変わる可能性(危険性)がある」ことを認識させ，物事を考えるに当たって情報を活用するためにどのような点に注意すべきかを話し合い，発表させる。

まとめ：限られた情報にとらわれず，物事を公正・公平に判断しようとすることの大切さを確認する。

(2)

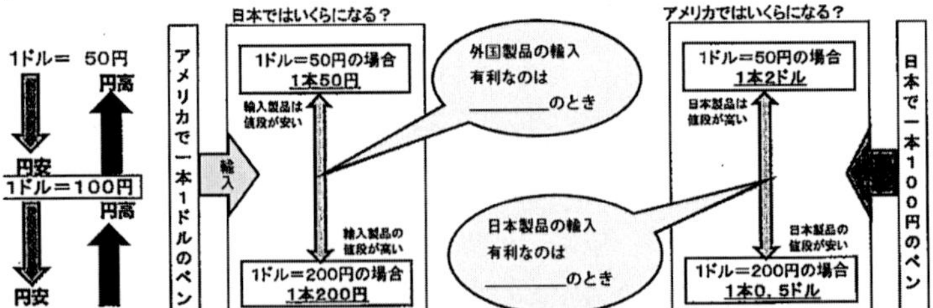

〈解説〉(1)　メディアから情報を主体的に受け取り，また適切に発信する能力のことをメディアリテラシーという。様々な情報が錯綜する現代社会において，こうした能力を育む指導が求められている。

(2)　外国為替市場が円高に推移すれば日本人が海外旅行に要する費用

が割安になるし，逆に円安に推移すれば外国人にとって日本旅行が割安になる。貿易に限らない理解が必要である。

【6】(1)　ア　民主主義　　イ　客観的　　ウ　主体的　　エ　公正　　オ　国際政治　　カ　基本的人権　　キ　本質　　(2)　・中学校社会科，公民科に属する他の科目，地理歴史科，家庭科及び情報科などとの関連を図るとともに，全体としてのまとまりを工夫し，特定の事項だけに偏らないこと。　　・基本的な事項・事柄を精選して指導内容を構成すること。また，客観的な資料と関連させて，政治や経済の諸問題を考察させるとともに政治や経済についての公正かつ客観的な見方や考え方を深めさせること。　　・政治や経済について考察した過程や結果について適切に表現する能力と態度を育てるようにすること。

〈解説〉(1)　政治経済の目標であるから，アには「民主主義」が適する。イは政治・経済・国際社会についての偏りのない理解ということで，「客観的」が適する。ウは学習者自らが進んで考察するというニュアンスなので，「主体的」が適する。エは判断力にかかる言葉なので，「公正」が適する。オは現代の日本の政治と併記されているので，「国際政治」が適する。カは議会制民主主義と併記され，共に尊重されるものなので，「基本的人権」が適する。キは把握させるものであるから，民主政治の「本質」と判断できる。　(2)　政治経済の「3　内容の取扱い」には，配慮しなければならない3つの項目ア・イ・ウが記されている。アには既に学習した内容(中学校社会科)や並行して学習する内容・これから学習する内容(公民科の他科目，地理歴史科，家庭科，情報科)との関連を図ることが記されている。イには基本的な事項・事柄を精選して指導内容を構成し，客観的な資料と関連させて諸課題を考察し，公正で客観的な見方・考え方を深めさせることが記されている。ウには考察過程や結果を表現する能力・態度の育成について記されている。

●書籍内容の訂正等について

弊社では教員採用試験対策シリーズ（参考書，過去問，全国まるごと過去問題集），公務員試験対策シリーズ，公立幼稚園・保育士試験対策シリーズ，会社別就職試験対策シリーズについて，正誤表をホームページ（https://www.kyodo-s.jp）に掲載いたします。内容に訂正等，疑問点がございましたら，まずホームページをご確認ください。もし，正誤表に掲載されていない訂正等，疑問点がございましたら，下記項目をご記入の上，以下の送付先までお送りいただくようお願いいたします。

① **書籍名，都道府県（学校）名，年度**
（例：教員採用試験過去問シリーズ　小学校教諭 過去問　2025 年度版）
② **ページ数**（書籍に記載されているページ数をご記入ください。）
③ **訂正等，疑問点**（内容は具体的にご記入ください。）
（例:問題文では“ア～オの中から選べ”とあるが，選択肢はエまでしかない）

〔ご注意〕
○ 電話での質問や相談等につきましては，受付けておりません。ご注意ください。
○ 正誤表の更新は適宜行います。
○ いただいた疑問点につきましては，当社編集制作部で検討の上，正誤表への反映を決定させていただきます（個別回答は，原則行いませんのであしからずご了承ください）。

●情報提供のお願い

協同教育研究会では，これから教員採用試験を受験される方々に，より正確な問題を，より多くご提供できるよう情報の収集を行っております。つきましては，教員採用試験に関する次の項目の情報を，以下の送付先までお送りいただけますと幸いでございます。お送りいただきました方には謝礼を差し上げます。
（情報量があまりに少ない場合は，謝礼をご用意できかねる場合があります）。

◆あなたの受験された面接試験，論作文試験の実施方法や質問内容
◆教員採用試験の受験体験記

送付先	
	○電子メール：edit@kyodo-s.jp ○FAX：03-3233-1233（協同出版株式会社　編集制作部 行） ○郵送：〒101-0054　東京都千代田区神田錦町 2-5 協同出版株式会社　編集制作部 行 ○HP：https://kyodo-s.jp/provision（右記の QR コードからもアクセスできます）

※謝礼をお送りする関係から，いずれの方法でお送りいただく際にも，「お名前」「ご住所」は，必ず明記いただきますよう，よろしくお願い申し上げます。

教員採用試験「過去問」シリーズ

山梨県の

社会科 過去問

編　集	© 協同教育研究会
発　行	令和6年1月25日
発行者	小貫　輝雄
発行所	協同出版株式会社
	〒101-0054　東京都千代田区神田錦町2 - 5
	電話　03－3295－1341
	振替　東京00190－4－94061
印刷所	協同出版・POD工場

落丁・乱丁はお取り替えいたします。